岩波文庫
33-186-1

幕末政治家

福地桜痴著
佐々木潤之介校注

岩波書店

凡　例

一、本書は、明治三十三年に民友社から刊行された『幕末政治家』を底本に用いた。
一、文庫版とするにあたって、読みやすくするために以下のような整理をおこなった。
(1) 原則として旧字は新字にあらため、俗字・異体字等については通行の字体を採用し、かなづかいを現代かなづかいにあらためた。
(2) 一部の漢字をかなに直し、読みにくい箇所に振り仮名を加えた。
(3) 改行、句読点の整理をおこなった。
一、底本の割注は、一行にして（　）で括った。
一、底本には数種類の傍点が付されているが、ここでは省いた。
一、明らかな誤記・誤植はあらため、判断しかねる箇所および人名誤記の一部を〔　〕で傍注とした。
一、脱落と思われる文字は〔　〕内に補った。

一、固有名詞は原則として底本にしたがい、表記の統一ははからなかった。

一、姓名の一部、あるいは役職名などで記された人物が特定できるよう、（　）で傍注を加えた。

目次

自叙

すでに引証の書に乏しく、また参考の料を欠く。僅《わずか》に記憶に存する所を記して以て民友社の諸友に示し窃《ひそか》に近史を論ずるの資に供するのみ。諸友これを捨てずして印刷に附し、世に公にせんと擬す。諸友の好事もまた極《きわま》れりと謂《い》うべし。諸友果して何の此篇に益する所ありて然るか。そもそも歴史は過去の事実を幾度も繰返すものなりと聞く。然らば則ち幕末政治家が失挙の事実を他日に繰返すこと、その情形に於て悪《いず》くんぞ古《いにしえ》の賤《しず》の苧環《おだまき》の如くならざるを保せんや。諸友の微意蓋《けだ》し之を戒《いまし》むるに在るや。然り。昔を今にする由《よし》は余が太《はなは》だ冀《こいねが》わざる所なり。

明治三十三年五月三十日夜稿本を校し畢《おわ》る

桜痴居士　福地源一郎識《しるす》

叙　言

徳川幕府の末路といえども、その執政諸有司《ゆうし》中あえて全く人材なきにはあらざりき。当時の実況を知らざる論者が、一概に幕府を挙《あげ》てことごとく衆愚の府と見做《みな》し、その行為みな国家を誤り日本に禍《わざわい》して、以てついに朝廷の譴責《けんせき》を蒙《こうむ》り滅亡したる者なりと論断するがごときは、浅膚《せんぷ》の見《けん》なるのみ。余が親しく見聞する所によれば、あるいは方正厳直、私を棄てて公に殉ぜる者あり、卓識達観、国家を以て己《おの》が任とせる者あり、機智穎《えい》才《さい》、百難を排するの器を有せる者あり、直言讜議《とうぎ》、あえて権豪を憚《はばか》らざる者ありて、もし一々にこれを観察すれば、その人物中、あるいは明治昭代の今日においても、得やすからざりしほどの材器ありしを信ずるなり。ただ奈何《いかん》せん、その材器あるもその地位を得ず、たまたまその地位を得るも、あるいは法令の拘束に制せられ、あるいは党派の軋《あつ》轢《れき》に苦しめられ、またあるいは当面の感情に揺《うごか》され、目前の時論に妨《さまたげ》られて、機を失い勢を逸し、ついに困蹶《こんけつ》自ら敗るに至りしのみ。これを要するに、阿部伊勢守卒去《そっきょ》の後は、幕府の内閣に首相その人を得ざりしがために、閣議はさらに統一する所なく、施政の方針、かつて一定せざるために失敗せりといわんこそ、けだし適当の論評なるらめ。今や幕末の事実をもって、これを裁輪的に観察し、その真情を露出せんには、当時重要の局面に当れる個人について、かつ叙しかつ論ずるをもって便宜なりとするにより、請《こ》う、まず阿部伊勢守よりこれを始じむべし。

阿部伊勢守

阿部伊勢守正弘《あべいせのかみまさひろ》は、幕末における有名の御老中(閣老)なり。この人は年二十五(天保十四年)にして閣老に任ぜられ、年三十九(安政四年)にして卒去《そつきょ》し、前後二十年間幕閣においてその首座となり、首相の実権を握り、嘉永・安政の間、外交問題の国是を決断せしめたる壮年政治家なり。これを聞く、幕府閣老の在職年間は、徳川氏創業の時より通算して、これを平均すれば、五年強に当れりとぞ、しかるをこの伊勢守はこの平均よりほとんど四倍の長寿を幕閣に保ち、加うるに当時将軍家、非常の信任を得て、以て天下の政治を総理せしを見れば、その人決して尋常の大名者流にあらざること、推《お》して知るべきなり。

この伊勢守正弘は、備後国福山《びんごのくにふくやま》の城主、十万石の大名にして、その家は徳川家譜代《ふだい》たるを以て、閣老に任ぜらるべき家柄なり。*文政二年(十一月十六日)を以て*江戸の藩邸に生れ、天保七年(年十八)兄*の養子となりて家督《かとく》を受継ぎ、同九年(年二十)御奏者番《ごそうしゃばん》に挙《あげ》られ、同十一年(年二十二)寺社奉行を兼任し、少壮にしてすでにその頭角を顕わし、すでに閣老の候補者を以て目せられたり(閣老は御側《おそば》御用人、若年寄《わかどしより》、京都所司代《しょしだい》、大坂御城代《ごじょうだい》、寺社奉行より出《いず》ること幕府の恒例なり)。

当時の幕府は、今日に至るまで故老の間に追慕せらるる、いわゆる大御所《おおごしょ》様御繁昌の時代なり。大御所とは将軍家退隠後の尊称にして、徳川家十一代の将軍家斉《いえなり》公(文恭院《ぶんきょういん》殿)と申す御方なり。この家斉公は天明六年(年十四)を以て征夷大将軍の重職に就きたまいしが、時に十代将軍家治《いえはる》公(浚明院《しゅんめいいん》殿)晩政の余弊《よへい》を承《う》け(いわゆる田沼時代の政治なり)、政綱、弛廃《しはい》して、財政、内に紊《みだ》れ、また観るべきの治《ち》なし。幸《さいわい》に松平越中守定信(楽翁)親藩より出でて、少年将軍家の補佐となり、幕閣の首座を占めて、改善の政を行いしかば、徳川氏の老松、再び鬱葱《うつそう》の色を呈して、後世に至るまで寛政の治を謳歌せしめたり。この家斉公は、徳川幕府歴代の中にても英主に数えられたる将軍家なりければ、その群牧《ぐんぼく》を統御して、幕府政令の下に威慴《いしょう》せしめたるの跡は、歴々これを徴すべきも、中年以降に及びては、後宮頗《すこぶ》る盛んにして、驕奢《きょうしゃ》その度を過ぎ、太平の逸楽をのみ事とせられたるがゆえに、陽には、幕府全盛の極運を示したるにかかわらず、その実は幕府の衰頽《すいたい》、すでにこの時においてその萌芽を顕わしたり。かくて家斉公は、天保八年(年六十五)を以て幕府をその子家慶《いえよし》公に譲り、西丸《にしのまる》に退隠せられたりといえども、大政に至りてはなお自からこれを裁決せる、宛然《えんぜん》往時王朝の末に院の御政務ありしがごとくなりしが、天保十二年(年六十九)に薨《こう》ぜられたり。

徳川家十一代家慶公(慎徳院《しんとくいん》殿)は温厚謙良の中主なり。四十六歳にして(天保八年)将軍家となりたまいしかども、御父大御所《おおごしょ》在世の間は、細大の政みなその意を奉じてあえて違《たが》う所なし。その後大御所薨去の後、五十歳にして(天保十二年)初めて政を実際に親裁せられたり。しこうして先代の余弊《よへい》を一掃して改善の政を行わんには、よろしく寛政の治に倣《なら》うべしとありて、水野越前守忠邦《ただくに》を信任して、事に当らしめたり。いわゆる天保の改革または越前殿の御趣意《ごしゅい》と名《なづ》けたるものこれなり。越前守は、鋭意して士民驕奢の風を抑え、文武の治を励精《れいせい》し、頗《すこぶ》る楽翁に私淑せる所ありしといえども、その施政、峻厳に過ぎ細苛《さいか》に渉《わた》りて、大《おおい》に物議を招き、その上に股肱《ここう》と頼みて政務の局面に当らしめたる諸有司《ゆうし》中、往々《おうおう》その器にあらざる輩《ともがら》ありて、緩急その宜《よろしき》を得ず、ついに印旛沼開《いんばぬまかい》鑿《さく》の工事に計画を誤りたると、江戸大阪十里四方の大小名の領地を召上げて、幕府直《ちょく》隷《れい》の地となすの議に関して、大いに大小名の反対を受けたるとにて、その職を罷《や》められたり。しこうしてこの越前守の後を受《うけ》て、幕閣の首座に就きたるは、すなわち少壮政事家の阿部伊勢守なり(伊勢守が幕閣に入《いり》たる初《はじめ》には、土井(利位)・堀田(正睦)・間部《まなべ》(詮勝)等の諸老ありしといえども、幾《いくばく》も無くして皆退きたれば、伊勢守は翌弘化元年には御勝手掛《おかってかかり》すなわち会計総裁となり、あまつさえ*本城炎上の後には御本丸御《ご》普請懸《ふしんかかり》奉行を承わりて、実に首座の名実を占めたり、されば幕末の内閣を論ずるに当り、水野越前守を承《う》けて起りたるは、阿部伊勢守といわんこと、あえて失当にあらざるなり)。

さてこの少壮政事家たる阿部伊勢守が、いかにして将軍家慶公の信任を得たるかを観察するに、当時家慶公は、激烈なる改革の行われ難くして、いたずらに人望に背《そむ》けるを見て、痛く改革に懲《こ》りたまいしなり。およそ中主には普通の常情として、一たびその施政に失敗すれば、忽《たちまち》に恐怖の念を起こし、ために当初の英気を阻《そ》喪《そう》すること往々皆然《しか》りとす。家慶公のごときもこの常情を懐《いだ》かれたれば、その平素閣老侍臣に対して施政を命令せらるるにも、人気に障《さわ》らぬように注意せよ、物議を惹起《じゃっき》しては相成らぬぞとは、その重なる訓誡にてぞありける(この事は余が親しく公の侍臣たりし某翁より聞き得たる所なり)。されば伊勢守が二十五歳の少壮者たるに似ず、最も寛裕《かんゆう》の雅量に富み、政を議し事を処するにも促急《そっきゅう》の情態なきこと、公の信任を博し得たる所なり。かつそれ、越前守が改革の政令に向って、反対のはなはだしかりしは、将軍家の後宮なりければ、伊勢守はかの改革を中止して、これが復旧をなすに当り、まず後宮を先にしてその歓心を買いたりき。およそ後宮は歴代の幕閣が、常にその取扱《とりあつかい》に苦しみ、その干渉の煩《はん》に堪えざる所なるに、伊勢守は巧みに後宮の望を繋《つな》ぎたるを以て、将軍家の信任を厚くするには、後宮の勢力もまた与《あず》かりて力ありしがごとし。

伊勢守が幕閣に入りたる時よりして、外国の事はすでに閣老痛心の一問題となれり。ただし国防の議は、これより先き寛政・文化の間よりして、幕府の注意を惹《ひ》きたれば、砲術研究のごとき、海岸砲台のごとき、時々訓令せる所ありしかども、世間の俚諺《りげん》にも喉《のど》もと通れば熱さ忘るるといえるごとく、警報少しく遠ざかれば、警備直《ただち》に懈《おこた》るの情ありて、幕府諸藩とも、さらに武備拡張の実を奏せるを見ざりき。しかるに伊勢守が閣老たると同時に、幕閣を驚かしたるは、*荷蘭《オランダ》国使節が軍艦に搭し王命を帯びて長崎に来《きた》れることこれなり。この使節に関する処置については、伊勢守もこれというべき考案なかりしを以て、将軍家慶公に説き、再び水野越前守を挙《あげ》て閣老となし、専らその衝《しょう》に当らしめんと謀りしが、越前守再び黜《しりぞけ》られて、かの使節に対せる有名なる荷蘭《オランダ》国王通交勧告*の拒絶は、実に伊勢守の肩頭に掛《かか》りたり。しこうしてこの拒絶が、後年*亜米利加《アメリカ》使節渡来の時に至り、幕府の外交において、前後矛盾の物議を招き、鎖国攘夷の論火を熾盛《しせい》ならしむるの材料たらんとは、実に伊勢守が夢にだも思考し及ばざりし所なりき。

外国の惧懼《くぐ》は荷蘭《オランダ》使節が去りたるとともに、しばらく止みたりけるが、伊勢守が幕府のために頗《すこぶ》る心を労したりしは、水戸老公《（徳川斉昭）》の処置なりとす。これより先き、水戸中納言斉昭《なりあき》卿(源烈公)は夙《つと》に藩政*の改革を挙行《きょこう》し、実に水野越前守が幕政の改革に先《さきだ》ちて着手せられしを以て、天保十四年には家慶公親しく斉昭卿を引見し、これを賞するに鞍鐙《あんとう》および黄金百枚を以てし、自から毛《け》抜形《ぬきがた》の太刀を以てせられ、越前守が御側《おそば》に侍座《じざ》して執《しっ》達《たっ》したる台旨《たいし》に

一昨年来、国政向《こくせいむき》格別に行届《ゆきとど》かれ、文武共《とも》に絶えず研究これある趣《おもむき》、一段の事に思《おぼし》召《め》し候、尚此上《なおこのうえ》とも、御在邑《ございゆう》中は御領分中、末々《すえずえ》までも、公儀の御徳化に打靡《うちなび》き、

御安心遊ばされ候様《よう》、厚く御世話可成被《なさるべく》候。是《これ》に由《より》て、御伝来の毛抜形《けぬきがた》の御太刀《おんたち》、これを進ぜられ候、永々御秘蔵可被成《なさるべく》候。且《か》つ御巡見等の節に、用ひられ候様にとて、御鞍鐙《ごあんとう》を進ぜられ、並《ならび》に何角の御用度《ごようど》として、黄金百枚これを進ぜられ、源義殿の遺志を継がれ、益々《ますます》忠誠を励まれ候様思召し候

とありしに、その翌弘化元年に至りて、これを譴責《けんせき》して云《いわ》く

水戸中納言殿、御家政向《むき》、近年追々《おいおい》御気随《ごきずい》の趣《おもむき》相聞《きこ》え、御驕慢募《ごきょうまんつの》らせられ、都《すべ》て御一己《ごいっこ》の御了簡《ごりょうけん》を以《もっ》て、御制度に触《ふれ》させられ候事とも有之《これあり》、御三家方は、国持《くにもち》始め諸大名の模範たるべきの所、御遠慮も在《あ》らせられざる儀、御不興《ごふきょう》の御事《おんこと》に思召され候、依之《これにより》、御隠居仰出《おおせいだ》され、駒込《こまごめ》屋敷に御住居《おすまい》、急度御慎可有之《きっとおつつしみこれあるべく》候、御家督《ごかとく》の儀は、相違なく、*鶴千代麿殿へ仰出され候、此段相達《あいたつす》へき旨、上意有之《これあり》

僅《わずか》に一年を経ざる間に、かくのごとく賞罰の反覆、掌《たなごころ》を翻《ひるがえ》すがごときは、実に不可思議の次第ならずや。ある史論家はこれを評して、これ水野越前守が烈公の功業を忌《い》み、陽にはこれを賞して国に就《つ》かしめ、尋《つぎ》てこれを陥《おとしい》れて退隠せしめたるなりというといえども、余はこれを肯諾《こうだく》すること能わざるなり。越前守は峻厳の人なれども、面従腹

背を事とせる小人にはあらざりき。たとい一歩を論家に譲りて、越前守かの斉昭卿の名望を忌《い》みて、なおも引続き国に就《つ》かしめんがために、将軍家に奏請してこの褒賞《ほうしょう》を行わしめたるにもせよ、翌年に至りてかの卿を罰したるは、すでに越前守が退《しりぞ》けられたる後にあらずや。左の事実はすなわち動かすべからざるの確証なり。

天保十四年五月四日　水戸中納言御賞賜《ごしょうし》
同　年九月十一日　阿部伊勢守閣老
同　年九月十七日　水野越前守免職
弘化元年五月六日　水戸中納言御譴責《ごけんせき》
同　年六月十四日　水野越前守再任
同　二年二月二十二日　水野越前守免職

越前守、おのれすでに黜《しりぞ》けられて、責罰まさにその身に及ばんとするに当り、これを如何《いかん》ぞ水戸中納言を隠居せしむるを得んや。しからばすなわち水戸老公の譴責《けんせき》は、専ら伊勢守の所為《しょい》なりといわんか。ここを以てその儀にあらずと思わるるなり。何となれば、伊勢守が始終巧《たくみ》に八方美人の策を施すに円熟なるや、幕府宗室の懿親《いしん》を、＊かくのごとく厳罰するがごとき、果敢《かかん》の断行をなすの人にあらざればなり。けだし当時の跡を察するに、斉昭卿が水戸藩政の改革たる、内外の物議を招くに足るもの頗《すこぶ》る多かりしかども、これと同時に、幕府は越前守首相となりて、改革を行えるを以て、讒言《ざんげん》いまだ幕府に達するの機なかりしに、越前守すでに仆《たお》れて、改革議幕府の採らざる所となりしにつき、この時なりとて斉昭卿を讒《ざん》するの声は、将軍家の耳に達せしならん。しこうしてその讒言の源泉は、幕閣にあらずして、かえって水戸藩内の守旧党に起りて、＊あるいは延《ひい》て以て幕府の後宮に及ぼしたるがごとし。なかんずく、寺院を＊制限し淫祠《いんし》を破毀《はき》したるの処置は、僧侶と後宮の連衡《れんこう》運動を助けたること、けだし争うべからざるの実情なるべし。およそ水戸藩当時の事情に通ぜる者は、必らず余に同意すべしと信ずるなり。

かくのごとくなれば、伊勢守はおのれ自ら将軍家に勧《すす》めて、水戸老公を退隠せしめたるにはあらざれども、老公をして永く鬱抑《うつよく》の間にあらしむるは、幕府のための不得策なりと覚《さと》りたれば、伊勢守は将軍家慶公と斉昭卿との間にありて、これを調和せんためには、数年の間、頗《すこぶ》るその労を執《と》れり。請《こ》う、事実についてこれを次回に証せん。

阿部伊勢守と水戸老公

水戸老公が弘化元年五月六日において幕府の譴責《けんせき》を蒙《こうむ》り、隠居慎《つつしみ》となられたる一事は、幕府にとりても容易《たやす》からざる関係を惹起《じやつき》すの患《うれい》あるを以て、阿部伊勢守は窃《ひそか》に憂苦して、老公と将軍家(慎徳院殿家慶《いえよし》公)との間を調停するに従事したり。

老公(前中納言斉昭《なりあき》卿)は水戸七代治紀《はるとし》卿の三男なり。その兄斉脩《なりのぶ》卿(水戸八代)薨去《こうきょ》の後を承《うけ》て、水戸九代に立たれたる御方なり。従来水戸藩内には、*学派の争より延《ひ》て以て政治上に及ぼし、党派の軋轢《あつれき》頗《すこぶ》る熾《さかん》なりけるが、すでに*老公継承の時においても、実は一党の専ら助《たすく》る所にして、他党反対の間に立たれたること、けだし争うべからざる事実なり。ただし余はここに水戸党争の顚末《てんまつ》を叙するを以て主眼とせざれば、単にその要領を啓示するに止めざるべからず。そのいわゆる両党とは革新党と保守党との別に外ならざるなり。革新党はその源を*藤田の学派に発し、一変して国政の改革となり、*再変して

*尊王攘夷となり、三変して*天狗《てんぐ》党の暴動となれり。しこうして保守党は*立原《たちはら》の学派より、一変して国政保守の門閥論となり、幕命に盲従するの佐幕説となり、*書生党となれり。これを対照すれば左のごとし。

（甲）藤田学派――改革――尊攘――天狗――暴動

（乙）立原学派――保守――佐幕――書生――鎮圧

しかるに老公はその初政より人物を甲党の中より求め、かの有名なる藤田（東湖）・戸田（忠敞）等の俊傑はこの中に出《い》でて、以て老公の股肱《ここう》となり、その天保改革の治を行いしなり。しかるに老公退隠の後は、*水戸の三連枝（高松・大炊頭《おおいのかみ》・播磨守《はりまのかみ》）幕令により水戸幼侯（慶篤《よしあつ》卿すなわち老公の嫡男《ちゃくなん》にして家督を相続せられたる御方）の後見となりて、国政を聞く事となりたるに、この三連枝に結托したる当時水戸藩の重臣は、おおむね反対の保守党より出《い》でたるを以て、老公の退隠とともに、*水戸の藩政は甲党の手より乙党の手に移りて、水戸はさらに保守党の専らにする所となれり。されば幕府の政権が水野内閣より阿部内閣に移りてより、水野が施行したる改革方針はことごとく中止せられて、旧政の観に復したるがごとくに、水戸においてもまた老公の施政は挙《あげ》て尽く廃棄せられて旧時の態に復し、これを以て幕府の歓心を得るの第一手段となしたること、老公にとりては最も憤《ふん》懣《まん》の思《おもい》に堪《たえ》ざりし所なりけり。

さても老公はその謹慎を解かれてより、いかなる手続にて阿部伊勢守と懇意にはなれたりけん、爾来《じらい》両者の間において文書の往復きわめて頻繁《ひんぱん》なりき(現に水戸家に蔵する「新伊勢物語」と題せる五冊の写本は、老公と伊勢守との間の往復書簡を集めたるものなり)。この往復書簡を閲《けみ》すれば、老公は謹慎を解かれたる後といえども、国政は依然三連枝の後見にありて、老公の容喙《ようかい》を許されざるがゆえに、老公の所言によれば、国政紊乱《びんらん》してまさに収拾すべからざるの勢に陥《おちい》らんとし、加うるに幼侯(慶篤卿《よしあつ》)の教育も、かの保守党の手にあるを以て、補弼《ほひつ》その宜《よろしき》を得ずして、ついに老公に対して、親子の中を離間せんずるほどの情勢となりたれば、老公はこの事情を伊勢守に書送して、その応援を求められたり。伊勢守は一方においては老公を慰藉《いしゃ》し、また一方においては三連枝等を説諭して、その調和に尽力《じんりょく》し、ついに水戸の国政につき大事は老公の意見を尋ね申すべしと達し、尋《つぎ》て三連枝の後見を止むるに至るまで、幕閣が干渉し得べきほどは干渉して老公の意を達したり。すでに結城《ゆうき》寅寿《とらじゅ》が政治を専らにしたる事情については、老公より縷々《るる》その状を伊勢守に具して、幕閣の諒察《りょうさつ》を望まれたるよりして、伊勢守も意を決して将軍家に奏し、干渉の手段を行いたるや、その跡において分明なりとす(この事は弘化四年に始まりて嘉永五年に至り漸《ようや》くその局を結びたり)。

かくて伊勢守は、老公をして幽鬱憤懣《ゆううつふんまん》の境界に居《お》らしむるは幕府のために利あらざるを洞見《どうけん》したるがゆえに、将軍家をして老公の親《したし》むべくして憎むべからざるの人たるを覚知せしめ、宗室中にて依頼すべき人才たる事を信ぜしむるに尽力《じんりょく》したり。しこうしてこの間後宮にありて、伊勢守に同意して、将軍家を動かしたるは、けだし姉小路(いよ)なるがごとし。姉小路は堂上某の女《むすめ》にして、京都より来りて後宮に仕え、上臈《じょうろう》と称して大いに勢力を占《しめ》たる婦人なりけるが、この姉小路は尋常婦人に異なりて、才幹頗《すこぶ》る衆に秀《ひい》でたるを以て、将軍家にもその言上する所には往々耳を傾けられたりといえり。かつ老公もまた*姉小路の妹某が水戸の館にあるを縁として、姉小路と直接に文通せられたることしばしばありき。現に小金原御《お》鹿狩《しかがり》(嘉永二年)の節に、老公より姉小路に送られてその事を論ぜられたる自筆の書翰《しょかん》を一覧したる事あり(故千《ち》村玄蕃《むらげんあん》翁の所蔵と記憶す)。かくて老公は、その自著の「*明君一班抄」を将軍家に奉らんと望まれたるにも、伊勢守大《おおい》にこれを賛成して自からその執奏《しっそう》をなし、将軍家満悦の令旨《りょうじ》を通達し、将軍家がこの書をば特に侍臣の能筆に清写せしめて、その一本を居室に備えさせたまいしがごときも、伊勢守が勧誘の功たるに外ならず(弘化二年の事)。次にはこの時に当り和蘭《オランダ》使節の渡来よりして、外交の事は幕閣の重要問題となりてければ、老公は外交に関しては公然幕府の閣議を与《あずか》り聴かん事を求められたるに、伊勢守は、公然与議《よぎ》は将軍家の令旨これを可とせられず、ただし老公にして意見あらば御書通あらん事を冀《こいねが》う。しこうして閣老より内密にて閣議を通知するは黙許の令旨なりと答え(弘化二年の事)、これより後は老公をして上書建白の自由を得せしめ、将軍家をして信依《しんい》の念を起さしめたること、伊勢守の力なり。

次に老公の公子の一人たる五郎麿君〔七〕(後に十五代将軍慶喜《よしのぶ》公)を一橋《*ひとつばし》に入《い》れたる事も、実に伊勢守が将軍家に勧めたる所なり。そもそも一橋は三卿の一にして(三卿とは田安《たやす》・一橋・清水)、将軍家懿親《いしん》の人を以てこの邸に置き、以て儲君《*ちょくん》の欠に備うるの邸たり。ことに一橋邸は、当将軍家の父上、文恭院殿(家斉《いえなり》公)の出《いで》させたまいたる邸なれば、重《おもき》を置かるべきに、老公の公子を以てこれに入《い》れられたるは、実に異数の例なりといわざるべからず。老公はもとより徳川初代家康公より男子相続の血統とはいえども、将軍家にとりてはもっとも疎属《そぞく》たるに、他に近親の諸公子あるを措《お》きて、ことさらに水戸の公子を一橋に入れたるはそもそも何ぞや。勿論この五郎麿君〔七〕が、老公の公子を以て一橋を相続したまいたるについては、*峰寿院の御内願といい、その他錯雑《さくざつ》の事情もありし事なれども、これを以て老公の抑鬱《よくうつ》を慰むるのためたるは、争うべからざるの事実なり(弘化三年の事)。しこうしてこの事に関しては、老公は将軍家の懇篤《こんとく》なる恩意を感謝し、伊勢守に対しても深くその労を謝せられたり。

次には将軍家水戸邸に臨まれたること(嘉永二年の事)、これ以て伊勢守が将軍家に勧《すす》め参らせて、以て両者を調和したる結果なり。前にその名を示したる峰寿院と申すは、*九代将軍家の姫君にて、当将軍家の妹君なり、曩《さき》に出《いで》て水戸八代斉脩卿に嫁して今は寡《か》婦《ふ》となられて、すなわち老公のためには嫂《あによめ》なり。老公継承の時に当りて、先君(斉脩卿)の遺言なりとて、老公を立たしむるに左袒《さたん》したる御方なり。さても将軍家が水戸邸に臨まるるは、この妹君たる峰寿院を訪問のためということ、辞柄《じへい》の一つにてはありしかども、その実は将軍家と老公との御対面にて、親しくその交誼《こうぎ》を温めらるるが伊勢守第一の希望にてありき。果せるかな、この訪問面会は、老公において感喜の情を増されたるよりは、むしろ将軍家において老公を頼もしく思召すの情を一層切《せつ》ならしめたり。かつこの頃に至りては一橋殿を将軍家の鍾愛《しょうあい》したまえることはなはだ厚くして、他日世子《せいし》右大将の儲君《ちょくん》に備えんとの台慮《たいりょ》たるは、伊勢守も察知せる所にして、往々形迹《けいせき》に顕《あら》われたれば、老公もまた暗にこの頃よりして冀望《きぼう》をこの点に属せられたるや知るべきなり。ここにおいてか将軍家と老公との間柄は、融和して円滑《えんかつ》の域に進みたりき。ただし伊勢守が将軍家を勧《すす》め奉りて、〔七〕五郎麿君を一橋邸に入れたるは、初《はじめ》よりして儲君に備えんがためにはあらざるなり。その事は他日これを叙述すべきなり。

次に伊勢守が調和のために取扱いたるは、水戸慶徳卿に配するに将軍家の御養女を以てするの婚姻なりとす。

まず御養女降嫁*の内議を達せられ(嘉永元年の事)、その御方は、有栖川宮《ありすがわのみや》の姫君にて線姫君《いとひめぎみ》と申しし御方なりけるが、さてこの姫君江戸へ御下向ありて、幕府後宮の女房たちこれに接したるに、実に稀代の美人にてぞましましける。この時に当り将軍家の御台《みだい》所《どころ》はすでに早く薨《こう》じたまいては、将軍家には側室ありしのみ。しこうして世子右大将家(十三代将軍家定公温恭院殿)の御簾中《ごれんちゅう》も、前後二方とも打続きて薨ぜられたれば、独居の御身柄なり。しかるにこの線姫君の姿色世に勝《すぐ》れたまえるを、目《ま》のあたり見参らせてより、後宮の女房たちは何とかして水戸の婚約を破りこの線姫君を以て世子右大将家の御簾中に立て申さんとの望を起し、その密計に及びたり。その主謀者はけだし姉小路ならんが、他の勢力ある女房等も、昵近《じっきん》の御側衆《おそばしゅう》本郷丹波守〔後〕のごときも同意にして、内々は将軍家も御同意にてありしやも知れざりき。さてこの破約の策として、姉小路は大胆にも書を老公に送り奉りて、右大将家は現時御独身なれば、この線姫君を御簾中に立てられてしかるべしと、老公より御発議ありては如何《いかん》。必らず御聞入《ききいれ》ありて御満足なるべし、この事心附《こころづき》たるまま内稟《ないひん》する旨を述べたり。老公はこの書を得て大《おおい》に怒り、この事たる将軍家の御内意に出でたるか、誰の発議なるかと反問ありければ、姉小路は再び書を寄せて、この事たる将軍家には夢にだも御承知なき事にて、ただ妾《しょう》が一個の所存より内稟したるまでなり、老公において御同意なき上は、勿論御取消を望み奉るなりと答えて、あくまでもおのれ一個の所存なりと弁疏《べんそ》したり。これにて老公の方は相済みたれども、君側後宮にてはなおも破約談の盛にして頻《しき》りに将軍家を動かし、ために一場の葛藤《かっとう》をも惹起《じゃっき》すべかりしを、阿部伊勢守はこの密計の行わるるを聞き、こは以ての外《ほか》の事どもなり、かかる事より老公の不満を招きては、幕府にとりて由々《ゆゆ》しき大事なるべしと、後宮の密計を排斥し、断然線姫君《いとひめぎみ》水戸御入輿《ごじゅよ》の事を実行せしめたり(嘉永三年より同五年に至れる事)。

ここに伊勢守が、かくのごとく老公と懇篤《こんとく》の間なるにかかわらず、その意見の相合わざるは、専ら外国処置の一事にあり。初め和蘭《オランダ》使節の渡来に当り、閣老連署して和蘭の国務大臣に返翰《へんかん》を送り、通信通商拒絶の国是《こくぜ》を述べたりし時に、老公は当時幕府が*外国船打払令《うちはらいれい》を止めたるを以て遺憾《いかん》の事となし、幕閣が攘夷の政策を執《と》らざる事を難じたるに、その後*米国船浦賀に来りたるに臨み(弘化三年)、老公この説を再びせられたるに、伊勢守は書を老公に呈して、幕府閣議のある所を示し、打払《うちはらい》の不可なる理由を論じて以て老公の攘夷論に反対したり。これを手始《てはじめ》として、およそ警報の達するごとに、老公は攘夷論よりして国防の必要を説き、*大砲鋳造・軍艦製造の急務たるを説かれたるに、この海陸軍備議においては、伊勢守ももとより老公に同情を表したりければ、およそ外国関係の書類は、常に老公の需《もとめ》に応じその閲覧に供したりけるが、嘉永六年六月三日米国使節ペルリが艦隊を率《ひきい》て突然浦賀に乗込みたるに至りて、形勢頗《すこぶ》る急を告げたりき。この急に臨み伊勢守は老公の意見を諮詢《しじゅん》せざるべからずとの閣議を決して、これを将軍家に奏し、その允可《いんか》を得て直《ただち》に伊勢守より老公に書通したり。しかるに老公はこの諮詢《しじゅん》に答うるに、打払《うちはらい》は今日において得策にあらざるべし。ただし書翰《しょかん》を受取りては後患あるべし、この場合においては衆評の外に策あらざるべし。その衆評は余が聞《きか》んと欲する所なれば、御沙汰次第に登城すべしという旨《むね》を以てせらる(同年六月五日の夜)。その翌*六日の夜、伊勢守が親しく駒籠《こまごめ》邸に伺候して、老公の意見を聞き、尋《つぎ》て米国船出帆の後に、*筒井伊賀守(政憲)、川路左衛門尉《さえもんのじょう》(聖謨)の両人が、老公に謁《えつ》して*外情を告げたるより、その後有名なる*老公の封事《ふうじ》意見の出《いず》るに至りて、伊勢守が外交を開くを以てやむをえずとするの議と、老公が外交開くべからざるの議とは、全く正反対となりたれば、老公は*外政の諮詢に与《あずか》る事を*辞せられたり(安政元年の事)。

ただし伊勢守とても断乎たる大識見ありて開国説を採りたるにはあらず、外国と通信はもとより好まざる所なれども、目前軍備不充分にして、戦うも勝算なきを以て、しばらく彼が望《のぞみ》に応じて通信を許可するのみ。他日軍備の整頓を待ち、断然たる処置にも及ぶべしという存念なり。また老公は和の一字は幕閣の秘計となし置き、決して口外すべからず、あくまでも打払《うちはらい》というを主張して、士気を振起《しんき》し、軍備を整頓せざるべからずというにあれば、伊勢守が開《かい》も真の開にあらず老公の鎖《さ》も真の鎖にはあらざりき。されども安政元年の条約*よりして、ついに正反対となりし後に至り、伊勢守はなおも老公をして閑散の地位に身を置かしむるは不策*なりと知りたれば、海防の事を老公の専務となし、あるいは軍艦製造に、あるいは大砲鋳造《ちゅうぞう》に、老公の行わんと欲する所をば、幾分か行わしめて、以てその不平を慰藉《いしゃ》する事に勉《つと》めたり。この故に伊勢守が、安政四年閏《うるう》五月十七日を以て卒去《そっきょ》したるまでの間は、老公の攘夷論も未だその極端に至らず、一橋*卿儲君論《ちょくんろん》もはなはだしく囂々《ごうごう》せらるるに至らざりき。これ全《まった》く阿部伊勢守が、老公を籠《ろう》絡《らく》したるの巧妙手段なりといわざるべからず。

阿部伊勢守と松平薩摩守(島津斉彬卿)

徳川氏が外様《とざま》大名に向《むけ》て常に戒心を懐《いだ》ける事は、家康公以来の伝家の法なり。これを聞く、水野越前守(忠邦)が幕閣に首座たりし時に、かつて同僚に告《つげ》て曰《いわ》く、徳川幕府創業の初より三代将軍家光公の時に当りて、外様大名みな慴伏《しょうふく》して臣礼を執《と》りたるは、その実力の幕府に敵し難きを以てなり。爾来《じらい》二百有余年の太平打続き、また志を伸《のば》すの機なきがゆえに、制度格式に拘束せられて、今日の姿とは相成りたれども、他日もし国勢に異状を生ぜば、必らずや外様大名の中にて幕府に敵するものあらん。なかんずく薩州(島津)、長州(毛利)の両家は、関ケ原の戦争において、徳川氏に対して深き*怨《うらみ》を懐《いだ》ける家柄なれば、現時外国関係の事漸《ようや》く繁《しげ》からんとする時機に際しては、最も薩長に向て幕府は注意せざるべからざるなりと。これ実に智者の言というべし。しかれどもそのいわゆる注意は、幕府の政策として、常にこれを疎外し、これを仇視《きゅうし》して、専ら猜疑《さいぎ》を挟みて冷遇を旨《むね》とするに過ぎざりしなり。しかるに阿部伊勢守(正弘)は、この政策を一変し、かの外様大名の有力者と親みて以て幕府の味方たらしむるの計を執《と》り、薩州侯に向って専らこの政策を試みたり。

当時の薩州侯は松平薩摩守(島津)斉彬《なりあきら》卿と申して、*国主大名中にて最も英名の聞えありし方なり(順聖公と諡《おくりな》せられたるはすなわちこの卿なり)。薩藩の内情は余が詳知せざる所なれども、かつて幕府の故老が語れる所によれば、薩摩守の世子たりし頃には(その父は松平大隅守斉興《なりおき》なり。薩摩守は嘉永四年に家督相続せられたり)、*藩中に党派ありて薩摩守も窃《ひそか》にその鎮圧に苦心し、隠然幕府の威力を仮りて以て他日において己れの君権を鞏固《きょうこ》ならしめんと望み、阿部伊勢守に交《まじわり》を結ぶの念を起されたり。しこうして伊勢守もまたこの人こそ他日大廊下大広間において国主大名会議の牛耳《ぎゅうじ》を執《と》るべき豪傑ならめと鑑識《かんしき》したるにより、勉《つと》めて相交りて幕府と薩州との交情を温《あたた》むる事を謀《はか》りたるなりといえり。この説けだしその実を得たるがごとし。要するに伊勢守と薩摩との間は、いずれより交を需《もと》めたるを問わず、頗《すこぶ》る親密の交際たりしは、事実において歴然たり。

幕閣は和蘭《オランダ》国王の懇篤《こんとく》なる忠告ありしにかかわらず、一旦《いったん》その使節を斥《しりぞ》けて通信通商は国是にあらざる旨を言明したりといえども、伊勢守は外国関係の事を以て、最も幕府困難の問題なりと知り、その警報に接するごとに、心思《しんし》を労したりき。しかるに*弘化三年五月に至り英仏両国の軍艦琉球に渡来したるの警報ありければ薩州侯(大隅守斉興)は*急ぎ江戸を発して帰国し、同年八月を以て琉球外交処置の伺書《うかがいしょ》を幕府に呈出したり。そもそも仏国船が琉球に来れるは、*弘化元年よりの事にして、延《ひ》いて三年に及べるなり。薩州侯の伺書はその後数次に渉《わた》り琉球において外国船の渡来を許すこと、我日本の鎖国政略に反対すといえども、琉球は日本と清国とに通商するを以て立てるの国なり。日清両属たるがごとき姿をなせる国なり。外交拒絶は俄《にわか》にこれを琉球に励行《れいこう》せしむるを得ざるの情あれば、むしろ場合によりてはしばらく臨機の処置を施《ほどこ》さしむべきかという意を以て琉球外交黙許を望みたるに、幕府は薩州に向ってこの処置を許したり。これ実は薩摩守(斉彬卿)と伊勢守との間において遂《と》げたる内議の結果にして、すなわち幕閣が薩州の請《こい》を容《い》れたる所のものなり。当時水戸老公(斉昭《なりあき》卿)はしばしば書を伊勢守に送りて外夷の琉球に望む所は邪教・通信・交易の三条にあれば、必らずこれを峻拒《しゅんきょ》せしめざるべからず。琉球に仏人の上陸を許すは、彼に琉球の地を与うるに同じ。薩摩・大隅までも他日邪教に化せらるべし。外夷諸国もとこれ同穴なり。すでに琉球によるを得る以上は、北には蝦夷《えぞ》を奪いて以て南北相応じ、我神州を挟撃《きょうげき》するの策たるや明《あきら》かなりなどと、頻《しき》りに杞憂《きゆう》を懐《いだ》きて痛議せられしといえども、伊勢守はかかる一概に拒絶の策を実行せしめては、琉球よりして禍《わざわい》起りて、延《ひい》て我日本に及ばん事を恐るるがゆえに、平穏無事を謀《はか》らしめざるべからずと答えて、老公の拒絶論を退け、薩摩守の説を行わしめたり。幸にその後仏国人が程もなく琉球を退去したるにつき、老公の議論もそのままに止みたれども、当時この琉球外交論の熾《さかん》なるに及びたらば、老公と薩摩守との主説は正反対となりて、伊勢守は薩摩守と連合して老公に当らんこと、免《まぬ》かれざるの順序たるべかりしなり。

かくて外国に対する国防の議に関して、伊勢守は薩摩守と相謀《はか》り、軍用のためとして大船製造の特許を薩摩に与うべしとの議ありしと見えて、現に弘化三年七月に、老公より伊勢守に送られたる書中に、幕府において大船を製造せられ、薩摩にもその事を許さるるとならば、三家(尾張・紀伊・水戸)にも許さるべしと議せられたる事ありき。

すでにして嘉永六年六月、米国使節ペルリ渡来の時に当り、幕府は実に難関の過渡に苦しみたり。水戸老公は「海防愚存」*と題せる一編を草して幕府に呈し、主として不可和八条を論じ、その他の列藩・御家門・御譜代《ごふだい》・外様の別なく、おおむね皆打払《うちはらい》説を主張して拒絶にのみ傾きたるに、独り薩摩守はその答議において、打払の儀は、海防手《て》薄《うす》の折からなれば、必勝を得んこと覚束《おぼつか》なし、しかしながらこの節通信通商を許すは、時節しかるべからず、一概に拒絶せば戦端を開くの恐《おそれ》あり、国情を説きて三年ほども返答を相延《のば》し、そのうちに我海防を厳にし、しかる後に打払仰付《おおせつけ》られしかるべし、その海防総裁は水戸老公その任なるべしと議し、同時に軍艦*・蒸汽船の製造、及び軍器の注文を和蘭《オランダ》になす事の許可を請いたり。これ薩摩守が伊勢守と内議したる上にて呈出せる答議にして、まず国防薄弱にして勝算なきがゆえに攘斥《じょうせき》拒絶は今日これを断行すべからずというを以て、無謀の打払論を制し、次には米国に対しては返答の延期を望み、彼これを肯《がえん》ぜざるがゆえにしばらく許可すというを以て、国内の議論を鎮撫《ちんぶ》し、次には水戸老公を総裁として盛に軍備を整え、以て国威国権の拡張を勉め独立国の実を全くすべし。しかる上は外国の事情も知れ渡りて和戦ともその宜《よろしき》に従わんと思考したる伊勢守の存念に符合したるものなり。さればその翌年(安政元年)正月*に至り、幕府の全権林大学頭《かみ》(韑)、

(覚弘)井戸対馬守《つしまのかみ》、(政義)伊沢美作守《みまさかのかみ》、(長鋭)鵜殿民部少輔《みんぶしょう》が、ベルリに横浜に会して条約を結びたるに当り、諸大名の異議を顧《かえり》みずして、伊勢守がこれを許諾したるも、実は薩摩守の同意に頼む所ありてこれを断行したるものか。当時薩摩守は伊勢守に向いてさな心を労したまいそ、国主大名の異議は、余これに当りて説得すべしと受合いたるに、果せるかな、この条約に関して諸大名が別に議論を起さざりしは、すなわち薩摩守の力なり、しこうしてこの力を利用したるはすなわち伊勢守なり。

嘉永六年七月二十二日(実は六月二十二日)徳川家十二代贈《ぞう》正一位太政大臣家慶《いえよし》公薨《こう》じたまいき。公の薨去《こうきょ》は実に伊勢守が痛哭《つうこく》に堪えざる所なりき。現に当時の状を目撃したる故老の物語を聞くに、伊勢守は公の柩前《きゅうぜん》に伏して哭泣《こっきゅう》し、父母に喪するがごとくにてありしといえり。さもありぬべし、伊勢守は公の殊遇と信任を忝《かたじけなく》して幕閣に首座しその寵眷《ちょうけん》ははなはだ他に異なりたればなり。その上に将軍家の跡を継承したもうは右大将家にして、すなわち徳川家十三代家定公なるに(温恭院殿)、この公はあえて闇弱《あんじゃく》というにはあらざれども、国家の難局を親裁して快刀乱麻《らんま》を斬るの英器にあらず、申さば泰平の中主なり。かつ少年の頃より疳癖《かんぺき》強くして、進退動作、頗《すこぶ》る異様にして、容貌はなはだ閑雅ならざれば、将軍家に必要なる威望において、大《おおい》に欠《かく》る所おわしき(この痞癖は、少壮の頃にふとしたる事より、男女の交通も叶わなくならせたまいたれば、その癖ますます募《つの》りて、時として顚狂《てんきょう》とも思わるるほどの挙動もありけり。しかれどもその病因は、侍臣二、三の外は誰も知らざりしを以て、伊勢守といえども、これを夢にだも知る事を得ざりしなり)。今や伊勢守は、この新将軍を奉戴《ほうたい》して国家の大事を決するに臨み、これまでのごとくに台旨の親裁を仰ぐに由《よし》なく、さりとて外を顧みれば、水戸老公あれども、この人海防総裁にはあるいは適当するかは知らず、政局に当りて宜《よろしき》を処するの器《うつわ》とも思われず、かつ外国処置については、すでに伊勢守と所見を異にするを以て信依すること能わず、内外の重任は独り伊勢守の肩頭に懸《かか》りてその負担に堪えざるの勢となりたれば、伊勢守はますます薩摩守に依頼するの念を厚くして、常に密議に及びたり。薩摩守もまたもとより有為の英傑なりければ、その密議に与《あずか》りて伊勢守に力を添えたり。

ここに幕府にも諸侯の間にも起りたるは儲君論《ちょくんろん》なり。当将軍家(家定公)は前叙のごとき御方にして、加うるに御年すでに三十を過させたまえども、いまだ若君の御出生だになければ、儲君を立つること第一継承上の必要たり。しこうしてこの儲君すなわち御養君たるべき御方は、年長賢明の君を要するにつき、これを宗室中に覓《もと》むるに、上下の耳《じ》目《もく》は皆ことごとく一橋刑部卿《ぎょうぶきょう》（慶喜《よしのぶ》公）に集まりたり。この卿は前章にも叙《の》べたるごとく、水戸老公の公子にて、当将軍家にはもとより疎属《そぞく》たりといえども、すでに故将軍家（家《いえ》慶《よし》公慎徳院殿）の台旨を以て、一橋邸に入らせたる上は、御養君たるにおいて争うべからざるの御人柄なり。この卿を外にしては、田安殿（田安慶頼）あれどもその器にあらず、尾州殿（徳川慶勝）は分家より入て立たれたる御方にて、将軍家には疎属たり、紀州殿（徳川家福）は御近親なれども幼年者たり、水戸殿は尾州殿よりもさらに疎属なれば、その年長賢明といい、一橋家の地位といい、この卿ならでは必要なる儲君に備わるべき方は外にあらざりしなり。その上に故将軍家は深くこの卿を愛したまいて、往々《ゆくゆく》は御養孫にと思召されたる台念は、ほとんど公然たる秘密の様になりて、近侍中にはこれを知れる者もありて、伊勢守もこの意を詳悉《しょうしつ》したるなり。されば当将軍家御就職の間もなく、一橋殿御養君の儲君論は世に起りて、かの薩摩守および松平越前守（春嶽《しゅんがく》）らの間にて協議せられて、伊勢守に入説《にゅうぜい》とはなりたりけり。伊勢守は明かに当将軍家の非器たるを知れども、常に奉仕するに恭敬《きょうけい》を以てし、毫末《ごうまつ》も臣礼に欠《か》くる所なく、いやしくも台慮に悖《もと》るがごとき事は、あえてこれを断行せず、醇々乎《じゆんじゆんこ》として事理を具陳《ぐちん》し、その親裁の允可《いんか》を待て挙行したるを常としたるにつき当将軍家が何となく一橋殿を好ませたまわざる状あるをも察知したりしなり。ゆえに薩摩守・越前守等よりの入説もあり、また幕府の有志官吏の冀望《きぼう》もこの卿に集まりたるにかかわらず、伊勢守は儲君論いまだその時機にあらずと答え、かつ一橋殿にはあまり水戸風にならせたまわぬこそ望ましけれ、越前家にてもこの卿を儲君に備え参らせんと思わばあまり水戸の老公と懇意にせざるが得策なりといえるがごとき(伊勢守より薩摩守に送りたる書簡および談話)、以て伊勢守が軽々《けいけい》この儲君説を急施《きゆうし》するを是《ぜ》とせざりしを見るに足れり。けだし伊勢守は、徐々と当将軍家を説《とき》て御納得あるようになし奉り、また*後宮にて水戸風の評判悪しきをも消滅せしめ、しかる上にて円滑に一橋殿御養君を実行せしめんと苦心したるものか。

　さて外国の事は、これより先き米国使節ペルリが、嘉永六年を以て浦賀に初めて来れるに引続き、*魯国《ロシヤ》使節ブーチャチンは、軍艦を率《ひきい》て長崎に来り、その後米国条約に尋《つぎ》て*魯《ろ》・蘭《らん》の条約となり、加うるに米国公使*ハルリスは下田《しもだ》に来り、和親貿易の条約を改訂して締結せん事を望み、将軍家に拝謁して国書捧呈の礼を修めん事を申立《もうしたて》たりければ、外交ますます頻繁《ひんぱん》となれり。しこうして当時幕府の政治御相談に与《あず》かられたる水戸老公は横浜条約及び下田条約すらすでに過分の譲与《じょうよ》なり、この上にも外国の要求に応じて貿易を開き、外国公使を都下に駐在せしめ、彼が宗教礼拝堂を建《たつ》るを諾し、将軍家に謁見を許すがごときは、決して行うべからざるなりと断然たる拒絶論を主張せられ、諸大名中にも往々その説に同意の多かりけるのみならず、幕府有司《ゆうし》の間にさえ、これを不可なりとするもの尠《すくな》からざりければ、伊勢守は尤《もっと》もこの処置に苦しみ、安政三年*に至りて堀田備中守（正睦）を薦《すす》めて閣老の首座に置き、尋《つぎ》て外国御用御取扱を命ぜしめ、以て外務大臣の地位に立たしめこの難局に当らしめたり。これ伊勢守が巧に責任を避けて、その禍《わざわい》を備中守に嫁したるなりとの批評は、けだし免れざる所なるべきも、伊勢守は、さりとてあえて責任の外に退きたるにはあらず、その力を内国の方に専ら用いて善処せんとの観念は、切に伊勢守が胸中に貯えられてこれを等閑にせざりしなり。しこうしてその計画は外国に貿易を許し外交を開く事は、今日の場合において止むを得ざるを以てこれを断行すべし。しかる時は水戸も幕府に背《そむ》き、諸大名にも不服の輩《ともがら》多かるべきは必定なり。これを鎮圧するは薩摩と結びてその応援を得るの外に得策なし。我にして薩摩守と協力同心して事に当らば、なおこの国家艱難《かんなん》の秋《とき》を匡救《きようきゆう》するを得べしと信じたるを以て、さらにますます薩摩に結び、ついにその息女篤姫《あつひめ》を以て当将軍家の御台所《みだいどころ》に立《たつ》るに至れり(近衛殿の養女後に天璋院《てんしようゐん》、安政三年十一月御婚姻)。この政略的婚姻は薩摩守の大に悦《よろこ》べる所にして、薩摩守は資を吝《おし》まずして粧奩《しようれん》を備え、入輿《じゆよ》の典を行わしめたり。

この婚姻の時よりして、薩摩守は暗に勢力を後宮に占め、かの一橋殿御養君の事も、この御台所《みだいどころ》よりして漸々《ようよう》将軍家を説かしめ、他日幸《さいわい》にして御出生あらば、さらに順養子としてその嗣《し》に備うべしとの議をば、かねて御入輿の前より姫君に得心せしめられたり(この事は斉彬卿と越前守との往復文書にも見えたり)。これ伊勢守と薩摩守との協議に出《いで》たること勿論なり。惜《おし》いかな将軍家には、男女の道も叶わせられざるを以て、御台所の御苦心もその甲斐なく伊勢守はその翌安政四年を以て卒去《そつきよ》せられ、将軍家(家定公)も薩摩守(斉彬卿)もまたともにその翌安政五年を以て薨《こう》ぜられたりければ、この政略的婚姻はその効を見るに至らざりき。もし薩摩守・伊勢守にしてともにその生存を永からしめば、あるいは幕府の命脈《めいみやく》もこれに繋《つな》ぎ条約の議論も円滑に行われたらんかと思わるるなり。

堀田備中守内閣　局面一変

阿部伊勢守正弘すでに卒《そっ》す。幕閣の首座を占めて首相の地位に立ち、以て伊勢守に代るべき閣老は、堀田備中守正睦《まさよし》なり。備中守は下総佐倉《しもうささくら》の城主にして、十万石を知行し、閣老に挙《あげ》らるべき家格なり(この備中守の事蹟に関しては、我《わが》益友依田百川《よだひゃくせん》翁、現に堀田正睦公事蹟を稿して、「国民之友」に連載*しつつあるなれば、余は重複に渉《わた》るを避けて、その政治上の関係のみを省述すべし)。この人曩《さき》に水野越前守が首相たりし時に、*かつて一たび閣老に挙られて相応に令聞もあり、その上に夙《*つと》に欧西の文物武備に眼を注ぎ、藩士に命じてその研究をなさしめたる事など、列藩に率先したりければ、米船渡来より、幕府が天下に令して、急に武備を修むるに臨み、世評もはなはだ好かりけり。されば阿部伊勢守が、凡庸《ぼんよう》の中主たる家定公(温恭院殿)を奉じて重要の外交問題を処するに当り、相ともに謀《はか》るべきの閣老を覓《もと》むるにおいて、この備中守に注目したるはけだし当然の勢なりき。これによりて備中守は安政二年十月を以て再び閣老となり、その溜詰《たまりづめ》*に列したるにより伊勢守の上座に就《つ》き、翌安政三年十月を以て、外国御用御取扱《おとりあつかい》を命ぜられ、専ら外務大臣の職務を掌《つかさど》れり。そもそも伊勢守が備中守を挙《あげ》て外国掛《かかり》となしたるについては、当時すでに禍《わざわい》をこの人に嫁するの議ありしこと、余が前章に述《のべ》たるごとし。ただし備中守はその才智の機敏においてこそ、伊勢守に譲る所もあれ、その識見においては、あえて他の籠絡《ろうらく》を受《うく》るの人にあらず。備中守自己の意中とても外務は我これに当り、内務は伊勢守これに任ぜば、幕府をしてこの難関を渡過せしむるを得べしと、厚く信じてこの任に当られたるは、備中守がこれ以後の行為にてはなはだ明白なり。

備中守が首相の実権を握れるは、一年未満の短日月なりしといえども、幕末政史においては最も重要の時期なりしといわざるべからず。当時の跡を案ずるに、伊勢守が備中守とともに幕閣にありしや、内には儲君の議あり、外には外交の議ありて、二者ともに幕府の存廃盛衰に係《かかわ》るの問題たり。しかるに伊勢守がこの二重大問題における、遽《にわか》にこれを観れば、優柔不断に流れて、確乎たる方針を定めざりしに似たり。そのしかる所以《ゆえん》のものは、まず外交に関しては、水戸老公を初《はじめ》として、列藩諸侯、幕府文武の有司に至るまで、宇内《うだい》の形勢は知らずして、*頻《しき》りに鎖国攘夷の説をなし、天下の士人、おおむね皆これに雷同附和し、およそ有力者にしてこの間において開国の必要を説くもの天下に一人もなし。この場合に臨み幕府が一般の輿論《よろん》に反対し、大小名の望に戻り、断然たる開国の方針を執《と》らば、幕府の瓦解《がかい》は実に踵《きびす》を回《めぐ》らすをまたずして忽《たちまち》に来るは必然なり。さりとてある一派の権道家《けんどうか》が主唱せるごとくまず勝つか、負《まく》るか、一戦争をなして、しかる後に国を開かば、国民の眼も覚め、日本の士気は振興するを得べしといえる、最も危険なる奇道を履《ふ》みて、この日本を孤注となさんは、もとより幕閣のあえてせざる所なり。この上は外国の請求に対しては、力を竭《つく》して一時の開国を避け、修交貿易ともに徐々とその歩を進むるの手段を取り、内にしてはまた薩州の斉彬卿《なりあきら》を初め、越前・土佐・佐賀・宇和島等の有志諸侯の議論を折合せ、以て開国の方針に向うべしとの漸進の方針を取りたるなり。儲君《ちょくん》の議とてもそのごとく、年長賢明の儲君を立てて西城に居らしめ、直《ただち》に当将軍をして隠居退職してこれに代らしむるか、ただしは儲君をして摂政《せっしょう》たらしむるかという説は、果敢《かかん》はすなわち果敢なりといえども、現に将軍家(家定公)が一橋刑部卿を好ませたまわざるを知りつつ、また後宮には卿に反対の状あるを知りつつ、将軍家に迫りてこれを断行せんは、勢の容《ゆる》さざる所にして、あるいは為にかえって無測の禍乱を起すの恐れあるを以て、これもまた徐々と将軍家を説き、後宮を鎮《しず》め、円滑に一橋卿を儲君に立て参らせんとの漸進の方針を取りたるなり。かかる漸進の方針に対して、備中守は始《はじめ》より伊勢守に同意なりしかまたは内実不同意ながらも首相の意見に圧《お》されてやむをえずこれに従がいたるかその如何《いかん》はこれを知らざれども、伊勢守が卒去《そっきょ》とともに、時勢の局面は大《おおい》に一変して危機まさに迫り、備中守をしてこの漸進の方針を執《と》ること能わざらしめたり。備中守をしてこの二大問題において大に決する所あるを必要ならしめたり。

当将軍家(家定公)が文武独裁の幕府に君主として、この難局を処するの器にあらざる事は、天下皆これを知れり。幕府の政治たる、もとよりこれを閣老に一任すべきにあらず、必らずや将軍の親裁を要すること、泰平無事の日においてもなおかつ然《しか》り。いわんやこの天下多事の日においてをや。今日の大計たるや、一日も早く年長賢明の儲君を立てて直《ただち》に就職せしむるか、ただしは実際に摂政せしむるかの必要は誰人といえどもこれを認めたり。伊勢守といえども備中守といえども、あにこれを認めざるの事あらんや。しかりしこうして、その儲君に望むべき公達《きんだち》にして、朝野の眼に映じたるは、すなわち一橋刑部卿《ぎょうぶきょう》(慶喜公)なり。この卿の御事は前回にも述たるごとく、その地位はまさに三卿の一に備わりて、儲君たるに十分なる地位を占めたまい、年長といい、賢明といい、この御方ならでは外にその才なしとは実に衆議の帰する所たり。ことに前将軍家(家慶公慎徳院殿)にはその台慮ありて、伊勢守もこれを推知しおり、その上に前将軍家の昵《じっ》近《きん》たりし本郷丹波〔後〕守等は、御内意をも密《ひそか》に承り及びたりしというほどなりければ、当時幕府の要路にありける有司にして、いやしくも国家を以て己《おの》が憂とするほどの輩《ともがら》は、一橋卿をば速《すみや》かに儲君に立て、以て将軍家親裁の実を行わざるべからず、卿を外にしては別に儲君に立つべき御方あらず、卿ならでは外に儲君を立つるもその実あるべからずと議したり。列藩の諸侯にては、薩摩の斉彬《なりあきら》(島津)侯・越前の慶永《よしなが》(松平)侯(春嶽)・土佐の豊信《とよしげ》(山内)侯(容堂)・阿波の斉裕《なりひろ》(蜂須賀)侯・宇和島の宗城《むねなり》侯(伊達)等この議を是とし、すでに安政二年の頃よりして、斉彬・慶永の両侯は、陰にこの議を伊勢守に迫られたりけるが、伊勢守卒去《そっきょ》の後、備中守が首相となり、外国条約の問題大《おおい》に起るに及び、この儲君議はますます一層の必要となりて、その気焔《きえん》を熾《さかん》にしたり。その議に云く、すでに外国条約の請求に対し、今やまさにその交際を通し貿易を開くの可否を決するの時に当り、誰かこれを親裁したまうべきぞ。漫《みだり》にこれを幕閣の決断に附して、その決する所に任せんか、その可否、ともに天下の悦服せざる所たらん。およそ和戦の利害、開鎖《かいさ》の得失は、国家存亡の関する所たるに、英明賢良の将軍を戴《いただ》くにあらざるよりは、如何《いかん》ぞ国是を一定して、金甌《きんおう》無欠《むけつ》の国体を全うするを得んやと云々《うんぬん》し、越前侯その主唱者となりて、立儲君議《りっちょくんぎ》を備中守(堀田正睦)に促《うな》がし、有志の列侯、有志の幕吏、みな相応じてこれに同じたりければ、備中守はもとよりこれを望みたるを以て将軍家(家定公)に稟《ひん》したれどもその許諾の台旨を得ること能わず。しこうして当時すでに後宮に攀援《はんえん》して、一橋卿儲君議に反対するの運動は、密々その形迹を顕わすに及びたりけるが、備中守が後宮を操縦するや伊勢守がなせるごとくに巧ならざりしを以て、これを探知するに由《よし》なく、たとい探知し得たるも、これを制遏《せいあつ》するの勢力もなく、これを顛覆《てんぷく》して、かえって我《わが》味方たらしむるの計略もなきを以て、空しくそのなす所に任せて、ついに立儲君議における失敗を取るに至れり(この事は後章に詳述すべし)。

次に外交の事を顧《かえりみ》れば、先年ペルリ渡来の時を初として、米英*魯蘭《ろらん》に対しても許諾したるは、いわゆる米国下田条約を基礎としたる条約にして、僅《わずか》に長崎・下田・箱館の三港を外国船の来泊に許し、その必需の物品は役人の立合を以てこれを日本商人より売渡さしむるというに止《とど》まりて、いまだ純然たる貿易条約を結びたるにはあらざりしなり。しかるに安政三年に至り、米国よりハルリス総領事兼外交官の資格にて、国書を帯びて下田に来り、第一にはその国書は江戸に出府して親しくこれを将軍家に捧呈すべし。第二には日米両国間に和親通航貿易の条約を結ぶべし。その条約の要領はこれなりと請求したる中にも、最も世論を聳動《しょうどう》したるは、(一)外国公使を江戸に駐在せしむる事、(二)江戸・大坂・品川・堺・長崎・函館・馬関等の諸市港を、外国の貿易に開き、自他の国民をして自由勝手に売買せしむる事、(三)航海を容易ならしむるがために、日本の沿海測量を外国軍艦に許す事、(四)基督《キリスト》教の礼拝堂を市港の居留地に建築するに異議なき事の諸条なりき。この請求に対して伊勢守は当時容易にこれを承諾せざるの意見を懐《いだ》きたれども、ハルリスは巍然《ぎぜん》として動かず、幕府の外国掛《がいこくかかり》諸有司《ゆうし》が、代《かわ》る代る下田に到りて談判に渉《わた》るごとに、弁論百出、あるいは国際の通法を説き、あるいは貿易の真理を論じ、あるいは宇内《うだい》の形勢を弁じ、またあるいは威力の脅迫を示し、ついには英仏同盟の軍が支那を攻め、その兵を北京に進むるまでに至り、支那をして城下の盟《ちかい》をなさしめたるの機会に乗じ、備中守をして米国の請求を聞かしむるに至れり（この事も後章に詳述すべし）。しこうして幕府の要路有司にして、備中守の股肱《ここう》となりて事を執《と》れる輩《ともがら》には、各々意見に異同ありて、その離合もまた一ならざりければ、儲君議においても、外交議においても、向背自《こうはいおのず》から異なる所ありき、たとえば水野筑後守のごときは、儲君においては一橋卿を立《たつ》るに熱心したれども、条約の議には反対の説を採り、川路（聖謨）左《さ》衛門尉《えもんのじょう》のごときは、条約の議には同意したれども、＊一橋卿立儲《りっちょ》には冷淡なりき。かかる情勢は一にして足らざれば、幕閣中にても、要路中にても、儲君《ちょくん》・外交の二議に関しては、常に一致を得ざりしなり。

ここに幕府の有司《ゆうし》中にて、当時専ら枢機に参し、要路に当りて、その頭角を露わしたる諸人の姓名を挙ぐれば、松平（近直）河内守《かわちのかみ》・川路左衛門尉・土岐《とき》（頼旨）丹波守《たんばのかみ》・水野（忠徳）筑後守《ちくごのかみ》・岩瀬（忠震）肥後守《ひごのかみ》・永井（尚志）玄蕃頭《げんばのかみ》・堀（利熙）織部正《おりべのしょう》・鵜殿（長鋭）民部《みんぶ》少輔《しょう》等の諸人に首として指を屈せざるべからず。しこうしてこれらの諸人は、伊勢守内閣の時に挙《あげ》られ、備中守内閣の時に至りても、その要路にありて儲君・外交の評議に関係したる人物なりき。初め嘉永六年六月米国使節ベルリ渡来の時に当り、応接の役人を択《えら》ぶに際し、まず長崎奉行は、日本唯一の外国貿易港たる長崎にありて、和蘭《オランダ》貿易事務官等に応接したる事あれば、外国の情には通じたる者なり。次に林《(韑)》大学頭《かみ》は*朝鮮信使来聘《らいへい》、*琉球王子参府等の節には、その係り役人となりて、聘礼の典に与《あず》かるを以て、これまた外情には通じたる者なりとて採用せられ、すなわち同月八日武州久里浜にてペルリに会し、その国書を請取りたるは林大学頭(御儒者)・戸田《(氏栄)》伊豆守(浦賀奉行)・井戸《(弘道)》石見守《いわみのかみ》(同上)・戸川《(安鎮)》中務少輔《なかつかさしょう》(御目付《おめつけ》)・松本十郎兵衛(同上)・堀織部正(同上)の諸人にして、井戸・堀のごときは、学校出身にて人才登《とう》庸《よう》の廉《かど》を以てこの任に当れるなり。尋《つぎ》てその翌安政元年三月横浜において、ペルリに応接し、有名なる横浜条約を初めて取結《とりむすび》たる全権は、林大学頭(御儒者)・井戸《(覚弘)》対馬守《つしまのかみ》(御目付、もと長崎奉行)・伊沢《(政義)》美作守《みまさかのかみ》(もと長崎奉行)・鵜飼民部少輔《みんぶしょう》(御目付)なりき。しかるに同時に魯《ろ》国使節プーチャチンは長崎に来りて、同じく通信修交を求め、かねては唐太《カラフト》経界を定めん事を求めたるに、当時の長崎奉行は水野筑後守にて、江戸より特命を帯て下崎したる全権は筒井《(政憲)》肥前守(もと長崎奉行)・川路左衛門尉(御勘定奉行)なりけるが、この全権等は通交の大事はこれを朝廷に奏しこれを諸侯に詢《はか》らざるを以て、少なくも三年の歳月を要する旨を述べて、その即答を辞して魯使を帰航せしめ、江戸に帰りたるに、横浜にては、すでに米使と条約を結びたる時なりければ、川路等は一方には幕府が決答遷延説《せんえんせつ》の閣議を固執せざるを憾《うら》み、一方には彼等がこのために露使に対して信を失えるの状をなせるを憤《いきどお》りて、一時は大《おおい》に幕閣に向って抗議に及びたりしが、伊勢守の説諭によりて黙止したりといえり。さてまた永井玄蕃頭はその後幕府が俊秀の壮輩を選抜して長崎に遣《おく》り、和蘭《オランダ》士官を聘《へい》して*海軍伝習を開かしめたる時に、その監督となりて久しく長崎に在勤し、伝習の事を差図《さしず》したりければ、他の御目付に比すれば、頗《すこぶ》る外情に通ずるを得たり。岩瀬肥後守は御目付中にて、尤も智弁果断に富める人物にて、あるいは長崎に出張して、水野とともに*魯《ろ》・蘭《らん》の条約を議し、あるいは下田に赴きて、ハルリスと議論を闘わせて、頗る外交官の資格に適せりと称せられたり。松平河内守(近直)はあえて異常の器というにはあらざれども、事を執《と》るや実直にして、会計の任に恰当《こうとう》なりければ、深く伊勢守の信任する所たり(この人は伊勢守の卒去《そっきょ》の後一年ならずして退隠したり)。鵜殿民部少輔(長鋭)また真摯《しんし》の人物にして、とりて動かざるの勇を備えたり。この外大久保(忠寛)右近将監《うこんしょうげん》(一翁)・石河《いしこ》土佐守(政平)・跡部《あとべ》甲斐守(良弼)等みなその器を以て称せられ、当時の幕府はあえてその人なきにあらざりしなり。

備中守は安政三年十月を以て外国御用御取扱(外務大臣)を命ぜられたれば、すなわち土岐丹波守《(頼旨)》・松平河内守・川路左衛門尉《(聖謨)》・水野筑後守《(忠徳)》・岩瀬肥後守《(忠震)》等をして外国貿易を開く事もこれあるべきにつきその取調《とりしらべ》をなし意見を上陳《じょうちん》せしめたるに、この諸人の議論は二つに分れ、中にも水野筑後守は、あくまでも自他の商人の相対自由の売買を非なりとし、長崎の官府交易法の範囲を拡張し、幕府その間に介せざるべからず。しからざれば貿易無制限のために、他日の国難を惹起《じゃっき》すべしと論じて、以てハルリスの提議に反対したり。伊勢守も当初はこれを得策なりと信じて、固執したりしが、その卒去《そっきょ》の後に至りては、ハルリスの論議する所といい、また和蘭貿易事務官が唱うる所といい、とても官府貿易は外国の肯《がえん》ぜざるべきを知り得たれば、安政四年に至りてはこの官府貿易論は事実において幕閣の擯斥《ひんせき》する所となれり。

堀田備中守と立儲君議

前章においてさらに詳述すべしと約したる儲君議につき、ここにその事情を説くべし。すでに概叙したるごとく、一橋刑部卿《ぎょうぶきょう》殿(慶喜公《よしのぶ》)を措《お》きては、今日の場合において他にその位に備わるべき公達《きんだち》なし、この卿を急に西城に入れ奉ること今日の第一要務なりとは、朝野のともに唱道せる所たり。しこうしてその議は専ら薩摩の斉彬《なりあきら》卿と越前の慶《よし》永《なが》卿(春嶽《しゅんがく》)とによって主唱せられたるが、現に親しくその局に当れるものは、薩摩にては西郷吉兵衛(大西郷隆盛)、越前にては橋本左内たるがごとし。橋本左内が主君たる慶永卿に呈したる意見によれば、曰《いわ》く、到底我《わが》日本国は今日宇内《うだい》の大勢に反対して東海に孤立し、鎖国絶交の地位に立つべからず。もしこの孤立を長くせば、実に日本の独立は危うかるべし。すべからく断然たる政策を建て開国の政を行わざるべからざるなり。彼の国力の厚薄をも測らず、武備の精粗をも知らずして、いたずらに攘夷を唱うるがごときは、頑冥《がんめい》無智、ともに謀《はか》るに足らざるなり。しかれどもこの輩《ともがら》とても、あえて我国の利害を併せて度外に置くものにあらざれば、これをして少しく坤輿《こんよ》の大勢を知得せしめば、鎖攘《さじょう》を棄てて開国の議に同意せしむること、決《けっし》て難とせざるなり。ただし開国の事たる実に日本国の大事なり。これを断行せんには、同時に国内の政治に向って大改革を行い、以て弊政《へいせい》を釐《り》革《かく》し武備を振張し、独立国の実を維持すること緊要たり。この大改革を行わんには、将軍家に賢明英邁《えいまい》の君あるを要す。今日の将軍家(家定公)は多病憊《はい》弱《じゃく》、この難関に当るの御気力あらせられんことははなはだ覚束《おぼつか》なし。世人ややもすれば曰《いわ》く、たとい将軍家多病にして、大政を親裁したまうこと能《あた》わずとも、いやしくも幕府には御老中(閣老)のあるあり、御老中にしてその人を得《え》ば、国政の大改革もあえてこれを行うに難《かた》からざるべしと。これ大《おおい》なる謬見《びょうけん》なり。試《こころみ》に見よ、幕府の御老中(閣老)世々その人材に乏しからず、松平越中守(定信)・大久保加賀守(忠真)・水野越前守(忠邦)のごとき、近くは阿部伊勢守(正弘)のごとき、皆有為《ゆうい》の閣老なり。しかれども、その閣老が将軍家の信任を失い、もしくは天下の輿《よ》望《ぼう》を失いて罷《ひ》免《めん》せられ、幕閣その人を更迭《こうてつ》するごとに、施政の方針、すなわち移動して、かつて一定不抜たるを得ず。されば越中殿の政治、越前殿の政治、伊勢守の政治というがごとき勢をなして、幕府の政令は閣老の考案によって、寛厳張弛《かんげんちょうし》その趣《おもむき》を同《おなじ》うせざること、従来の通弊にあらずや。かくのごとく施政の方針移動しては、太平無事の日といえども、なおかつ不可なり。いわんや宇内各国に対して修交貿易を開くの時においてをや。されば将軍家に年長賢明の君ありて、自《みず》から大政の柄《へい》を握り、諸侯を会同して断然たる国是を定め、百難を排してこれを履行《りこう》し、方針一定の上は、閣老その人を更迭するも、決して移動するの患なしというに至らざれば、とても開国の大改革はその効績を見ること能わざるべし。かくのごとくなるがゆえに、今日の事たる、ただ速《すみや》かに年長賢明の一橋(慶喜)卿を儲君に立て、以て譲職《じょうしょく》あらせらるるか、摂政せしめらるるかして、この実を挙《あぐ》るの大計をなさざるべからざるなりと云々《うんぬん》せり(これは橋本左内の遺文についてその趣旨を抜萃《ばっすい》したるなり、余は現に橋本左内の伝を編するに従事すれば、稿成《な》るの日をまって大にこれを世上に紹介すべし)。斉彬《なりあきら》侯がこれに同意し、西郷*に内命を下して周旋《しゅうせん》せしめたるは、けだしこれがためにして、斉彬侯は御台所《みだいどころ》(天璋院《てんしょういん》)御*入輿《ごじゅよ》の時にも、あらかじめこの一橋卿を儲君に建《たつ》るの議を御台所に承諾せしめて、その将軍家を慫慂《しょうよう》すべきを命じ、また西郷をして局小島*《つぼねこのしま》といえる老女と謀《はか》りて、幕府の後宮に入説《にゅうぜい》する事を担当《たんとう》せしめられたり。これによりて慶永侯は常に斉彬侯と謀りて、この儲君の事を周旋し、*斉彬侯の薨後《こうご》は土州(山内豊信)・阿州(蜂須賀斉裕)・宇和島(伊達宗城)の諸侯を語らい、以て堀田備中守(正睦)に促がすに、早く立儲の事を以てしたり。備中守はもとよりこれに同意なれば、時機を見てしばしば将軍家(家定公)にこの議を稟《ひん》し、漸《ようや》く立儲の台諾《たいだく》を得たれども、さてその御方は誰殿というに至りて、備中守もさしつけに一橋卿をとも申上《もうしあげ》がたく、将軍家もまた一橋殿を御養君にとは仰せ出されず、その間に、内にしては*後宮において、一橋卿立儲に反対せる烈しき運動あり、外にしては尾張殿(徳川慶勝)・田安殿(田安慶頼)の両卿は、内々は御自分がた儲君にとの望もありての事か、各々一橋卿の立儲には、表面反対せざるまでも、同意の上書は叶うべからずと拒絶に及ばれたれば、備中守は最も困難の地に立つに至れり。当時一橋侯立儲の同意者は、閣老にて堀田備中守、諸侯にては松平越前守(慶永侯)・松平阿波守(斉裕《なりひろ》侯)・松平土佐守(容堂《ようどう》侯)・伊達遠江守《だてとおとうみのかみ》(宗城《むねなり》侯)・その他の方々、旗本にては*本郷丹波守(御側御用御取次)・*土岐丹波守(大目付?)・水野筑後守(忠徳)(田安殿家老)・朝比奈(昌広)甲《か》斐守《いのかみ》(同上)・岩瀬肥後守(忠震)(御目付)・鵜殿(長鋭)民部少《みんぶしょう》輔(同上)・永井(尚志)玄蕃頭《げんばのかみ》(同上)、諸藩にては安島帯刀《あじまたてわき》(水戸)・平岡円四郎(一橋)・西郷吉之助(薩州)・橋本左内

(越前)、及び平山謙次郎(後に図書頭《ずしよのかみ》省斎その頃は幕府の御《お》徒目《かちめ》付《つけ》)等の諸人なりとぞ聞えし。されば、その翌年安政五年春に至り、*堀田備中が上京の時に臨み、橋本左内が桃井伊《い》織《おり》と変名して上京し、*岩瀬肥後守と気脈を通じて、公卿の間を遊説《ゆうぜい》したるも、一には開国説を持して備中守の使命を助けたると、一には一橋卿立儲議をば朝廷の勢力によりて*勅命を下し得ん事を謀らんがためにてありき。しかれどもこの時すでに幕府の反対党、すなわち*一橋卿立儲議に反対せる党与《とうよ》の周旋は、京都の公卿の間にも廻りたるか、ただしは関白議奏の諸公も幕府に憚《はばか》られてか、さしつけに一橋卿を儲君にとは云い出しかねられしと見えて年長賢明の方を将軍家の御養君に御定あってしかるべしと*謎のごとき勅語を堀田備中守に渡さるる事になりて、尋《つぎ》てその「年長賢明」の四字も、本紙には*除かるる事となったれば、朝廷の勢力もこれを仮《か》るの実を得ること能わずして、実に失敗の状を顕《あら》わしたりき。

　余が前にも述《の》べたるごとく、当時幕府儲君の候補者は、一橋卿を外にしては、紀州宰相殿(慶福《よしとみ》卿後に十四代将軍家昭徳院殿家茂《いえもち》公)・田安中納言殿(慶頼)・尾張大納言殿(慶勝卿)・水戸中納言殿(慶篤《よしあつ》卿)なりけるが、その中にて最も勢力あるは紀州殿なり。この殿は御三家のその一にして、八代将軍有徳院殿吉宗公の出《いで》させたる御家といい、当宰相殿は文恭院殿家斉《いえなり》公の御孫にて、当将軍家(家定公)の従弟にておわすなれば、御幼年たりとも、後宮にては儲君として第一に指を折らるべき御方なり。かつ「年長賢明」の四字は、廟《びょう》堂《どう》においてこそ儲君に必要の資格なれ、将軍家においても、後宮においても、年長賢明の如何《いかん》は毫《ごう》もその眼中に映写する所あらず。ことに非一橋説の因由《いんゆ》は数多《あまた》あるべきが、その中にて将軍家が一橋卿を好ませたまわざること、そのゆえはとかくは置て気詰《きづま》りに思召《おぼしめ》して、一橋殿は気の詰る御方なれば、余が養子とは思わぬぞ、そのゆえに一橋殿では否なりとは、現に当時将軍家が親しく近侍の人々に漏《もら》したまえる詞《ことば》なりとは聞えし。これ一つ(この事は堀田備中守は勿論夢*にも伝え聞かざる所なり。将軍家近侍の人々は、閣老へたりとも、将軍家の私語を漏らさぬが、第一の心得方なりき)。次には水戸風の節倹これ後宮の最も恐るる所なり。一橋卿は水戸の公達《きんだち》なり、この君御養君に立たせたまわば、大奥も水戸風になりて、我らも綿服をや着せらるべき、窮屈《きゅうくつ》の身ともなるべきと、嬪嬬《ひんじゅ》侍女は皆恐れ合えりしなり。大城の大奥に仕えまつる婦女子等が、第一の冀望《きぼう》は、美服美食なるに、これに代るに粗服疎食《そしょく》を以てせらるるの懸念ある時は、この一事以て反対を呼起《よびおこ》すに余《あまり》ありとす。これ二つ。次には水戸老公はうるさき御方とは、独り幕府の廟堂上のみならず、後宮にても申し伝え、将軍家も左《さ》は思召されたるならん。しこうしてその実をいえば、老公うるさからざるにあらず。政治の事は勿論、海防兵備その外瑣末《さまつ》の事にも、理屈をつけて議論を述べられ、強《しい》て自説を貫かんと望まるるの状あるは、その書簡を見て瞭然《りょうぜん》たり。この公いまや閑散の地位にありてすら、ずいぶんうるさく議論せらるるなるに、もし一橋卿立儲就職の暁《あかつき》には、御実父の勢力を以て幕府に出入して、卿を動かし、種々の説を立てらるる事あらん。しかる時には幕府はほとんどその煩《はん》に堪えざるに至るべしとは、独り後宮におけるのみならず、廟堂においてもまたその杞憂を懐《いだ》けるもの尠《すく》なからざりければ、非水戸の意向は延《ひい》て一橋卿に及ぼしたり。これ三つ。この三つの因由《いんゆ》は後宮において(君側においてもその一部分は)、一橋卿を擯斥《ひんせき》して紀州殿を採るの助をなせり。この時に当り紀州家御附の水野土佐守(忠央)は立儲議の起りし初《はじめ》より紀州宰相殿をば儲君に立《たて》んと望み、安政三年の頃よりして平岡丹波守(道弘)(御側御用御取次)等に結托《けったく》して、早くその手を後宮に廻したり(けだし土佐守は紀州宰相殿御養君に立《たた》せらるる上は、おのれ西丸の御老中となり、尋《つぎ》て幕閣に座し*佐《さ》命《めい》の臣を以て首相の実権を占めんと、名利の念を心底に懐《いだ》けるがゆえなるべし）。しこうして紀州説の同意者は、後宮においては当将軍家の御生母たる本樹《〔寿〕》院夫人、及び将軍家附《づき》の老女にて威権ある歌橋*は、尤《もっと》も熱心に紀州殿を助けたり。されば御台所（天璋院夫人）が薩州侯の内意を遵奉《じゅんぽう》して、一橋卿を将軍家に勧《すす》め参らせんと思召しても、御夫婦中の御語《かたら》いさえなき御間柄なれば、何事もよそよそしくて、将軍家を動かし得べきの力もなく、たまたま御台所が一橋卿立儲の事を将軍家に内稟《ないひん》せんとて、その事を歌橋に予議せられたるに、歌橋よりこの事を天樹《〔本寿〕》院に告げ、大葛藤を後宮に起し、御台所を困難の地位に居らしめたる事さえありき（これは御台所附にて瘤*のお局《つぼね》と異名せられたる局より、薩州の老女小島へ送りたる文書に詳《つまびらか》なり）。また閣老にては松平伊賀守《〔忠固〕》、この人はその初は堀田備中守とも同意にて、一橋卿を奉戴《ほうたい》せんと約したりし人なりけるが、これも水野土佐守に籠絡《ろうらく》せられたりしか、中頃より説を変じて紀州説となりて、かえって一橋説を陰に排斥するに至れり。しこうして備中守はその幕命を奉じて、安政五年の春京都に赴くまでは、その事を覚《さと》らざりしがごとし。よしや覚り得たればとて、その場合になりては、堀田の力を以て、これを奈何《いかん》とも成し能わざるべかりしなり。

一橋卿立儲の運動には、十分の黄金を以て後宮を動かす事をなさざりき。もし斉彬卿と伊勢守とがともに存命せられしならば、必らずその挙動にも及ばれたらんが、越前侯は表面の議論一方にて迫られ、堀田備中守また黄金の魔力は無常の働きを後宮になすという事を解するに迂遠《うえん》なり。かの橋本左内が、いやしくも目的を達するためには、いかなる手段をも行うべし、贈賄のごときは最もその手段なりと越前侯に建言したるも、その用いられざりしぞ是非なけれ。しこうしてこの黄金の力は見事に水野土佐守《(忠央)》のために成功せられたるなり。すでに水野はその領分なる新宮より熊野炭を取寄せて、これを諸方に送り、平岡丹波守《(道弘)》が邸にては、水野を目するに炭屋の異名を以てしたるに至れり。この一事以て水野が贈賄を行うに巧みにして諸方に行届きたるを窺《うかが》うに足れり。

堀田備中守が、条約勅許を乞《こ》わんがために上京したるは、最も紀州党がその目的を達するに屈竟《くっきょう》の時機なりき。備中守は迂遠なりしにせよ、後宮に勢力なかりしにせよ、さすがその幕閣にあるの間は、越前・土佐の有力諸侯ともその意を同《おなじ》くし、また幕府有司の重立《おもだち》たる輩《ともがら》は、皆この人を戴《いただ》きて一橋卿立儲を望みたれば、紀州党にとりてはこれを動かすこと至難なりければ、その上京の留守中こそ、計策を運《めぐ》らすには、実に好都合とはなりたるなれ。このゆえに紀州党が一橋卿を排斥して、紀州殿を御養君に立《たつ》るの計は、実に堀田上京の間に江戸において十分に行われたり。されば一橋党は後宮の天王山をすでに紀州に乗取られたり、この上は勅命を得るの外はなしと、望を京都に属《しょく》したるはやむをえずの事にて、実はその志にあらざること明《あきら》かなり。後の論者あるいは立儲の勅諚を乞えるを以て、幕府のためにその策を誤れるものと咎め、井伊掃部《かもん》(直弼)と同じき説をなす者あるは、いまだその事情を詳《つまびらか》にせざるがゆえのみ。しこうしてその井伊掃部頭が出《いで》て大老職に就《つ》きたるは、水野土佐守が松平伊賀守(忠固)を説きて、将軍家を動かし、紀州殿儲君のために一大応援に備えたるなり。その争《あらそい》は井伊掃部頭を叙するに臨みて詳述すべきなり。

堀田備中守と外国条約

外国条約の問題は、米国総領事ハルリスが、*安政二年七月を以て下田に渡来し、米国大統領より日本国の君主(すなわち将軍家)へ呈するの国書、および改訂条約締結の全権委任状を携帯し、その旨《むね》を幕府へ報知して、大君《たいくん》(将軍家)へ謁見を乞《こ》い、外国事務宰相と談判を開かん事を要求したるに始まれり(初め幕府にては海防掛《かかり》と名《なづ》けたる一局を開き、幕府の要路有吏中にて、威権あり才識ある輩《ともがら》を集めて、この掛りとなしたれば、海防掛は当時幕府人才の淵叢《えんそう》と認められて、天下の大事はおおむねこの局の決議によりて左右せられたりき)。すでにして堀田備中守《(正睦)》*再び閣老となりて外国事務を専任し、この年(安政三年)十月外国貿易御用取扱を命ぜられたるに及び、跡部甲斐守《(良弼)》・土岐丹波守《(頼旨)》・松平河内守《(近直)》・川路《(聖謨)》左衛門尉《さえもんのじょう》・水野筑後守《(忠徳)》・岩瀬修理《(忠震)しゅり》・大久保右近将監《(忠寛)うこんしょうげん》・塚越藤助・中村為弥《ためや》の諸人は右御用取調《ごようとりしらべ》を命ぜられて、初めて外務の一局を開きたり。この人々の中には従前の海防掛より出でたるもありて、爾来《じらい》しばしばその掛りを更迭《こうてつ》したれども、勢力といい、人才といい、常にこの局に聚《あつま》りたれば、阿部伊勢守(正弘)内閣においても、堀田備中守内閣においてもこの局は幕府の脳髄《のうずい》とも称すべき団体《だんたい》にてはありき。

そもそもハルリスが下田に居留したるにつき、下田奉行は緊要の地位なりとありて、幕閣は井上信濃守(清直)・中村出羽守(すなわち中村為弥)の両人を奉行に命じ、その立会《たちあい》としては御目付《おめつけ》岩瀬肥後守(岩瀬修理)を派遣して談判に渉《わた》らしめたるに、ハルリスは、(一)米国の大統領の国書は、日本大君(将軍家)へ拝謁して、直《ただち》に奉呈せざるべからず、(二)国命によりて日本政府へ忠告しかつ要求すべき個条は、日本大君の外国事務宰相に面談せざるべからずと主張し、幕閣が下田奉行その他の有司に全権を委任し、重《じゅう》の大事件といえどもこの輩に談判すべしとハルリスに達したるにかかわらず、ハルリスは国書はその国の君主の外は決して他人に交附すべきにあらず、特命全権はその国の宰相の外は決して余人と談判すべきにあらずと抗議して、幕閣の望《のぞみ》に応ずる事をなさざりき。けだし阿部伊勢守は、深く国内の折合《おりあい》を慮《おもんぱか》りたるを以て、何にもしてハルリスを江戸へ出府せしめず、将軍へ謁見せしめず、閣老も面談せずして、外交を取扱わんと欲したるがゆえに、ハルリスの請求に対して決答を依違《いい》することほとんど一年に及びたりけるが、伊勢守卒去《そっきょ》の後は、ハルリスもはや決答の遷延《せんえん》を肯《がえん》ぜず、許否の如何《いかん》によりては国旗を捲《まい》て帰国すべし、余が帰国は日本において米国に耻《はじ》を与えたる実証なれば、米国はこれに尋《つ》ぐに兵力を以てして、日本の罪を問うべしとまでに脅迫したり。当時ハルリスが井上信濃守(清直)・中村出羽守(為弥)・岩瀬肥後守(忠震)諸人に対して、論弁したる筆記を読むに、ずいぶん怪《け》しからぬ言論も見えたれども、外国全権が国書を携帯して渡来せるものを、都外の地に居らしむること十九ケ月の長きに渉り、その国の宰相さえいまだ一度も面会せざるという事、あるべきはずの事なるか、欧米諸国にてかかる事あらば、この無礼不敬、以て国際上の罪過《すぎ》たるに余《あまり》ありといえるがごときは、あえて無理ならぬ説というべし。

しかるに堀田備中守は、このハルリスの請求に対して許否を決せざるべからざるに臨《のぞ》みてこれをいかにしたるか。備中守の幕僚たる外国掛の諸人中にても、水野筑後守(忠徳)のごときは官吏出府(官吏とは米国全権官吏の略称にしてハルリスの事を指していえり)・登城拝謁・閣老談判・貿易条約の四大要件はことごとく承諾すべからずと主張し、そのために外国掛り御勘定奉行の要職を罷《や》められて、田安殿御家老に遷《うつ》されたり。また川路

(聖謨)左衛門尉・井上信濃守等のごときは、到底ハルリスの請求を拒絶して、*釁《きん》を米国に開かんは、我国今日にとりて不得策なればやむをえず彼の請求に応ずるの外はあるべからずと議し大抵みなこの不得止説《ふとくしせつ》に同意したり。独り岩瀬肥後守は米国官吏の請求こそ好機会なれ、幕府従来の固陋因循《ころういんじゅん》の鎖国政略を打破《うちやぶ》りて、一大革新の政治を行わんには、外交の激薬を以てするにしかずと公言し、おのれ幕閣に向ってハルリスの代言となりて、出府拝謁の必要なるを弁論せるまでに至れり。この岩瀬肥後守は、昌平学校及第生の出身にして、少しく蘭書をも読みて、粗々《あらあら》外情に通じ、才敏にして識高く、幕府壮年政治家中にて第一の人物なりければ、備中守も深くこの人の説に服して信を置きたるがごとし。されば備中守が当時水戸老公を始《はじめ》として諸大名旗本に異論の多かりしを顧《かえり》みず、断然安政四年八月二十八日の布告を以て、米国官吏の国書持参・江戸参上・登城拝礼を許したるは、備中守の英断にして、岩瀬を首として*川路・井上の諸人がこれを勧《すす》めたるによれり。

ことにはまたこの際において、最も幕閣の心を動かしたるは、*清国における英仏同盟の戦争これなり。この戦報はただにハルリスがこれを報知したるのみならず、和蘭《オランダ》貿易事務官、あるいは魯国軍艦の艦長等よりも、下田において、長崎において、頻《しきり》にその報道をなし、ついには英国は戦勝の余威を以て、香港総督ボーリングを全権使節に任じ、軍艦数十隻を率《ひきい》て日本に使せしめ、以て和親貿易航海の条約締盟を要求せしむる事に議決したり。その要求は米国官吏ハルリスが現に抱懐せる条約草案の意見より、数等の上に出《いで》んは必定なり。むしろ早く米国と貿易条約を改訂して基礎を立て、英仏をしてこの矩《のり》を踰《こゆ》る事を得ざらしむるにしかずといえるの議は、岩瀬・井上の諸人が頻《しきり》に主張せる所たりき。この議は実にハルリスの口より出でて、すでに備中守に面会の時にも、堂々と論じたるなれば、ある一派の非外交論者はこれを評して堀田は川路・岩瀬等に煽動せられて、ハルリスの虚喝《きょかつ》を信じたりと罵《ののし》ったれども、この議に同意したるは、要するに堀田備中守が明《めい》なりというに不可なるを見ざるなり。

かくて米国官吏ハルリスはこの年(安政四年)十月十五日を以て江戸に着し、九段坂下なる蕃書調所《ばんしょしらべしょ》を以て旅館に充《あて》られ、二十一日を以て登城拝謁、国書捧呈の礼を遂《と》げ、二十六日を以て堀田備中守の邸に至りて面会なし、懸河《けんが》の弁を振《ふる》って鎖国の不可なるを論じ、開国貿易の利を説き、宇内《うだい》の大勢如何《いかん》を弁じ、和親貿易条約の今日にきわめて必要なるを論じたり。徳川時代の大名、徳川幕府の閣老にして、始めてかくのごとき痛快切実なる弁論を聴きたる事なれば、備中守いかんぞこれに驚嘆せざるを得んや。すでにその心は岩瀬諸人の説を聴きて動きたる際なりければ、禅僧が大導師の一喝に逢いて豁然《かつぜん》悟道《ごどう》したるがごとく、開国の国是《こくぜ》は備中守の脳裏に印せられて、その方針を一定せしめたり。これによりて井上信濃守（清直）・岩瀬肥後守（忠震）は、幕府の全権を授けられて、すなわちハルリスに蕃書調所に会して、数回の応接を重ね、和親貿易の条約を取結びたり。安政五年の*江戸条約と名《なづ》けたる条約にして安政六年の下半より明治三十一年の上半まで実行せられたる条約すなわちこれなり。その後*英仏露蘭の条約も果してこれを標準とし、以て十四ケ国の条約たるに至れり。しかるに当時諸大名には、この条約に関して異論少なからず、あるいはこれがために人心みな幕府に離叛すべき情況ありければ、備中守は諸大名を柳営《りゅうえい》に会せしめ、岩瀬をして開国条約の必要なる事を説かしめたり。岩瀬、原来弁才に達せるの人物なれば、縦横に論弁して、諸公もしこの意を解せざるか、もしくは異論あらば、憚《はばか》りなく発議あれよ、僕請《こ》うその答弁の任に当らん、徹宵《てつしょう》議論して暁に徹するも、あえて辞せざる所なり、しかれども諸公今日に黙して論難を発することなく、かえって後日に及びて異論を唱えらるる事あらば、これ面従腹誹《めんじゅうふくはい》の失節に陥るべしとまでに切言したれども、大名の身の悲しさには、過半は岩瀬が演説を会得《えとく》せるものなく、唯々《いい》として柳営を退きたるが、果せるかな帰邸の後、その藩士家臣の説を聞《きき》て、反対の議をなすに至れり。

井上・岩瀬等がハルリスとの談判において、この条約に調印するには、諸大名の意見を聞き、それより京都の勅許を要する旨《むね》を予告したるに、ハルリスはしからば幕府の大《たい》君《くん》(将軍家)は真の君主にあらざるかと論じて、京都の勅許如何《いかん》にかかわらず、この条約は調印せらるべき者と確約して、江戸を去りて一旦《いったん》下田に引取りたり。さればこの時において幕府は一方に向っては諸大名に異論あるとも、京都にて勅許なくとも、米国官吏に対しては、この条約調印実施の責任を十分に有したり。また一方に向っては、諸大名にともかくも異論なからしめ、京都の勅許を得ざるべからざるの事情に迫られたり。如何となれば、当時水戸老公を始め、この和親貿易条約を不得策なりと認めたる非条約説の諸大名は、往々京都を説き、朝廷の威権を仮《か》りて以て幕閣の開国方針を防遏《ぼうあつ》せんと謀《はか》りたるがゆえに、勅許を得るにあらざれば、幕府は国内非条約の気焔《きえん》を鎮圧《ちんあつ》すること能わざるを知ればなり。*かの水戸老公が朝廷に内奏せられたりと云い伝えたる建白書は偽作なりしにせよ、かかる文意の書面は老公よりして公卿へ贈られたるに相違なしとは、信ずべきの推測たりしがごとくなればなり。幕閣の困難はいわゆる板挟みの状勢とはなれり。

諸大名の事は深く憂《うれい》とするに足らず、当時の諸大名はおおむね幕威に恐慴《きょうしょう》したるがゆえに、たとい二、三藩の強項《きょうちょう》にして異議を公に唱うるものあるにせよ、その余の多数は唯々《いい》諾々《だくだく》幕閣の注文通りの答議を呈せしむること、あえて難しとせざりしなり。諸大名が公然幕府に呈するの答議にして可条約説ならば、その藩士家臣等が、内々にて非条約説を囂々《ごうごう》するとも、これ処士の横議なり。あに幕閣をしてその国是を枝梧《しご》せしむるに足らんやとはけだし備中守とその幕僚との所見にてありしならん。ただし関心すべきは京都なりといえども、京都に諸藩の入説《にゅうぜい》あればとて、さほどの深き事にはあるまじければ、通常に少しく鄭重《ていちょう》を加えたる式を以て伺いたらんには、勅許を得ることあえて難きにあらざるべしとて備中守は、林大学頭《かみ》(韑)・津田半三郎(正路)(後に近江守)の二人を京都に使《つかい》せしめ、伝奏《てんそう》につきて条約勅許を得んと試みたり。これ備中守内閣が京都の事情をはなはだ軽視したる一大過誤なりといわざるべからず。けだし幕閣は伝奏が幕旨を遵奉《じゅんぽう》するの通例を知り、関白大臣が幕府の鼻息を窺《うかが》いて事を処するの旧習を知りて、かえって公卿の間にはすでに尊攘の空気を呼吸する者あるを知らず、諸大名及諸藩有志家が公卿に入説したる勢力は、すでに彼等をして十分の活気を帯ばしめたるを知らずして京都与《くみ》しやすしと誤認したるなり。この時もし備中守が不意に自から上京して論弁したらんには、あるいは勅許を得たらんも知るべからざるなり。しかるを林・津田のごとき、識見も浅く智弁も鈍き人物を使せしめしとて、何の効績をか奏すべき。果せるかな、この両人は京都にて冷遇せられ擯斥《ひんせき》せられ、条約は日本の安危にかかわる大事なるに、幕府が林・津田のごとき小吏を以て勅許を請わしめたるは、朝廷を軽《かろ》んじ奉るの所為《しょい》なりとて、かえって京都の怒《いかり》を買い、毫《ごう》も要領を得ること能わざりき。

備中守はこの失敗に驚き、川路(聖謨)・岩瀬(忠震)の勧告を容れて、安政五年の春を以て、川路・岩瀬を随行せしめて、自から上京したり。備中守はかのハルリスが去年おのれに説きたるがごとき論法を以て、転じて関白議奏の諸人を説破せんと予期し、次には川路、ことには岩瀬の智弁を以てせば、公卿を服せしむるに足るべしと予期し、また次には従来幕府が京都に対するや、難局に臨むごとに*黄金の魔力を以て勅許を買得たるの例あるがゆえに、この条約勅許もまた巨万の黄金を以て買得べしと予期したりけるに、これまた全く挙《あげ》てことごとく失敗に帰したり。そのゆえは京都にては備中守が上京すべしと聞き、これに対するの方略はすでに講究して、疾《とく》にその準備をなし以てその来るを待てり。その上に備中守は識見はずいぶんありし閣老なりしかども、身体肥満にして容貌閑雅ならざるに、着慣れざる衣冠と、物慣れざる廷礼に拘束せられて、まず閣老たるの威望を損し、次にはこの人平素弁才に長ぜずして、きわめて訥弁《とつべん》の性なりければ公卿の得意なる舌長に敵し難くして、第一着の論弁において、脆くも立ち会いに後《おく》れを取られたり(現に今日にても、公家華族と大名華族とは、いずれが弁才に長ずるか)。次に川路(聖謨)は円熟老練の人物にして、談笑の間に人を籠絡するの老獪《ろうかい》手段は得意の伎倆《ぎりょう》なれども、堂々たる論弁はその長所にあらず。独り岩瀬(忠震)は才弁縦横の妙を有したれども、奈何《いかん》せんその身柄は幕府にてこそ威権はあれ、朝廷にては従五位下朝散大夫《ちょうさんたいふ》なれば、備中守と公卿とが論議の席に列する事を得ざるがゆえに、その伎倆もこれを施すに所なかりき。かつそれ当時公卿の外国事情に迂遠《うえん》なる、橋本左内がこの時上京して三条実萬《さねつむ》公に内謁したるのに帰りたり。

記事を見るに、内国の事情には然《しか》も暁通《ぎょうつう》して事理分明なるに似ず、外国の事に至りてはさらに会得せらるる所なしと評したるほどなれば、岩瀬が苦心もその甲斐なき、推《お》して知るべきなり。さて黄金の魔力に至りては、川路の策略にてほとんどその効績を顕わし、首尾よく関白その他の諸卿を籠絡して外交の事はすべて幕府へ御委托という勅許を得るばかりの間際に至りて、公卿有志家団体の議論に破られて、その魔力を失いたれば、備中守はついに条約勅許を得ること能わずして、空しく失敗の歴史を京都に残して、江戸に帰りたり。

堀田備中守は京都の使命において全く失敗して、この年(安政五年)四月二十日を以て江戸に帰りたり。当時京都の諸公卿がいかに外国の事情に無智無識なりしかは、現に条約勅許の可否に関してかの諸公卿が朝廷に奉りたる意見書を一読して分明なりとす。あゝ、京都の廷議やかくのごとし、しこうして列藩諸侯がこの事に関して幕府に呈したる意見とても、おおむね採るに足るべきものなし。堀田をしてたとい不世出の相器たらしむるも、この難関に処して円滑の効果を収めんこと、実に望み難かりしなり。けだし京都の諸公卿にしていやしくも志を当世に有せるの輩《ともがら》は、皆帝室に政権を回復するの望を懐《いだ》けるを以て、時機の来《きた》るに乗じて幕府の勢力を削殺《さくさい》せんはもとよりその一大目的なり。今や条約勅許はあたかも最上の時機なれば、幕府の政権を殺《そ》がんにはこれより善はなし。為《な》し得べきほどの障碍《しょうがい》をなしてこの機に乗ぜざるべからずとは、これ諸公卿有志の主論にして、当時尊王説を懐《いだ》きて在京せる諸藩士浮浪輩《ふろうのともがら》が、皆異口同音に協賛を表せる所なりき。さればこの尊王党はその中心よりしてあくまで外交を嫌悪せると否とは問わず、幕府を困難せしむるの第一手段として鎖国攘夷を主張して、以てその目的たる尊王と手段たる攘夷とを聯結《れんけつ》して、尊攘の旌幟《せいし》を世論の上に建てたり。幕権を削殺するためには、いかなる冒険背徳の手段にても利用せんと一向に思い込みたる輩なれば、この外交拒絶の議を取りて以て幕府に当らんは、正々堂々たる大義にして俯仰《ふぎょう》天地に愧《はじ》る所なしと確信したるは、当時の実勢にてありき。ここにおいてか、朝廷は堀田に答うるに、(一)永世安全に叡慮《えいりょ》を安《やすん》ぜらるべき事、(二)国体にかかわらず後患これなき方策の事、(三)下田条約の外、御許容あそばされず候う節は自然異変に及び候も計り難きにつき防禦の処置聞《きこ》し召されたき事との三条を以てし、まずその保証を幕府に促し、かつ往年下田開港の条約容易ならず、その上今般条約の趣《おもむき》にては御国威は相立ちがたく思召され候、かつ諸臣群議にも今度の条々ことに御国体にかかわり後患測り難きの由《よし》言上あれば、なお三家並《ならび》に諸大名へも台命を下し言上あるべしと幕府に勅命せられたり。この三ケ条の保証は幕府が朝廷に対して正実誠意になし得べきの保証なるか。およそ世界万国雄を争い権を謀《はか》るの中に立ちその国の独立を保全するがために、その衝《しょう》に当るの政治家が心を労し志を尽《つ》す所以《ゆえん》のものはまことにこれがためなるのみ。しからばすなわち堀田が京都において、これらの事はすべて幕府御請合い申上《もうしあぐ》るにつき御安心下されて条約勅許を下し賜わらん事を願い奉ると明言したること、あえて聖明を欺《あざむ》くというの譏《そしり》はあるまじき事か。要するに京都の底意は幕府に向って条約勅許を与えざるにあることすでに明白に知れ渡りたれば、堀田が到底この上の滞京を永くするとも、要領を得ること能わざるや言をまたずして知るべきなり。その上に岩瀬肥後守(忠震)は堀田に先《さき》だちて東帰したるに、米国全権ハルリスはすでに江戸に来りて、頻《しきり》に条約の調印を促して止《や》まらざりけれ(ママ)ば、堀田は東帰の後数日にして(四月二十四日)ハルリスを引見し、これに告《つぐ》るに京都の事情を以てし、条約調印延期の事を望み、尋《つぎ》て閣老連署の書簡を以て条約の個条は両国全権の談判にて決定したる所を変更せざるべしといえども日本の安寧《あんねい》を存する重大の事柄あるによりて調印は七月二十七日まで延引せん事を望む旨を達したりければ(これ五月二日の書簡)*、パルリスはこの書簡の保証を得て下田に帰りたり。

かくのごとく条約調印の期限は七月二十七日までと約束せられたり。さらば京都の命に従いてともかくも諸大名の存意を今一応尋ねらるべしとて、五月二十五日*というに、将軍家は三家を始め外様譜代の諸大名を柳営に召して、アメリカ人取扱の儀勅答の趣《おもむき》もこれありて容易ならざる儀につき今一応存意申立《もうしたて》候様いたすべしと直達し、閣老より委細の事情を陳述に及びたるに、諸強藩は大抵すでに京都における堀田の失敗を知りたれば、閣老が諸大名を内諭《ないゆ》して可条約説の幕府に適するの存意書を提出せしむるに干渉の労を執《と》れるにかかわらず、往々非条約説*をなすもの尠《すく》なからざりき。中にも水戸老公のごときは、この機会を以て十分の鎖国意見を上陳せんとて意気頗《すこぶ》る昂《あが》りたれば、堀田が苦心は実に察するに余《あまり》ありき。かつそれ堀田の幕僚たる外国掛の諸有司中にても、議論は二つに分れ、条約調印は諸大名の存意を取集めて京都へ上奏し勅諾を得たる上ならでは行うべからずという説その初《はじめ》は多数なりしが、岩瀬肥後守・川路左衛門尉(聖謨)・井上信濃守(清直)の諸人は、断然この説に反対し到底条約勅許は得べからず、遷延《せんえん》の間に英仏の軍艦も渡来し、そのために外患を惹起《じゃっき》しては、幕閣が当初より苦心したる平和開国の国是は水泡に属すべし、むしろ歓《かん》を京都に失うとも、日本全国の安寧《あんねい》を破るべからず、期限に至りて勅許なくば、直《ただち》に調印の一事あるのみと主張したりければ、幕僚はほとんどこの説に同意して堀田の決心を促すに至れり。ただし水野筑後守《（忠徳）》は主としてこの断行説を非とし、その外大小目付《めつけ》等にも非断行説を唱えたるもの尠《すく》なからざりしを以て、幕府の中にも自から両派を現して、まさに軋轢《あつれき》に及ばんとするの状を呈したり。

　この外交国是の動揺せるの時に際して、ますます切迫を来したるはかの儲君議なりとす。越前《（松平慶永）》・薩摩《（島津斉彬）》・土佐《（山内豊信）》・宇和島《（伊達宗城）》等の諸侯、岩瀬《（忠震）》・水野《（忠徳）》・永井《（尚志）》・土岐《（頼旨）》・鵜殿《（長鋭）》の諸有司が、頻《しき》りに一橋《（慶喜）》刑部卿殿を儲君に建て参らせんと望み、堀田もこれに同意したるにかかわらず、紀州宰相《（徳川家茂）》殿を戴《いただ》くべしと望める党の勢力は次第に増長し、閣老中にても松平伊賀守《（忠固）》はこれを助けて、堀田上京の機に乗じて水野土佐守《（忠央）》等と謀《はか》りてその運動をなし、あまつさえ堀田の威権を抑えんがために、井伊《（直弼）》掃部頭《かもんのかみ》を薦《すす》めて大老に任ずるの策を運《めぐ》らしたれば、ついに四月二十三日を以て掃部頭は大老に任ぜられたり。しこうしてこの大老補任の儀に関しては堀田がさらに与《あずか》り知らざる所なれば、東帰後僅《わずか》に三日にしてこの大老の出《いず》るに会いて堀田は頗《すこぶ》る意外の想《おもい》をなしたりといえり。一橋立儲党は、これより先き儲君議を速《すみやか》に決行せざれば時機を誤るを知り、頻《しき》りに堀田に勧《すす》むるに断行説を以てしたりといえども、堀田東帰の時においては、紀州党の勢力すでに張りて、将軍家の台意もまさに決したりければ、これを奈何《いかん》ともするを得ざりけり。しこうして松平伊賀守は久世大和守とともに堀田が退出の後において、将軍家に謁して紀州殿御養君の台諾を促し、掃部頭また同じくその台意を得たりしを以て、紀州殿御養君の議は直《ただち》に決せられ、六月*朔日《さくじつ》を以て御養君の事を公にせられたり(ただしその誰を御養君にという事はこの時には未だ発表せられず、七月二日に至り公達《こうたつ》には及ばれたり)。儲君議の大勢はすでにかくのごとくに定まりたれば、また如何《いかん》ともなすべからず。ここにおいてか岩瀬・永井の諸士は、さらに一策を画《かく》し、かの井伊・松平(伊賀守)・久世の諸老を幕閣より退け、一橋刑部卿殿を摂政に戴《いただ》き、松平越前守(春嶽)を総裁に挙げて、以て将軍家の威権を充実せしめ、堀田をして依然幕閣に首座たらしむるの計を立て、有志の諸侯中にはこれを賛する人もあり。かつ越前守も一橋卿にして肯《がえん》じたまわば我またその任に当るべしとの決心を表せられしかども、時機すでに後《おく》れたり。井伊掃部頭の勢力は、すでに幕閣に樹立したるを以て、かかる画策は行わるべき様もあらず。かえってかの反対諸老に漏《も》れ聞えて、ついに有志の諸大小名を他日に禍《わざわい》するの因となれり。しこうして堀田は松平伊賀守とともに、六月二十三日を以て閣老の職を罷《や》められたり。

ここに附記すべきは、閣老松平伊賀守の事なりとす。この人もとよりさせる政治家にもあらず、*往年かつて一たび閣老となりたりしも、令名の聞ゆる事なくして罷《やめ》られ、久しく閑地にありしが、いかなる攀援《はんえん》ありてか、阿部伊勢守《(正弘)》が卒後に再《ふたたび》挙られて閣老となれり。この人、性質執拗《しつよう》にして時勢を洞察するの識見もなく、政治を変通するの材略にも乏しく、いわゆる偏意地《かたいじ》一方の保守家なるに、幕府がかかる革新を要するの時において、この伊賀守が閣老に再任せられたるこそ不思議なれと諸人みな奇異の想《おもい》をなしたり。余が水野筑後守《(忠徳)》に聞きたる所によれば、これぞまさしく水野土佐守《(忠央)》が紀州殿を儲君に立てんがために、陰《ひそ》かに後宮の応援を仮《か》りて、以てこの人を閣老に任じ、かの一橋殿説の反対に立たしむるの策に出でたるなれば、伊賀守《(松平忠固)》は紀州党第一の人なりき。しこうして当時越前侯も堀田備中守殿もこれを知られず、余《(水野忠徳)》(筑後守)がごときも後年に至りて僅に知り得たるなり、といえり。この説けだし実を得たるがごとし。さても伊賀守は幕閣に座を占《しめ》たりといえども、首座の勢力は堀田にあるが上に、幕僚の諸士皆これに属して事を執《と》り、一橋卿立儲説の気焔頗《すこぶ》る熾《さかん》なれば、とても一人の力にては閣議を左右すること能わざるを知り、しからばとて井伊掃部頭(直弼)を推薦して大老となして、以て幕閣の上に居《お》らしめ、紀州殿立儲の事を行うの用に当らしめんとて、その任職を行いたるなり。しかれども伊賀守は井伊の紀州説たるを知りて、井伊の剛愎《ごうふく》なるを知らず、己《おの》れ井伊を籠絡し得べしと思い誤りて、かえって井伊のために退けらるるの後患あるを前知せざりき。果せるかな井伊は大老に任ぜらるるや、直《ただち》に大老の事を行い、あえて一歩をも閣老に仮借《かしやく》せず、伊賀守を視てあたかもその次官におけるがごとくなりければ、伊賀守は大《おおい》にこれを喜ばずして、井伊を憎み、*これを退くるの念を発したるに、早くも井伊の知る所となりて退けられたり。この人かつて幕閣にありて、岩瀬(忠震)・永井(尚志)・鵜殿(長鋭)らの壮年有司《ゆうし》が、堂々と事を幕閣に論じ、閣老の説といえども憚《はばか》りなく抗議するに会いて、意はなはだ平かならず、芙《ふ》蓉間《ようのま》の諸役人をして、かく横議を恣《ほしいまま》にせしめては、幕閣の威権を墜《おと》すの患《うれい》あり、かの諸役人を免職して大に懲戒《ちょうかい》する所あらざるべからずと怒りたるに、堀田がこれを諭《さと》したるにて漸《ようや》く止みたれども、常にこの諸士に慊然《けんぜん》たらざること声色に顕われたりといえり（永井玄蕃頭《(尚志)》の直話）。この一事を以てその人の狭量なるを証するに足れり。

かかる人なりければ、幕府が京都に対するの処置においてもまたしかり。外交の事をなまじいに朝廷に奏しては幕威に関して他日云々の後患ありなどというがごとき深き思慮ありてのゆえにはあらず。ただ幕府は内外の政治につきてはかつて上奏勅許を請うの例なしといえる一議を以て、初め堀田の上京に反対したりけるが、その反対は行われずして堀田は自ら上京したるに、その要領を得ずして帰るに当り、伊賀守はそれ見よ余がいわざる事かと嘲《あざけ》りしとぞ。さても米国調印の事は、一旦は七月二十七日まで延したるに、この際英国よりはエルジン卿、仏国よりはグルー男、おのおの全権を帯び軍艦を率《ひきい》て、条約締盟のために近々日本に来るべしという報知あり。また露国全権プーチャーン提督も下田に再び来り、米国全権ハルリスとともに神奈川*に来りて、岩瀬・井上《(清直)》に面会し、告《つ》ぐるに事の急なるを以てし、今日の事たる、日本のために謀《はか》るに、早く米国談判済《ずみ》の条約に調印して、諸外国に向って条約の制限を公示するに若《し》かず、遅々《ちち》しては噬臍《こうせい》の悔《くい》あらんと忠告したりければ、調印議《ちよういんのぎ》の可否は幕閣の一大問題となれり。岩瀬・井上・

永井等は断行説を主張して幕閣を動かしたるに、堀田こそ止む事なければ断行と決心したれども、他の諸老は可否紛々たり。さすがの井伊大老も勅許を請わずして条約調印をなすこといかがあるべきかと躊躇《ちゅうちょ》したるに、伊賀守(松平忠固)はこの議とても京都の同意を得んこと覚束なし、*長袖者《ちょうしゅうしゃ》流のために時機を誤るは幕府のために得策ならず、よろしくこれを断行すべしと発議して、*ついに井伊大老までもこの説に従うに至れり。この事実を知らざるもの、条約調印断行を以て、井伊の発議に出《いで》たるがごとくにいうはけだし誤れり。しかれどもこの断行に関しては発議の誰たるを問わず、井伊を初め幕閣の同意に出でたるなれば、井伊といえども、堀田といえども、聯帯《れんたい》の責任は功罪ともに決して推辞するを得ざるなり。

かくて松平伊賀守は、堀田とともに井伊大老のために閣老を罷《や》められたり。ただし堀田の罷められたるは、京都使命の失敗というは表面の名にして、実は一橋卿立儲議を執《と》りたるがためなり。しこうして伊賀守が罷められたるは、井伊を仆《たお》さんと欲してかえって仆されたるなれば、罷免《ひめん》は同じ罷免なれども、その因由《いんゆ》には逕庭《けいてい》の別ありとす。

これよりして、幕閣は有名なる幕末の大老井伊掃部頭《かもんのかみ》の内閣とは成れり。

井伊掃部頭直弼

井伊掃部頭《かもんのかみ》は実に幕府末路の政治家なり。幕府内外困難の際に当りて、大老の重任を負い、以て幕閣の上に立ち、おのれが信ずる所を行い、おのれが是《ぜ》とする所をなしたり。その行為の跡を察すれば、時勢に逆行し輿論《よろん》に背反し、不測の禍害《かがい》を徳川氏に与えて、その衰亡の命脈を促したりとの断案を受《う》くること、決して辞すべからざる所なりといえども、幕権を維持して異論を鎮圧し、その強硬政略を実施するにおいては、敢為《かんい》断行してさらに仮借する所なきがごとき、決して尋常の政治家が企及し得べきにあらざるなり。そもそも井伊家は、徳川氏譜代第一の功臣にして、大老に任ぜらるるの家柄なり(大老に任ぜらるべき家柄は、井伊掃部頭・酒井雅楽頭《うたのかみ》等の数家に限る)。しこうして大老の職務は如何《いかん》といえば、幕府内閣の首相たる総理大臣にはあらずして、むしろ摂政関白の地位に同じきの職務なれば、将軍家自から政治を親裁したまえる日には、別に大老を置かるるに及ばず、将軍家幼年にして未だ政を聴くこと能わざるか、あるいは将軍家多病にしてこれを聴くに堪えざる時に臨みてのみ置かるるの要職なり。されば従来柳営《りゅうえい》の慣例として大老は御用部屋(内閣)には着座せずして、別にその詰所を設け、およそ閣老等より将軍家へ具申すべき事務は、大老みなこれを聴きて、あるいは専決し、あるいは執《しっ》奏《そう》してその可否を令す。いやしくも大老が可否したる事につきては、将軍家においても容易にこれを変更せしめらるる事なし。もし将軍家と大老との間に、意見の衝突する事ある時は、大老には将軍家の台旨といえども、これを実施せしめざるの権力あるがゆえに、その職を罷免《ひめん》せざれば、台旨も行われざるの場合ありとす(徳川氏盛時に、大老の辞職罷免は、大抵この衝突に出でたり。ただし将軍家の齢《よわい》すでに壮年に及びたるを以て、大老自から請いて罷《や》められたる事もありき)。しかれども、大老にしてその器にあらざる時は、かくのごとき重任の摂政関白も、往々虚位となりて、実権は依然幕閣にあるを以て、徳川氏中世以降の大老はいわゆる飾りものたるに過ぎざるが通例となれり。ゆえに今度とても、松平伊賀守(忠固)・久世《くぜ》大和守(広周)が、水野土佐守(忠央)等と謀《はか》りて、井伊掃部頭を大老に推薦したること、紀州宰相殿(徳川家茂)を儲君《ちょくん》に立て奉るための応援となすが主眼にて、飾り物の大老その用が済《すみ》たる上は、罷免は容易なりと信じて窃《ひそか》に将軍家に内奏して、この人を大老とは為《な》さしめたるなり。

しかるにこの井伊掃部頭は決して飾り物たる虚位の大老に甘んじて、制を幕閣に受《う》るの凡庸《ぼんよう》大名にあらざれば、大老に任命せらるるや、従来の柳営の慣例を破りて、自から内閣に入りて首相の席に座し、総理大臣の実権を握り、当時の老中たる彼《か》の堀田備中《(正睦)》守・松平伊賀守・久世大和守・内藤紀伊《(信親)》守・脇坂《(安宅)》中務大輔《なかつかさたいふ》を視る、あたかもその幕僚のごとくにして、指顧《しこ》の下に立たしめたるは、実に幕閣にとりては、意外の事にてありしなり。

この井伊掃部頭直弼《なおすけ》は、*原来先代の庶子にして、幼き頃より、多少の艱苦《かんく》をも経歴したる人なれば、尋常の*紈袴《がんこ》子弟にあらず、家督に立《たち》てより、常に眼を政治界の上に注ぎて、幕府の事情をも粗々《あらあら》知り得たる上に、*井伊家は京都御警衛を承わりて、朝廷と諸大名との間を監督するを以て任とするの家なれば、掃部頭は*公卿にその姻戚あるを幸に(三条実萬《さねつむ》公のごときも井伊の姻戚なりき)、長野主膳《しゅぜん》といえる家臣を京都に在留せしめて、その事情を視察し、これを報告せしめたるがゆえに、薩州・長州等の諸大名が、外国の事起りて以来、＊その藩士をして公卿の間を遊説《ゆうぜい》せしめたる状況のごとき、中にも徳川家の懿親《いしん》にして御三家の一たる＊水戸の老公が、全く幕府の政策に反対せる鎖国議を京都に入説《にゆうぜい》せしめて、鎖攘《さじよう》の気焔《きえん》を熾《さかん》ならしめたるがごとき、鎖攘党が、朝廷の威を仮《か》りて幕閣に迫り、以て幕府をして強《しい》て鎖攘を行わしめんと謀れるがごとき、一橋殿立儲議《りつちよのぎ》をも、朝命の力を以て、台旨の決を促がさんと図《はか》れるがごとき、皆井伊掃部頭が十分にその事情を知り得たる所にして、最も不同意の所見を抱懐《ほうかい》したる所なりき。この人にして今や総理大臣たる大老の地位に立つ、あにこれが鎮圧撲滅《ぼくめつ》の計を画せざらんや。余が益友たる島田三郎君の編したる『＊開国始末』は、井伊掃部頭の心事を知るの好著なり。余が編中あるいは余と所見を異にする要点の尠《すく》なからざるにかかわらず、引用の文書類は実に史論家のためには貴重なる好材料なれば、余がごときは、最もこの書によりて啓発の益を得たること多しとす。さてこの文書に徴《ちよう》して、井伊の意見を箇説すれば、けだし左のごとし。

儲君議に関して、

（第一）一橋卿立儲党は、当将軍家（家定公）を目して、惰弱闇愚《あんぐ》ほとんど＊菽麦《しゆくばく》を弁ぜざるの昏主《こんしゅ》と認むること、大いに事実に違えり。将軍家は御《ご》疳癖《かんぺき》は強けれども、事理を分別するの識見においては、迥《はるか》に常人の右に出でたまえり、いやしくも幕閣に良相を得れば、この将軍家にして今日の難関を過渡するに、あえて不足を感ずる所なし。

（第二）しかるを反対党が、今日において年長賢明の儲君を必要なりというは、その儲君を定むる上は、直《ただち》に当将軍家に迫って、御譲職を促すの目的を懐《いだ》けるがゆえなり。当将軍家、すでに闇愚《あんぐ》の昏主にあらず、しこうして年なお壮なり、これを廃し奉らんは、実に臣子の議すべからざる所なり。

（第三）将軍家には必らず年長賢明を要すというがごとき資格を設けたらんには、他日不幸にして幼沖《ようちゆう》不賢明の君あるに会わば、その度ごとに廃立をなさざるべからず。かくのごとき悪例は、決して君統世襲《せしゆう》の国家において憲章の許さざる所なり。かつ国に内閣あり宰相あるは何のためぞ、たとい闇愚の昏君にて御座《おわ》すとも、これを補佐して国家を保維《ほい》するがためにあらずや。年長賢明の君を戴《いただ》かざれば、内外の政治を行うこと能わずという者は、内閣宰相の責任を推諉《すいい》するの説にして、徳川氏の制度に背反するものなり。

（第四）今や当将軍家は、御年すでに三十を過ぎさせたまえども御実子の御出生なきを以て、御養君をとの台慮あり。その御養君の選択は、台慮に任せ奉らざるべからず。台慮に叶わせられざる御方を、臣子の分として強《しい》て薦《すす》め奉り、以て台慮を枉《ま》げさしめんと謀るは、不忠の至《いたり》なり、直弼《なおすけ》決して同意せざるなり。ことに台慮に出でたる紀州殿《（徳川家茂）》は、将軍家に最も血統の近き御懿親《いしん》にして、御幼年なれども、才智徳性自から備わりたる公達《きんだち》なれば、臣子たる者はこの台慮を協賛し奉らざるべからず。

（第五）一橋《（慶喜）》刑部卿《ぎょうぶきょう》殿は、英明の御方たるに相違なしといえども、台慮に適《かな》わせざる以上は、臣子の分としてこれを奈何《いかん》ともなし参らすべき方法なし。かつ一橋殿の御一身については、大奥にて多少の異説もあれば、将軍家より内々御下問の時に当り、閣老といえどもその異説を排斥し、強て台慮を一橋殿へ向けさせたまえと迫る事あるべからず。

（第六）一橋殿こそ、御英明の公達《きんだち》にてはおわすなれ、その御実父の水戸前中納言《（徳川斉昭）》殿は、いかなる御方なるか、今日徳川幕府の政権を鞏固《きょうこ》にし、内外に向って強硬の政略を必要なりとするの時に当り、頻《しき》りに京都に入説するに鎖攘論を以てし、朝廷の威力を仮りても、なお自説を行わんと望まるるの跡あるは、御三家としてあるまじき事ならずや。その御実子たる一橋殿を儲君に建て、あまつさえ彼《かの》党の望めるごとく、直《ただち》に御譲職とか御摂政とかという場合に到らば、老公は表面にも裏面にも幕政に干渉して、政策自から二途に分れ、ついには将軍家と幕閣との間に乖離《かいり》の禍《わざわい》を醸《かも》し、果《はて》は京都をして喙《くちばし》を大政に容《い》れしむるに到り、幕府の滅亡を来すべし。(断案)

右の理由なるを以て、儲君議に関しては、直弼は断然台慮を遵奉《じゅんぽう》して、紀州殿御養君の議を翼賛《よくさん》す。はた内外の御政務に関しては、直弼いやしくも大老の重職に備われば、責任を帯びてその局に当らんのみ。

次に外交議に関しては、

(第一)もし直弼一個人の私説を問わば、*癸丑甲寅《きちゅうこういん》の際においては、非開国説を持し、今日に至るもあえて開国を喜ぶ者にあらず。しかれども阿部伊勢守《(正弘)》内閣の時において、幕府は和戦の決につき、諸大小名の群議を排して、開国の国是《こくぜ》を定め、初《はじめ》に*横浜条約を結び、次に*下田条約を結び、以て今日に至れり。この国是一定の上は、またこれを動かすべからざるなり。

(第二) 米国全権ハルリス応接の次第、堀田《(正睦)》備中守内閣の時において、米国の請求拒絶すべからずとして、条約談判に及び、今や談判結了してまさに調印するの時に迫れり。京都が御不同意なりとて、今さらその談判を破り、草案を反古紙《ほごし》となすこと成し得べからずという以上は、これを履行《りこう》するの一方法あるのみ。原来開国の議は、宇内《うだい》の大勢を洞察して、日本国の安寧を謀《はか》り、国内の異議を排して、幕府が定めたる国是なれば、今日の異議あるは、もとより覚悟の上の事なり。されば京都の御不同意とて、今さら驚くべき事にあらず。幕府はあくまでも幕威を以て一定の国是を貫くの外に政策あるべからず。

(第三) ただし国内折合《おりあい》の宜《よろしき》を望まんには、まず条約の勅許を得たる上にて調印するを上策とすれども、京都へは、事情を詳細に陳述するとも、勅許あるべき情勢とは覚えず。しこうして外交の危機は目前に迫りて、一髪万鈞《まんきん》を繋《つな》ぐの形勢たり。この上は京都への伺《うかがい》をまつに及ばずして、直《ただち》に調印するの議を断行すべし。(断案)

右の理由につき、外交議に関しては、直弼は外国掛の意見を採用して、直《ただち》に条約調印の事を命令する者なり。

かくて*六月二十日というに、岩瀬肥後守《(忠震)》・井上信濃守《(清正)》は、この調印の全権を帯びて神奈川に赴き、ハルリスに面会して条約調印を実行したり。すでに条約に調印したり。京都へは堀田・松平(伊賀守)《(忠固)》・久世《(広周)》・内藤《(信親)》・脇坂《(安宅)》の五閣老連署の宿次《しゆくつぎ》奉書を以て、広橋《(光成)》・万里小路《までのこうじ》《(正房)》の両伝奏《てんそう》へ、条約調印のやむをえざるに出でたる事情を報道して、その執奏を望みたり。そもそも条約勅許の事は、堀田《(正睦)》みずから上京して、事情を奏聞したるも、なおその要領を得ざるほどの大事なるに、今や勅許を得ずして調印したるさえあるに、一介の使をも出《いだ》さずして、纔《わずか》に宿次奉書を以て上奏せしめたるは、実に*朝廷を軽《かろん》じ奉りたる所為《しよい》にして、当時反対党が頻《しきり》に井伊大老を攻撃したるの主点なりき。しかれども井伊あにこれを知《しら》ざらんや。知りてこれをなしたるは、これ井伊が内外の政治に関しては、幕府はすべてこれを独断するの実権ありという事を、天下に表示したるの第一着にして、すなわち功罪ともに己《おの》れその責に任ずるの実を挙《あげ》たるものか。ただし井伊が京都を視るや、なおその真相を察すること能わず、条約勅許の可否につきて、廷議の紛々たるは、畢竟《ひっきょう》諸藩の有志および浮浪の徒が横議の煽動《せんどう》に出《いで》たるのみ。この徒を抑圧せば、長袖《ちょうしゅう》の輩《ともがら》、何事をか為し得べき、京都もとより与《くみ》しやすきのみと皮相して、これを軽々視たるは、まことに蔽《おお》うべからざる事実なり。

井伊は、この月(六月)二十三日を以て、堀田備中守・松平伊賀守(忠固)の両閣老を罷免し、太田道醇(資始)・間部《まなべ》下総守《しもうさのかみ》(詮勝)・松平和泉守(乗全)の三人を閣老に挙げ、太田・間部の両老をして、外国事務を掌《つかさど》らしめ、尋《つぎ》て水野筑後守(忠徳)・永井玄蕃頭《げんばのかみ》(尚志)・岩瀬肥後守(忠震)・井上信濃守(清直)(兼任下田奉行)・堀織部正《おりべのしょう》(利熙)(兼任箱館奉行)の五名を、新《あらた》に外国奉行に任じて、外交専任官となせり(七月八日の事)。この五名の中にて、水野・永井・岩瀬は、一橋殿立儲党《りっちょとう》の領袖《りょうしゅう》にして、水野こそ田安殿家老なりければ、直接にその議を公に主張せざれ、永井は御勘定奉行、岩瀬は御目付にて、公然と主唱して、当面井伊の反対に立ちたる人々なれば、井伊の胸中にはもとより快よからぬ儕輩《さいはい》なるに、しかるを、井伊が挙《あげ》てこの重任に置きたるは、当時英仏露蘭の諸国、相尋《つい》で条約談判の事あるを以て、この諸人を罷免しては、的《てき》面《めん》外交事務に障碍《しょうがい》あるがゆえに、しばらくその譴責《けんせき》を寛《ゆる》くして、事務の衝《しょう》に当らしめたるに外ならざるなり。果せるかな、この後幾《いくばく》もあらずして、永井・岩瀬は厳責を蒙り、水野もまた退けられたり。ただし川路《(聖謨)》左《さ》衛門尉《えもんのじょう》がこの時退けられたるは、堀田に随行して京都に赴きたる時に、その処置の宜《よろしき》を得ざりしがためにして、儲君議にも外交議にも関係したるにはあらざりき(川路が事は後に至りて記すべし)。

この条約調印及び儲君の両事よりして、尾張殿《(徳川慶勝)》・水戸殿《(徳川慶篤)》、および越前侯《(松平慶永)》の不時登城ありて、井伊掃部頭の果断はついに一大禍機《かき》を破裂するに至れり。事は次章に詳述すべし。

井伊掃部頭の決心　不時登城

井伊内閣は組織せられたり。すなわち大老には井伊掃部頭《かもんのかみ》(直弼)、閣老には太田備後守(資始)(道醇)・間部《まなべ》下総守(詮勝)・久世《くぜ》大和守(広周)・内藤紀伊守(信親)・脇坂中務少輔《なかつかさしょう》(安宅)・松平和泉守(乗全)これなり。この井伊内閣は、勅許をまたずして米国条約に調印し、宿次《しゅくつぎ》奉書を以て、所司代をしてその事を朝廷に上奏せしめたり。この井伊内閣は、朝野《ちょうや》の望《のぞみ》に背《そむ》きて儲君《ちょくん》は紀州殿(徳川家茂)と内定し、この年(安政五年)六月二十五日を以て紀州殿登営立儲《りっちょ》の式を行わんとす。しかるにその前日(六月二十四日)において、尾州・水戸・越前の三家、不時登城の事ありき。

すでに前章に詳叙《しょうじょ》したるごとく、外交議(条約調印)・儲君議(御養君選定)の二事は、実に幕府の重大問題たり。外国条約は勅許を得るにあらざれば調印すべからず、儲君には年長賢明の一橋殿を建てざるべからずとは、ただに当時有志の輩《ともがら》が唱道せるのみならず、諸大小名幕臣一般の輿論《よろん》なりけるに、井伊掃部頭は群議を排し、閣議を以て条約調印を行わしめたり。井伊掃部頭は世望を顧みず、台慮を承わりて、紀州殿御養君と議決せしめたり。その一事以て時論を沸騰《ふっとう》せしむるに足れり、いわんやその二事を両《ふたつ》ながら同時に挙行するにおいてをや。当時井伊大老の処置に反対せる人々は、尾張大納言（慶《よし》勝《かつ》卿）・水戸前中納言（斉昭《なりあき》卿）・水戸中納言（慶篤《よしあつ》卿）・松平越前守（慶永《よしなが》朝臣《あそん》、春嶽）・松平阿波守《(蜂須賀)》（斉裕朝臣）・松平土佐守《(山内)》（豊信《とよしげ》朝臣、容堂）・伊達《だて》遠江守《とおとうみのかみ》（宗城《むねなり》朝臣、宇和島）・松平相模守《(池田)》（慶徳朝臣、因州）・松平内蔵頭《くらのかみ》《(池田)》（慶政朝臣、備前）・上杉弾正大弼《だんじょうだいひつ》（斉《なり》憲《のり》朝臣、米沢）・松平下総守《しもうさのかみ》（忠国朝臣、忍《おし》）・堀田備中守（正睦《まさよし》朝臣、佐倉）の諸侯を初《はじめ》として、幕府の要路には、本郷丹後守《(泰固)》（若年寄）・石河《いしこ》土佐守《(政平)》（御用御側《おそば》）・土岐丹波守《(頼旨)》（大目付）・水野筑後守《(忠徳)》（外国奉行）・永井玄蕃頭《(尚志)》（同上）・岩瀬肥後守《(忠震)》（同上）・鵜殿民部《みんぶ》《(長鋭)》少輔《しょう》（御目付）等の諸人にして、この中には非条約論者あり（尾州・水戸・因州等のごとき）、勅許条約論者あり（越前・土州・水野・土岐等のごとき）、不俟《ふし》勅許調印論者ありて（堀田・永井・岩瀬のごとき）、外交議においてはその所見を異にすれども、儲君議においては、皆ことごとく一橋殿立儲議を是《ぜ》とし、徳川幕府の命脈を繫《つな》ぐは、この殿を儲君に建て参らするにありとして、切に望を属《しょく》したりけるなれば、反対論の気焔《きえん》は、一時に相合して井伊内閣に向いたり。

すでに水戸老公のごとき、儲君議に関しては、表面上こそ嫌疑を避けて、その意見をば幕閣に提出せられざるなれ、現に春嶽公手記の「逸事史補」*には、老公は御養君紀州殿に定まれりと聞きて大いに力を落《おと》したまえりと記されたり。さもあるべき事なり、一橋殿にして儲君に建たせたまわば、あるいは老公の鎖国攘夷説も自から融和せらるべき望もありたらんが、今はその望もすでに絶えたれば、老公の非条約説のますます鎖攘《さじょう》の一辺に傾きたるも、けだし勢の然《しか》らしむる所なりき。松平越前守(慶永)は、さすがに橋本左内ありてその補翼たりければ、開国の卓説を唱えて時論に容れられざるを顧《かえり》みず、あくまでも日本全国の安寧《あんねい》を維持せんには、大《おおい》に開国の国是を一定するにありと信じ、さてこの国是を一定して開国の政を行わんには、まず内政を釐革《りかく》し、上下一致して国家を経綸《けいりん》せざるべからず、これをなすには、年長賢明なる一橋殿を当将軍家(家定公)の儲君に建て、直《ただち》に襲職か、摂政《せっしょう》たらしむるの外に良策なしと信じて、一橋殿立儲議の主唱者とはなられたるなり。しこうして一橋殿立儲の事にして万一行われざる時はこの殿を将軍家の御補佐(摂政)となし越前守殿は政務総裁職に任ぜらるべしといえる、岩瀬(忠震)・永井(尚志)・

水野《(忠徳)》・橋本諸人の第二策にも同意せられたるなり。ここに水戸老公は越前守一派にはかかる計策ありとは知らず、外交・儲君の両事につき、井伊内閣の専横を憤り、窃《ひそか》に尾張大納言《(徳川慶勝)》殿に通牒《つうちょう》し、この上は我ら打揃《うちそろ》い明日を以て登城して、十分に大老閣老等を糺《きゅう》問《もん》すべしという事を俄《にわか》に相談せられたるに、尾張殿ももとより憤懣《ふんまん》に堪えられざる折からなれば、直に同意せられたり。この通牒《つうちょう》の交渉は、水戸にては安島帯刀《あじまたてわき》、尾張にては田宮弥太郎(如雲)の諸人にてありしならんが、登城の上にて、尾・水諸卿より大老閣老を糺問せらるべき事項につきても、その順序につきても、十分の打合《うちあわせ》なく、頗《すこぶ》る粗漏《そろう》の申合せたりしとは、後にぞ思い知られたる。これ六月二十三日の事にして、この日堀田備中守《(正睦)》が罷免《ひめん》せられたること、けだしこの登城の決心を急に促したるものか。また越前家にても、この前よりしばしば内議を凝らしたるに、橋本左内のごときはこの上は守《こう》の殿《との》(越前侯を指していう)には御登城あって、親しく将軍家に拝謁を乞いたまいて、掃部《かもんの》頭《かみ》等幕閣が専横の処置に及びたる始末を奏して、台裁を促し奉らるべしと主張したれども、井伊大老らは将軍家を擁蔽《ようへい》して拝謁の望を拒絶せんこと必定なれば、この策はいうべくして行わるべからず、むしろ守の殿が自から井伊大老を訪問して十分に論責せらるるの効あるにしかずとてその事に決して、越前侯はいよいよ二十四日の早朝を期して井伊邸へ赴かるる事に定《さだま》りたり。ただしこの事に関しても、越前家よりは尾州・水戸の両家へ打合《うちあわせ》に及ばざれば、その事たる各自別々の運動にて、もとより合従《がっしょう》同盟の力を以てせりというにはあらざりき。ここにまた一橋刑部卿《ぎょうぶきょう》殿（慶喜公《よしのぶ》）は、初《はじめ》よりして諸大小名の議に加わりたまわずといえども、儲君議こそ御身に関係あるを以て、是非を仰せらるるに嫌疑もあるなれ、外交議は国家の重事なり、御三卿は御下問に奉答の外は政治に干与《かんよ》せざる身柄とは申せ、目前の大事を度外に視るべき様やあるときっと思召《おぼしめ》したまい、＊二十二日登城の節に、井伊に面会して、勅許をまたずして条約調印に及びたるは不都合なりと責めたまいしに、井伊は時勢のやむをえざるに出《いで》たる旨を陳述したり。一橋殿然《しか》らんには大老自から上京ありて、その事情を逐一《ちくいち》に奏聞あるべきに、僅《わずか》に宿次《しゅくつぎ》奉書を以て上奏に及びたるは、朝廷を軽《かろ》んじ奉るにはあらざるかと責めたまいしに、井伊その儀承わり候いぬ、直弼《なおすけ》は当時の御場合、一日も柳営《りゅうえい》を離るべくも候わねば急ぎ閣老の中より一人を直《ただち》に上京せしめて、その儀に仕《つかまつ》り候うべしと答え、それよりして即日間部《まなべ》下総（詮勝）守上京の内議を決したり（この事につき中根雪江の「昨夢紀事」＊には、平岡円四郎＊の談話を載《の》せたれども、その記事夸大《こだい》に失して実を誤れるに似たり)。かくのごとくなるを以て、尾・水・越三家の不時登城こそ、井伊が予期せざる所なれ、外交議に関しても、儲君議に関しても、早晩幕府において一大風雨の来るべきは、かねて井伊が心に期したる所なりき。

さて幕府建儲の事につき、井伊は六月二日を以て京都に奏したれば、その勅允《ちよくいん》は遅くも十四日には江戸へ達すべき予定なるに、十五日に至れどもなお到達せず、井伊はこの議につき、朝廷に異論の起りしやと気遣いて、さらに幕吏を上京せしめてこれを促がしたるに、その使と行違《ゆきちがい》にて、建儲の勅允は二十一*日を以て江戸に達したり。よってこれを拝見したるにその勅允は六月八日の日附なりき。しかるに同日(六月八日)京都発の公書は皆十四日に達したるに、同じ日附のこの勅允に限りて延着したるは不審なり、これ必らずこの事を沮格《そかく》して別に謀《はか》る所あらんとする者どもが、この勅允を掩匿《えんとく》せしによるがごとし(『三十年史*』)とは実に井伊が大《おおい》に疑《うたがい》を懐《いだ》きたる所にして、他日の大獄はすでにその嫌疑の一証をここに発したるものか。ともかくも勅允すでに到達の上は、二十五日を以て紀州宰相殿(徳川家茂)御養君の式を公行《こうこう》する事に定めたり。しかるに越前侯は二十四日の朝を以て井伊大老を訪問して、儲君と条約との両条につき頗《すこぶ》る論難に及びたり。井伊はこれに対して弁駁《べんばく》頗る力《つと》め、あえて屈する所なく、論弁ために時刻を移して登城の刻限になりたれば、論弁を半《なかば》にして登城したり。*越前侯は帰邸の途中にて水戸老公の使に会い、初めてこの日尾・水の三家《(卿)》が不時登城の事あるを知り、その誘引に応じ、さらば登城すべしとて急ぎ帰邸し、衣服を更《あらた》めて登城に及ばれたり。

井伊掃部頭《かもんのかみ》は、松平越前守《(慶永)》の来訪議論に時刻を移し急ぎ登城して、その事を幕僚に語れる折から、尾張大納言殿《(徳川慶勝)》・水戸前中納言殿《(徳川斉昭)》・水戸中納言殿《(徳川慶篤)》の三卿は不時に登城せられ、引続き松平越前守も登城ありて、大老閣老に面会を求められたり。この時大老閣老ともに、御用ありて将軍家の御前に伺候し罷在《まかりあ》るなれば、御待《おまち》なさるべしとありければ、尾・水は大廊下上《かみ》の御部屋に、越前守は下《しも》の御部屋にありて、申《さる》の上刻(午後三時)まで待たれたり。かくて井伊は、将軍家御不例の体《てい》に取繕《とりつくろ》わせ、内閣にて首を鳩《あつ》めて相談に及び、また酒井若狭守《(忠義)》をして、しばしばこの諸卿の様子を窺わしめ、午後三時に及びて漸《ようや》く面会したりといえるは全く事実なり。当時御目付を勧めたる*駒井右京は、午時《うまのとき》を過《すぎ》たるに尾・水・越の諸卿には未だ午餐《ごさん》せられざるを見て、御台所より午飯を出させ参らすべきやと伺いたるに、井伊は声を励《はげま》してこの諸卿、召もなきに登城の上は、弁当の支度あるべし、午飯など差出すに及ばずと答えたりといえり。この一事以て井伊が諸卿に対するの心術《しんじゅつ》を察するに足りぬべし。

しかれども、井伊は午前十時より午後三時まで、内閣において(あるいはいう、屏風《びょうぶ》の中の密談にて)何事を相談したるか、親藩・外様大小名に異議の起るはもとより覚悟の上の事なり。尾(慶勝)・水(慶篤)・越(慶永)諸卿の登城に会いて、遽《にわか》に周章狼狽《ろうばい》するほどの掃部頭直弼にはあらざるべし。しかるを何のためにかくも相談に時刻を費したるかは余が年来の疑問なりしに、頃日《けいじつ》旧幕の故老に就《つき》て漸くその事情を詳《つまびらか》にするを得たり。その説は左のごとし。

その説にいわく、井伊大老は、太田(資始)・間部(詮勝)・久世(広周)の諸閣老を会して、さてもただ今尾州・水戸の三殿、および越前守が不時登城ありて、我らに面会を申込まれたるは、何のためならんかと尋ね試みたるに、あるいは云《いわ》く儲君議に関してならん、あるいは云く条約調印についてならんととりどりの推測なりしに、井伊は首を振って、否々《いないな》さる政治問題にはあらざるべし。尾張殿・水戸殿はさまでの御方にてはおわさねど、老公は聞こゆる御人物、また越前守は才智ある人なり。打揃われての登城は、必定将軍家へ直奏《じきそう》すべき儀ありとて拝謁を乞わるるならんがこれをいかにすべきやと尋ねければ、将軍家御不例とて、遮阻《しやそ》いたすべしと申す。掃部頭否々《いないな》老公・越前守口を揃えて、およそ政治上の儀にてならば、いかにも大老閣老たる御辺方《ごへんかた》へ申談《もうしだん》じ、または御辺方の執奏を頼みて事足りぬれば、あえて拝謁直奏を要せずといえども、今日我々登城して、拝謁を願い奉るは、御辺方みな、執政《しっせい》たる人物にあらずして、国家を誤るの徒なれば、直奏して御辺方を退けんがためなり。されば御辺方の執奏を頼むに由《よし》なし、将軍家当座の御気色《みけしき》ならば、我々ここに控え居《お》りて御機嫌を待ち奉るべし。もしまた御枕に就かせたまえる御程ならば、なおさら以て大切なり。御休息の御枕辺へ伺候して言上いたすべし。御親族たる三家越前に対せられては、別に御気を置かせらるるに及ばせたまわず、この儀直《ただち》に執達《しったつ》あるべしとの申立《もうしたて》に相違あるまじきか、方々《かたがた》はいかが取計わるる所存なりやと尋ねたり。この時間部・久世の諸老はその申立ありとも、拝謁の執達は拒絶すべきなりといいたるに、井伊は慨然として諸人は知らず、この掃部頭においては、右の申立あらばこれを直《ただち》に将軍家に執奏し、台慮に適《かな》わせたまわずとも、強《しい》て御勧め申し奉りて、引見の事を取行い、自分はその席を避け、尾・水・越をしてその思う所を十分に将軍家へ直奏せしむべし。その期《ご》に及びて直奏を擁蔽《ようへい》するがごとき、または君側に侍してその奏言を牽制《けんせい》するがごときは、掃部頭が決して屑《いさぎよし》とせざる所なり。かく直奏せしめたる上にて、その言用いられて我々御譴責《ごけんせき》を蒙らば、甘んじて職を罷《やめ》られその罪に伏すべし。もし幸に御信任これまでのごとくならば、なおさら以て後図《こうと》を固くするに足りぬべし。掃部頭の覚悟はかくの通りなりとて堅く執《と》りて動かず。ここにおいてか諸閣老の議論紛々として決せず、こもごも争いたれども、井伊はさらにその説を枉《ま》げず、議論数時に渉《わた》りてついに諸老を説き伏せ、閣議は直奏を擁蔽せず、諸卿をして充分に弾劾《だんがい》の奏言をなさしむべし、聯帯《れんたい》責任を以てこれに当るべしという事に一決したり。そのために午後三時までも時刻を移したるなりと云々。

右のごとく、井伊は閣議を決し覚悟を定めて、閣老とともに大廊下なる桜之間に至りて尾(慶勝)・水(慶篤・斉昭)三卿に面会したるに、三卿のいう所は直奏の事にはあらずして、条約調印と儲君選定の両事にてぞありける。井伊は意外の事なりければ、こは与《くみ》しやすきのみと安心してその論難に答弁したり。尾・水三卿の論難は、その旨趣《ししゅ》といい順序といい、頗《すこぶ》る整わず、その上に頼《たのみ》に思われたる越前守を下の御部屋より呼迎《よびむか》えて、同席せしめんと試みたるも、越前守(松平慶永)は御三家方と同席の例なしと久世大和守(広周)が一言に阻《へだ》てられて列席せしむるを得ず、かつ老公は耳聾《ろう》して聴くに疎《うと》く、尾州殿は言訥《とつ》にして弁ずるに苦しまれたれば、せっかくの論難もその肯綮《こうけい》に中《あた》らずして要領を得ず、何故に勅許をまたずして調印せしめたるか、曰《いわ》く事情切迫国家の安危に関わるがゆえなり。京都への上奏はいかがするか、曰く近日閣僚間部下総守(詮勝)上京して、事情を奏聞するに決したり。儲君の事は勅允《ちょくいん》を得たるか、曰く勅允を得たることかくのごとし(勅允の書面を見せたり)。その儲君の誰たるを上奏したるか、曰く儲君を建《たつ》るという事につき、勅允を得るまでの事にして、その御人選につきては京都の干渉を受けざるが、徳川氏の先規《せんき》なり……かくのごときが当日不時登城の応接の大要なりき。さてまた越前守には、久世大和守に面会に及びて、条約調印の事は、間部上京とあらばそれにてしかるべし、紀州殿御養君の式を、明日御挙行はしかるべからず、勅許を経ずして条約調印の一事、国家の安危には替え難しといわばいえ、京都にてはその事情を未だ御承知なければ、さだめて逆鱗《げきりん》にてもやおわしまさん、その中に幕府が事もなげに御養君の御披露《ごひろう》ありては、ますます京都の激怒を招くの恐れあり、いわんやその御養君は、京都の望《のぞみ》に副《そ》わざるの紀州殿たるにおいてをや、しからば今しばらく明日の御披露を見合せられ、条約調印事情上奏の事畢《おわ》り、京都の御憤《いきどおり》も解けさせたる上にて、行わせらるる方こそ穏《おだやか》に候えけれと説きたれば、大和守も貴説には一理あり、その事尾・水両卿よりも御申立あらば、将軍家へ奏執すべしとて立《たち》て見たれば、尾・水三卿はすでに退出の後にてありしといえり。

尾張・水戸・越前の不時登城は右のごとく全く失敗に帰したり。当時もし橋本左内が越前守に説きたるがごとく、将軍へ直奏弾劾《だんがい》の議を以て、尾・水と協議して登城に及ばれたらば、掃部頭《かもんのかみ》はその地位を賭て執奏したりしならんに、計《はからい》の此《ここ》に出でずして、かえって彼《か》に出でたるは、実に尾・水・越が失敗のよって来れる所なりといわざるべからず。かくて井〔伊〕は断然その翌日(六月二十五日)を以て紀州宰相殿(慶福《よしとみ》卿)を将軍家の御養君に立てらるるの式を公に挙行せしめたり。これ徳川家第十四代家茂《いえもち》公(昭徳院殿)の御事なり。

しかれども条約調印の事はますます重要問題となりたりければ、井伊は間部下総守に上京の台命を下し、かつ酒井若狭守(忠義)をして新《あらた》に京都所司代たらしめたり。しこうして尋《つぎ》*

て*将軍家薨御《こうぎょ》に引続き井伊は専断政治においてその手腕の如何《いかん》を見《あら》わしたり。

井伊掃部頭の専断

後日の事はいざ知らず、さしむきの所においては、井伊《(直弼)》掃部頭《かもんのかみ》は天晴《あっぱれ》大老の職権を以て行うべきほどの事を行いたり。井伊は外交危機の切迫せるに当り、岩瀬《(忠震)》・永井《(尚志)》等の建議を容《い》れ、勅許をもまたずして条約調印せしむるの閣議に同意して、これを実行せしめたり(この調印説は、当時の閣老松平伊賀守《(忠固)》の発起たりしこと前に叙《の》べたるがごとし)。井伊は将軍家(家定公)の台旨を奉じて、紀州宰相殿(後に家茂《いえもち》公)を御養君に立て参らせたり。井伊は尾・水・越三《(家)》公の不時登城において、見事《みごと》にその論難を弁駁《べんばく》して辞《ことば》なからしめたり。この上は善後の処置最も大切なるに、井伊がその方針を誤りたるこそうたてけれ。

しかれども米国条約の調印を行いたるは、ともかくも井伊内閣の英断なりといわざるべからず。米国全権*ハルリスが予告に違《たが》わで、この年(安政五年)六月下旬には、露《ろ》国全権プーチャチン中将、軍艦を率いて神奈川に来り、条約改訂の談判を申込み、国書を齎《もたら》して出府に及ばんとす。尋《つい》で七月上旬には、英国全権エルジン伯も、また軍艦を率いて江戸湾に乗入りて、同じく条約の談判に渉《わた》れり。しかるに全権引見の式といい、条約の個条といい、さまでの困難を閣議に惹起《ひきおこ》さずして、結了したるは、他なし、その前に早く米国条約に調印してまがりなりにも外交の基礎を定めたるがゆえなり。されども当時の世論は、挙《あげ》てこの英断に反対し、井伊内閣が勅許をまたずして条約に調印せしめたるは違勅の所為《しょい》なり、幕府をして違勅の罪人たらしめたる者なりといえる非難の声は、朝《ちょう》野《や》の間に起り、ほとんど井伊内閣をして、身を容るるの地なきまでに至らしめたり。それ違勅の罪は、大罪中の大罪にして、いかなる条理ありとも、抗弁すること能わず、謹《つつしみ》てその罪に伏《ふく》せざるべからずというが我《わが》皇憲の大制にして、もしこれに抗弁する事あれば違勅の者は直《ただち》に一転して朝敵となるの恐れあるを以て、井伊の強硬剛愎《ごうふく》といえども、幕府をしてこの違勅の罪を甘受せしむるを得ず、何らの手段を行い、方法を運《めぐ》らしても、違勅の悪名を免れしめざるべからず、これ井伊内閣がこの時において、最も苦心を竭《つく》したる所なりとす。しこうして井伊に反対する諸党は、非条約議を固守して不平を懐《いだ》ける者も、儲君議について失望せる者も、皆これを好材料として頻《しきり》に井伊内閣を攻撃して底止する所を知らず。現にその僚属たる幕府の諸有司《ゆうし》中にて、井伊内閣が立儲議に関して、一橋卿を斥《しりぞ》け紀州殿を建て参らせたるは失策なりといえども、条約調印を実行せしめたるは英断なりと功過を判別してこれに与《くみ》したるは、岩瀬・永井・井上(清直)の諸氏に過ぎざりき(*水野(忠徳)筑後守のごとき人物にてさえ、この調印には反対したり)。以て当時における世論の趨勢《すうせい》を察すべきなり。

井伊はこの難局に当りて、外国の事はまず米国条約の通りなれば、やむをえずとして、英露仏蘭の四国に対して、条約を承諾し、*外国奉行に全権を命じてその任に当らしめたり。さてその内閣は、太田備後守(資始)・間部下総守(詮勝)・久世大和守(広周)・内藤紀伊守(信親)・脇坂中務少輔(安宅)・松平和泉守(乗全)六名の閣老を以て組織したりけるが、この六名中にて、内藤・脇坂・松平の三老は、可もなく不可もなき人物にて、その員に備わるに過ぎざれば、いわゆる伴《ばん》食《しょく》閣老たるに過ぎず。井伊の意を稟《う》けて事を執《と》れるは、太田・間部・久世の三老なるが、太田・間部がいかなる人物たりしかは、久世が伊達《だて》遠江守《とおとうみのかみ》(宗城《むねなり》)の[に]答えたる対話が好月旦《げったん》なるべし。久世閣老は曰《いわ》く、間部はずいぶん世才はあれども、はなはだ軽卒の事どもにて、海防の事などは、これまで一向に心掛《こころがけ》なきゆえ、ただ口に任せたる事のみ申出て、交易の事なども、ただ日本同志の売買のように存じ候て、事軽《かるき》に心得たれば、このたび京都へ参りて、いかなる申訳をするやらんと案じられ候ゆえ、それまでに端々《はしばし》講究しかるべしと申し候えども、それも採り用いずして、何事も覚束なき事のみにて、これと申す見込《みこみ》の立つべき体にはなし、太田は、古き事は覚え居《お》り候えども、方今の事情は、はなはだ迂闊《うかつ》、その上遅緩の性質に候えば。かくのごとき多難の時にとっては、時機に後《おく》れん事を恐れ候なりと(「昨夢紀事」十五)。太田・間部の両老は、まことに久世の評のごとし。しこうしてその久世の人物たる、余は現にその人を知り、しばしば外国公使と応接の伎倆をも目撃したるが、いかにも御役人慣れて、通常の大名の迂闊《うかつ》なるには似ざれども、到底大局面に当るべき宰相の器《うつわ》にはあらざりしなり。しかるに井伊内閣は、実にこれらの閣老を以て組織せられて、久世は外国事務に任じ、間部は京都への御使《おつかい》を命ぜられたり。

京都にては、幕府が勅許をまたずして条約に調印したるの専断を憤《いきどお》り三家または大老に上京せよと命ぜられたれば、井伊は間部をして上京して弁解せしむる事に定めて、上京御使を命じ、*酒井若狭守(忠義)を京都所司代に任じ、*小笠原長門守(長常)を京都町奉行に命じて、その任に就かしめたり。さて井伊が何故にかかる大切なる御使を間部に任したるかというに、これも久世が松平越前守(春嶽)の問に答えて御使の事は、間部の望にて、*先年所司代中経歴の覚えもあればと、京都の事は掌握《しょうあく》に入れたるように申し居れり。外国の事情などは特に不案内にて候えば、京都の御疑惑を解かん事ははなはだ覚束なく候えども、自身には事もなげに自負し候ゆえ、また仕損じ候わんかと危ぶまれ候なり(「昨夢紀事」十四)といえるを以て、間部が自ら望みて上京するに決せるを証するに足れり。しかれども井伊大老は、間部のごとく軽忽《けいこつ》事を処するの人にあらざれば、必らずや井伊と間部の間には、少くも京都に対するの処置について、意見の契合《けいごう》せる所あらざるべからず。けだし間部は往年京都所司代たりし時に、公卿にも交わりたれば、幕府が京都に対するの処置は、恩威並び行うにあり、金銀を与えて公卿に恩を売り、権力を示して威に伏《ふく》せしむるの手段を行わば、公卿を圧倒して、条約勅許を得るは為《な》しやすきのみ、畢竟《ひっきょう》堀田(正睦)が今春の上京に失敗したるは恩に狃《な》れしめて、その軽蔑を招きたるがゆえなり、と思惟《しい》したるならん。しこうして井伊もまたその腹心たる長野*主膳《しゅぜん》が、京都より密告せる所を信じて、要するに朝廷の強硬は、諸藩士諸浮浪の徒が、尊王攘夷の説を主唱して、公卿に入説《にゅうぜい》するのみならず。現に水戸・越前・土佐・薩摩のごとき諸大名が密《ひそか》に公卿に交通して、煽動する所あるがゆえなり。幕威を以て京都を一掃して、これらの輩《ともがら》を退去せしめ、諸大名の交通を遮断して、以て朝廷を威嚇《いかく》せば、あに恐るる所あらんやと信じて、ここに対京都方針を定めたるに相違なかるべし。これ実に井伊内閣が、時勢の真相を看破するの卓識なかりしより生ぜる謬見《びゅうけん》にして、他日大難を喚起して、ついに収拾すること能わざるに至れるもの、皆この謬見に胚胎《はいたい》せるなり。

かくのごとくに、井伊は対京都方針を定めたり。ここにおいてか、井伊の政略は、純《じゅん》乎《こ》たる独裁圧制の主義とは定まりたり。そのしかる所以《ゆえん》のものは、井伊思えらく、徳川氏幕府は事実の主権者なり、内治外交とも、朝廷にも奏せず、諸侯にも詢《はか》らずして、独裁するの制度なり、往年米国全権ペルリ渡来の時に当り、あるいはその状を朝廷に奏上し、あるいは和戦の決を諸大名に問い、ついに条約の勅許を朝廷に請うに至りしは、阿部(正弘)内閣・堀田(正睦)内閣の過失なり。この過失よりして、今や京都は頻《しきり》に幕府に向って、政治に喙《くちばし》を容《い》れんと試みたまい、諸大名もまた幕禁を犯して、京都に入説し、処士《しょし》横議《おうぎ》の害を増長し、今日に至りては、幕府は京都に対し、諸大名に対し、世論に対して、ことごとくその責任を有するがごとき状勢に陥《おちい》りたり。かくのごとくしては、幕府はいかんか能《よ》く今日の難局に処して、徳川氏の天下を保安するを得んや、掃部頭すでに内閣を組織して、大老の大任に当る上は、徳川氏独裁の旧に復し、いやしくも幕禁を犯せるものは、誰彼の容赦《ようしゃ》なく、法に従ってこれを処すべきなりとかくは決心を定めて、すなわち第一着には七月六日*を以て、左の方々を罰したり。

尾張中納言殿(慶恕《よしくみ》卿)　御隠居、外山屋敷へ居住、急度穏便《きっとおんびん》に御慎《おつつし》み

水戸前中納言殿(斉昭《なりあき》卿)　駒込屋敷へ居住、穏便に急度御慎み

松平越前守(慶永《よしなが》朝臣)　隠居慎み

一橋刑部卿《ぎょうぶきょう》殿(慶喜《よしのぶ》公)　当分御登城御見合せ

若年寄本郷丹後守(泰固)　思召《おぼしめし》に不応《こたえず》、御役御免差控《さしひかえ》

御側御用御取次石河《いしこ》土佐守(政平)　同上

これ儲君議・外交議に関して、幕府の諮問《しもん》もなきに意見を陳《の》べ、あるいは京都に入説したるを罰したるなり(ただし本郷・石河の両人は、事専ら立儲議に関して、一橋殿を

扶立《ふりつ》せんと試みたるがゆえなるべし）。しこうして一橋殿はその実、儲君の候補者にして、現儲君（紀州殿）に対しては、いわゆる競争者たる地位なりしがゆえなれば、その排斥は免がれたまわざる所なれども、条約調印の事につき井伊大老を論難したまえること、御三卿の御身柄にあるまじき事といえるが、＊究竟《きゆうきよう》の辞柄《じへい》を井伊に与《あたえ》たるものか。要するに、尾・水・越の不時登城は、この譴罰《けんばつ》の禍《わざわい》を買いたるに相違なきが、さるにても、不時登城には水戸中納言殿＊（慶篤卿）も、その人数に加わられて、現にその席に列せられたるに、譴罰の独りこの卿に及ばざるは、そもそも不審の至りにあらずや。これ他なし、水戸家にては御父子の間ながら、党派の奉戴する所互《たがい》に異なりて、その方向を同《おなじ》くせざ〔る〕の実あるを以て、ことさらに中納言殿を不問に置きて味方となし、以て老公の勢力を殺《そ》がんとなしたること、言をまたずして明《あきらか》なり。されば井伊大老がこの際における心事は、あえてことごとく青天白日のごとしとも云い得べからざるなり。

しかのみならず、将軍家（家定公）はこの月（七月）一日より、以ての外の大病に罹《かか》らせたまえり。もっとも六月下旬より御心地常に変らせたまえる節もありしかど、御執匕医岡櫟仙院《おかれきせんいん》は、日々御容体を窺《うかが》いながら、さまでの御事とは申さざりしに、七月一日の御出座後より、急に重《おも》らせたまい、全く脚気衝心《かっけしょうしん》の重患と知れ渡りたれば、井伊は岡を退けて、急にその頃有名なる蘭法医伊藤〔東〕玄朴《げんぼく》・戸塚静海《せいかい》、ならびに脚気専門家の遠田《とおだ》長安〔澄庵〕を徴して、奥医師となし、以て将軍家の御治療をなさしめたり。保守格式の幕府にて、俄《にわか》に蘭法医を徴し、あまつさえ将軍家の御治療をなさしむること、実に異例のはなはだしき事なれども、井伊大老は、断然その古格を破りてこれをなさしめたり。しかれども御病気はいよいよ危篤とならせて、ついに薨御《こうぎょ》あらせたまえり（表《おも》て向《むき》は八月八日の薨御にて、同月十八日御遺骸《ごいがい》を東叡山《とうえいざん》に葬りて温恭院と諡《おくりな》し奉れり。ただしその実は*七月八日の薨御と聞えし。もっとも将軍家薨御につき、その喪を秘する事は、あえて政略のゆえにはあらず、御葬送の用意に日数を要すれば、とても薨御後七日以内に葬り参らするの手筈に能わざるを以て、やむをえず一ケ月ばかりのほどは、その薨御を内々にして発表せず、ために喪を秘するがごとき状をなす事なり、この将軍家の薨御とてもまた然り）。しかるに尾・水・越諸卿の譴罰は、七月六日の事にて、将軍家未だ御存命中とはいえ、危篤の際にて、人事をも弁《わきま》えさせたまわざる折からなるに、井伊は別にこれを将軍家に奏するにも及ばずして、この譴罰を命じたり。当時の世論において井伊大老は台命を矯《た》めて云々せりといえるも、またあえてその理《ことわり》なきにあらざるなり。もしこの日を過《す》ごさば、将軍家薨御の後になりて都合悪《あ》しければ、将軍家の御息の通いたまえる中《うち》に早く譴罰せよと、井伊大老が閣中の密議にて議決せりと、世間にて言い伝えたるが、その虚実は知らざれども、あり得べきの臆測なりというべし。

かくて将軍家(家定公)の薨御は八月八日を以て発表せられ、儲君その跡を続《つ》がせらる。徳川十四代の将軍家(昭徳院殿家茂公)これなり。御年僅かに十三歳にておわしければ、田安中納言(慶頼卿)その後見に立たせらる。ああ将軍家は幼沖《ようちゅう》なり、田安殿また後見して大政を摂するの器《うつわ》にあらずして、ただその虚位に備わる。しこうして一橋殿・水戸殿・越前殿みな譴罰せられ、内閣員は凡庸の団体にして、幕府にて有名なる僚属は、皆その志を得ずして快々《おうおう》たり。万事は皆井伊大老の決する所に帰したりければ、ますます井伊専権の時節となりて、禍機は果して潰裂《かいれつ》し、勅諚《ちょくじょう》の事よりして大獄を見るに至れり。

井伊掃部頭　間部下総守上京

これより先、井伊(直弼)掃部頭《かもんのかみ》が勅許を得ずして米国条約に調印せしむるの英断を決したるに当り、幕閣より京都へ上奏したる趣意は、幕府は叡旨《えいし》を遵奉《じゅんぽう》して再応《さいおう》諸大名の存意を尋《たず》ね、まさに奏聞せんとするに際し、露米両国の使臣は急報して云《いわ》く、英仏両国新勝の余勢を以て大《おおい》に日本に要求する所あらんとすと。事ここに至りては国難を招くの恐《おそれ》あるを以て、これを予防するの急に迫り、勅許を経るに至らずして条約に調印せしめたり、これ実にやむをえざるの場合なり。ただしこの後の御取締方・沿海御手当等御充実に相成りて叡慮《えいりょ》を安んぜさせらるよう(将軍家)思召し遊ばさるべく候とありて、幕府はもとより和を好めるにあらず、条約調印は一時やむをえざるの権道《けんどう》に出《いで》たるなり、兵備を充実して他日攘夷の叡念《えいねん》を達し奉るべしとほのめかし置きたり(*安政五年六月二十一日閣老連署して伝奏《てんそう》へ送りたる公文の別紙に詳《つまびらか》なり)。これ幕府がすでに開国の政策を定めながら、かえって朝廷に対しては、依然攘斥《じょうせき》政策を執《と》れるがごとくに弁疏《べんそ》して以て朝廷を欺《あざむ》き奉りたる陳述なりと、爾来《じらい》大に朝野《ちょうや》の攻撃を受けついに困躓《こんしつ》を招きたる所なりとす。しかれども、この事たるあえて井伊大老が欺罔《きもう》というべきにもあらざるなり。もしそれその心中には断然たる開国の国是を懐《いだ》き、その施政に方針の歩を進めつつ、かつ朝廷および輿論《よろん》の激昂を鎮《しず》めんがために、鎖攘の語気を利用して一世を籠絡《ろうらく》せんと謀《はか》りたるほどの権謀あらば、井伊大老は天晴《あっぱれ》なる政治家と称せらるべきの価値ありといえども、決してさまでの識見智略を具せる宰相にはあらざりしなり。そもそも幕府が外交はその欲せざる所なれども、勢に迫られてしばらく和するなり、他日兵備充実せば、攘夷してもとの鎖国に復すべしとは、*嘉永六年米国全権ペルリが渡来せし時に当りて、阿部伊勢守(正弘)の内閣が宣言したる所にして、阿部は実にその然《しか》く行われん事を望みたるに外ならず。その余の閣老とてもまた同じく然《しか》ありき。独り堀田備中守(正睦)は、米使ハルリスの議論に警醒《けいせい》せられて、開国説を保懐《ほかい》したれども、*これも京都に一敗して幕閣より退きたれば、幕閣は依然たる鎖国主義なりき。しこうして井伊大老のごときに至りては、もとより*その主義にて、たとい一旦条約に調印して国を開くとも、他日兵備充実せば外夷を斥《しりぞ》

け て国を鎖《とざ》すにおいて何かあらんと信じ、間部《まなべ》等の諸老もその意見を同《おなじ》くしたるや、疑うまでもなし。さればかく上奏したるは、けだし真実に思い込みたる所をいいたるにて、朝廷を欺罔《きもう》し奉るほどの謀略もなかりしというべきか。要するに当時真に開国の必要を認めたる卓見の識者は、薩摩斉彬《なりあきら》卿・越前慶永《よしなが》卿・堀田備中守・岩瀬肥後守(忠震)・永井玄蕃頭(尚志)・橋本左内・佐久間修理(象山)《しゆり》等の諸人に過ぎずして、その他は皆鎖国にしてしばらく和すというの者流《しゃりゅう》なりしのみ。これすなわち徳川幕府が外交の関係よりして勢力を失い、ついに衰亡に至りたる因由《いんゆ》なり。当時もし井伊大老をして真に開国の卓識を有せしめ、自から上京して開鎖の得失利害をば、堂々と聖天子の御前にて弁説する事を得せしめば、不世出の御聡明にておわします、あに大に聖意に適《かな》いて浮雲を披《ひら》いて天日を見るがごときの壮快なかりしとせんや。惜《おしい》かな、そのここに出《いず》ること能わざりしは、井伊大老に開国の識見なかりしがゆえなるのみ。

却説《かえってとく》、京都にては、幕閣の宿次《しゆくつぎ》奉書の上奏につき、大に御憤《いきどおり》ありて、未だ勅許をも下されざるに、条約に調印せしめたるは御不審なり、*三家並《ならび》に大老の内を早々上京せしむべしと幕府へ仰下《おおせくだ》さりたりければ、井伊内閣は*不日御使のもの上京の上事情言上《ごんじよう》いたすべしと答え(七月八日)、尋《つぎ》て七月下旬に至り間部下総守上京すべしと奏したり。しかるに＊八月八日に至り京都より左の勅諚《ちょくじょう》を下されたり。その御文言にいわく、

先般墨夷《ぼくい》の仮約条は、余儀なき次第にて、神奈川に於《おい》て調印し、使節へ渡され候儀、尚又《なおまた》、委細《いさい》は間部下総守上京して言上《ごんじょう》に及ばるゝの趣《おもむき》に候へども、＊先達《せんだつ》て諸大名の衆議を聞食《きこしめ》され度《たし》との勅命を仰出され候詮《せん》も無之《これなく》、誠に以て、＊皇国重大の儀を、調印の後に言上し、大樹《たいじゅ》公、叡慮御伺《えいりょおうかがい》の御趣意も相立たず、尤《もっと》も＊勅命の御次第に相背《そむ》きたる軽卒の＊取計《とりはからい》なり、大樹公賢明の所、有司《ゆうし》心得如何《いかん》と御不審に思召《おぼしめ》され候、右様の次第にては、蛮夷《ばんい》の儀は暫《しばら》く指置《さしお》き、方今《ほうこん》御国内の治乱如何と、更《さら》に深く叡《えい》慮《りょ》を悩まされ候、何とぞ公武御実情を尽《つく》され、御合体《ごがったい》、永久安全の様にと、＊偏《ひとえ》に思召され、三家或《あるい》は大老に上京を仰出《おおせいだ》され候処、＊水戸・尾張は当時慎《つつしみ》中の趣《おもむき》に聞召《きこしめ》され、且又、其《その》余＊宗室の向々《むきむき》にも、同様の御沙汰聞召《きこしめ》し及はれ候、右は何等の罪状に候哉＊計り難く候へども、宸襟《しんきん》を悩まされ候、兼《かね》て三家以下諸大名の衆議を聞召され度《たし》と仰出され候は、全く永世安全、公武御合体にて、叡慮を安《やす》んぜられ候様に＊思召され候儀にて、外虜《がいりょ》ばかりの儀にも之《これ》なく、内憂これあり候ては、殊更《ことさら》深く宸襟《しんきん》

を悩まされ候、彼是《かれこれ》国家の大事に候間、大老・閣老、その他三家・三卿・家門・列藩・外様・*譜代にも、一同群議評定これありて、誠忠の心を以て*篤《とく》と相糺《ただ》し、国内治平、公武御合体、弥ゝ《いよいよ》御長久の様、徳川御家を御扶助これありて、内を整へ外夷の侮《あなどり》を受けざる様に*思召され、早々商議いたすべしと、勅諚の事

安政五年戊午八月

近衛左大臣　忠《ただ》熙《ひろ》
鷹司《たかつかさ》右大臣　輔《すけ》熙《ひろ》
*一条内大臣　忠《ただ》香《たか》
三条前内大臣　実《さね》萬《つむ》
*二条大納言　斉政
近衛大納言　忠房

*この勅諚は八月九日附にて、同《おな》じき十八日を以て幕府に達したり。*かつ京都にては同時にこの勅諚に別紙を副《そ》えて、水戸（徳川）・尾張（徳川）・越前（松平）・加賀（前田）・薩摩（島津）・肥後（細川）・筑前（黒田）・安芸《あき》（浅野）・長門（毛利）・因幡《いなば》（池田）・備前（池田）・伊勢（藤堂）・阿波（蜂須賀）・土佐（山内）へも降《くだ》されたり（あるいは云う、この勅書

はかの十四藩に下さるべき御予定にて、まず水戸・薩摩・長州への三藩へ下されて、その余は下さるるに及ばざりしとぞ。かつ水戸へ下されたるは、所司代へ下されたるよりも、一日早かりしともいえり)。

徳川幕府にとりては、この勅書こそ実に一大打撃なれ。井伊内閣は徳川氏幕政の基礎によりて幕府の専断を以て条約に調印せしめたり。しかるを朝廷は諸大名の群議を尽《つく》して奏聞し勅許を経ざるべからずと責めさせたまえり。井伊は幕府台意を以て尾・水・越を譴罰《けんばつ》したり、しかるを朝廷は何らの罪状にや人心の帰嚮《ききよう》にもかかわる議なりと宣《のたま》えり。井伊は内治外交とも幕府の主権内の事なりと固信したり。しかるを朝廷は公武御《ご》合体《がったい》にて徳川家を御扶助ありたきの思召《おぼしめし》と宣《のたま》えり。もしこの勅諚のごとくに実行する事あらば、外国の儀はしばらくさしおき国内の政治に関しても、幕府の主権は直《ただち》に朝廷に移りて、幕府は朝命の執達者たるに過ぎざるに至るべし。幕府の存亡は一にここに繫《かか》るを以て、井伊は力の及ばん限り、策のあらん限りは、威力を以てなりとも、暴断を以てなりともこの勅諚を無効たらしめざれば、幕府は必らず滅亡すべしと信じ間部等と謀りて百方対抗の計策に心を労したり。

さて水戸へ下されたる勅諚の副勅*には、同列の方々・三家・家門の衆以上隠居に至るまで、列藩一同へも御趣意相心得候様、向々《むきむき》へ伝達これあるべしとありければ、水戸中納言殿(慶篤卿)は十九日を以て、間部下総守《(詮勝)》、太田備後守《(資始)》を招きて、この勅書を示して、幕府の意を問われたるに、二老は井伊に謀り、井伊内閣の決議としてこの勅諚を御伝達のこととしかるべからずと答えたれば、中納言殿もこの拒絶に会いて伝達せられざりけり。

かくて井伊はこの勅諚を諸大名へ示す事について幕閣中に意見ありしにかかわらず、諸藩の手に京都より渡されて世上の歴覧《れきらん》する所とならんよりは、むしろ幕府が先だちてこれを公示せしむるにしかずと決議し、すなわち二十四日を以て、この勅書を御家門始め諸大名に示したれども、別に存意書を討求する事をもせずして、幕府はあえて重きをこの勅諚に置かざるがごとき態《てい》を粧《よそお》いたり。さるにても、この勅書に九条関白(尚忠《ひさただ》公)の署名なきこそ不審なれ。およそ朝廷より発せらるる勅諚には、必らず関白の署名あるを以て、公文《くもん》の式と定められたるに、その署名なきは如何《いかん》とてこれを問合せたるに、九条関白はこの降勅に関しては*一向に与《あずか》り知らずといえる確答は二十七日を以て江戸に達したりければ、井伊はさてこそこの勅諚、関白の知らざる所にして、公文式に適《かな》わざれば、正当の聖勅とは拝し奉り難しというを得べきなりと、まず一条の活路を得たる心地して、ますます対抗策を求むるに岌々《きゅうきゅう》たりき。

（一）朝廷が公文の正式に拠《よ》らずして、勅諚を降《くだ》したまえる事は如何《いかん》、（二）幕府の手を経ずして朝廷が直接するは、幕府の厳禁なり。しかるを水戸家および諸藩がこれを拝承したるは如何、（三）すでに幕府の手を経ず、また関白も知らざるに、かかる降勅あるは、誰人が執奏し、誰人が取次たるか如何と、この三ケ条は井伊内閣が着手の眼目となりて、逮捕訊鞠《じんきく》の策を決せる所にして、所司代酒井若狭守（忠義）は九月三日を以て京都に着し、間部下総守（詮勝）は同十七日を以て着し、病気なりと申立て参内にも及ばず、伏見奉行内藤豊後守（正縄）は京都御所向《むき》取締を兼勤《けんきん》し、小笠原長門守（長常）は京都町奉行にて、九月七日を以てまず梅田源次郎が公卿に入説《にゅうぜい》したる罪によってこれを捕えたるを手初《てはじめ》として、続いて鵜飼吉左衛門（水戸藩京都留守居役にて幸吉の父）・鵜飼幸吉（水戸藩士、勅諚を京より持参したる者）・藤井但馬《たじま》（西園寺家来）・飯田左馬（有栖川宮《ありすがわのみや》御家来）・森寺美濃守（三条殿家来）・伊丹蔵人《くろうど》（青蓮院《しょうれんいん》宮御家来）・山田勘解由《かげゆ》（同）・高橋兵部大輔《ひょうぶたいふ》（鷹司殿家来）・頼《らい》三樹《みき》三郎《さぶろう》（儒者、浪人）・山科出雲守（御蔵小舎人《おくらことねり》）・春日讃岐守（久我《こが》家来）・入江雅楽頭《うたのかみ》

（一条殿家来）・若松杢頭（同）・成就院信海（清水寺中）・森寺因幡守（三条家来）・丹羽豊前守（同）・富田織部《おりべ》（同）・村岡（近衛殿老女）・浮田蕙斎（絵師）等を捕え、また江戸にては安《あ》島帯刀《じまたてわき》（水戸殿家老）・橋本左内（越前）・吉田寅次郎（長州）・藤森恭助（儒者）・茅根伊予介（水戸）等を捕えしめたりければ、京都は人心恟々《きょうきょう》として、上下みな安き心もなかりき。これより先き京都の公卿は、九条関白（尚忠）が幕府の意を受けて、正議を阻隔《そかく》するの過《あやまち》を責めたるを以て、九条殿は辞職ありて、近衛殿（忠煕）内覧となられしが、間部上京の後に、近衛殿は内覧を辞して九条殿*再び関白に復職せられたり（九月十九日の事）。かくて内藤豊後守は、十月十七日を以て初て参内して、公卿を説くに利害を以てし、威力を張りて廷議を挫《くじ》かんと謀りしに、公卿の中にはその威力に恐《おそれ》をなして、漸《ようや》く当初の気勢を失える方もありけり。しからば時機到来せりとて間部は同《おな》じく二十四日を以て参内し、九条関白に面会して、説くに幕府の意を以てし、廷議を変更せしめんと謀りたり。朝廷にてはこの大獄の起りたるを憂いさせたまい、十二月九日宸翰《しんかん》を酒井若狭守に下されて対外の政略ども御尋《たずね》ありしに、間部はその御答はせで、この上いかほどに正道を尽し奏上仕り候とも、このままにてはとても公武真の御合体国家安穏の道は得がたく候間《あいだ》、おいおい兇人《きょうじん》の巣窟《そうくつ》を捜索し、吟味を遂《と》げ、邪正を分明の上にて言上すべき旨を奏して、ますます追捕《ついぶ》を厳《げん》にし、その囚人を江戸へ護送せしめ、以て朝廷を威嚇《いかく》し奉りたり。

かくて条約調印の一条については、間部は十二月二十七日を以て最後の書を九条関白に呈して曰く、亜夷一条につき先日差上候書付《かきつけ》、天覧に入《いれ》させられ、おいおい御氷解あらせられ候間、いよいよ公武御合体、何とぞ早く良策を運《めぐ》らし、夷狄《いてき》を逐去《ちくきょ》し、関東の良法、鎖国の御旧例に相復し候様（中略）、おいおい言上し奉り候趣《おもむき》、御明察あらせられ、叡慮《えいりょ》御氷解御安心遊ばされ、段々厚き御沙汰の趣《おもむき》、誠に以てありがたき御儀に存じられ候。かねて申上候通り、軍艦・銃砲等武備相整い候上は、いずれにも御趣き通り、外夷御取扱方、これまでの御国法に御引戻し御安慮《ごあんりょ》あらせられ候様、（将軍家）御考量これあるべく、大老初め私どもにも急度《きっと》心配仕《つかまつり》候儀に御座候とは奏したり。これ幕府原来鎖国の政策を国是とす、しこうして条約に調印したるは一時の権道に過ぎざれば、海陸兵備相整いたる上は、攘夷を行いて、以て鎖国の旧制に復すべしと責任を帯びて言明したる所にして、前《さき》にもいえるごとく、原来井伊が開国の卓識ありて外交を執れるにあらざるの確証にして、その結果たる、他日においてますます開鎖の衝突を東西の間に来たし、幕府をして覆滅《ふくめつ》の禍《わざわい》に罹《かか》らしむるに至れり。井伊大老たるもの決してその責を免るるを得ざるなり。

さてまた朝廷の諸公卿は、頻《しきり》に逮捕の連累《れんるい》のその身に及ばん事を恐れ、*三条《(実萬)》殿は京都を退きて淀に隠れ、近衛《(忠熙)》・鷹司《(輔熙)》の諸公も間部《(詮勝)》に迫られて退官せらるべきに定まりたれば、朝廷にては大《おおい》に憂いさせたまいて*宸翰《しんかん》を所司代へ下され、いたずらに嫌疑を以て堂上にまで禍を及ぼさざられん事を望ませたまい、尋《つい》でその事を九条関白へも仰せ聞かさせたまいしに、間部はただに聖意を奉戴《ほうたい》せざるのみならず、鷹司《(政通)》太閤《たいこう》・近衛《(忠熙)》左府・鷹司右府《(輔熙)》・三条《(実萬)》前内府の四公が、落飾《らくしょく》を願われたるは、御自分より御心得違《ちがい》を恐《おそれ》入りて辞官相願われたる段、御殊勝の事なれば御聞届《ききとどけ》ありてしかるべしと答奏し、併せてその罪案を上奏したり(この罪案は後に詳《つまびらか》なり)。しかれども朝廷にてはこの諸公の落飾を許したまわざりしかば、その後井伊大老は、所司代をして四公に迫りて*ついに落飾に及ばしめたり。

かくて間部は、京都の使命を果てて、安政六年二月二十日というに京都を出で東帰したり。けだし間部が京都に滞在せる百五十余日、その間に行いたるは幕府攘夷の事を朝廷に受合いたると京都の大獄を起したるの二事にして、ともに井伊大老の命を請《うけ》て執《とり》行い、浅ましくも自ら成功したりと信じ、さらにその大失敗の原因たるを覚《さと》らざりしなり。

井伊掃部頭　黜罰《ちゆつばつ》の専断

今や井伊掃部頭《かもんのかみ》(直弼)の存意は、あくまでも京囚の獄を厳《げん》に処罰するにあり。井伊は思えらく、畢竟《ひつきよう》朝廷が今日幕府の施政に喙《くちばし》を容《い》れ、条約調印につき、幕府が勅許をも経ずして断行せるを責めたまうがごとき、鎖国攘夷を以て征夷職の任なりとして、これを幕府に望みたまうがごとき、はなはだしきは徳川氏の家事たる立儲議《りつちよのぎ》につき、一橋殿を以てこれに備えしめんとの内意を下させたまえるがごとき、これ皆聖天子の真の叡慮《えいりよ》にあらず、公卿中に*奸邪《かんじや》の輩《ともがら》ありて、百方幕府の処置を讒誣《ざんぶ》し、以て聡明を壅蔽《ようへい》し奉るに出《いず》るものなり。しこうしてその公卿がかかる邪説を主張して幕府を憚《はばか》らざるは、諸大名が陰にその藩士をして、これらの公卿に入説《にゆうぜい》せしめて、その後援たるがゆえなり。この入説をなさしめたる諸大名は、水戸・越前・薩摩・尾張・阿波・土佐・宇和島等の諸藩にして、中にもその首領たるは水戸老公(斉昭卿)なり。老公原来奸雄《かんゆう》の質にして、きわめて功名の念に深く、その幕府の大権を覗覦《しゆ》するや久し。外交の議に関して専ら鎖攘《さじよう》論を主張して、幕議に対抗するのみならず、ついに京都に入説し、頻《しきり》に朝廷を誤惑《ごわく》して、幕府を困躓《こんしつ》せしめんと謀《はか》れるものは、その愛子たる一橋殿を儲君《ちよくん》に建てしめんがためなり。現に一橋殿立儲の説に尾・越・薩・土の諸侯、及び幕府有司《ゆうし》等が左袒《さたん》せるは、老公に籠絡《ろうらく》せられたるに外ならざるなり。一橋殿にして儲君に立たれなば、老公は自から大御所のごとき地位を占め、公然大政に干渉して、細大の政治皆その意のごとくに行い、水戸の幕府となすに至らざれば止まざるや知るべきなり。しからばすなわち、今日の禍根《かこん》は実に水戸にあるを以て、京囚を訊鞫《じんきく》して以て老公に及ぼし、厳に入説横議の罪を断じ、公卿といえども親藩といえども、あえて毫《ごう》も仮借《かしやく》する所なくば、天下悚然《しようぜん》として戦慄《せんりつ》し、また京都に入説する諸藩なきに至るべし。諸藩の入説にしてその途を杜絶せば、京都は孤立の朝廷となりて、幕府の思うままに左右せらるる事を得べきなり。されば今日この獄を厳断するは、幕府のために禍根《かこん》を除き去るの大挙《たいきよ》なれば、忍び難きをも忍び、行い難きをも行わざるべからず。いやしくもこの際に臨みて、優柔不断に陥《おちい》る事ありては、幕府の廃滅《はいめつ》は踵《きびす》を回《めぐ》らさずして到るの恐《おそれ》あり。かつや薩・土等のごとき外様大名は、幕府に旧怨もあるべく、またはさしたる恩誼《おんぎ》も思わざるべければ、京都へ入説して幕府に抗するの陰謀を懐《いだ》くこと、あるいはその理《ことわり》ありともいうべきが、水戸に至りては、御三家のその一にして、宗家の幕府と存亡をともにすべきの懿親《いしん》にあらずや。外様諸大名においてかかる陰謀ありと知らば、幕府を助けてその撲滅《ぼくめつ》に尽力すべき本分にてありながら、老公かえって陰謀の首領たるは、憎みてもなお余《あまり》あり、掃部頭あにこれを黙々看過すべけんや、ただただ直進断行の決あるのみと、かくのごとくに妄信して、さては京囚の獄を厳罰すべきの令を下したるなり。井伊大老が幕閣において宣言せる趣意といい、諸公卿・大名等に送りたる書翰といい、著々《ちゃくちゃく》この心事を明証するに足れるもの尠《すくな》しとせざるなり。けだし井伊大老がかく思惟《しい》したる所は、あえてことごとくその理なきにしもあらず。(一)武家の天下となりてよりほとんど七百年、ことには家康・秀忠・家光の三公上洛ありて、徳川幕府、政権の基礎を定め、大政を挙《あげ》て将軍家に御委任と定まり、朝廷・幕府の間に明白なる区画《くかく》を置き、あえて互にその矩《のり》を踰《こ》えずとこそ約せられしなれ、朝廷が今日に至りて、大政に干与《かんよ》せんと企てたまうは如何《いかん》。(二)関白が副署なき勅諚をば、幕府の承諾をも経ずして、妄《みだ》りに諸藩に降されたるは如何。(三)政治向《むき》には口出しすまじき公卿ばらが、党与《とうよ》を結びて大臣を威迫し、強《しい》て幕府への勅答を変更せしめたるは如何。(四)幕府の台問あるの外は、政治上意見を述ぶまじきは、御三家御家門・御譜代・外様の別を問わず、諸大名が皆ことごとく遵守すべきの制法たるに、あるいは頻《しき》りに幕府に建言し、はなはだしきは禁令を犯して京都に入説するは如何。(五)立儲君議のごときは、将軍家の家事にして、幕閣といえども、台意にあらざれば陳述するを得まじきの大事なるに、諸有司・諸大名・諸藩士等が、漫《みだ》りに一橋殿を推薦し、台意に戻りても、その目的を達せんと謀りたるは如何といえるがごときは、必ずしも井伊大老が無理不法の意見なりと、一概に排斥すべきにあらず。幕府の独裁制度を金壁のごとくに墨守《ぼくしゅ》して、これを維持せんと一途に思い込たる井伊大老としては、かくぞあるべき事なる。しかれども井伊大老は、幕府の制度が、すでにその入閣以前において変更し、現に変更しつつあるを覚知せざりしなり。(一)幕府は、阿部伊勢守(正弘)内閣の時において、嘉永六年米国全権ペルリが渡来の時に当り、その事を京都に上奏し、尋《つぎ》て横浜条約・下田条約のごときも、一々これを奏聞して、すでに京都干渉の途を開きたるにあらずや。(二)同時に、水戸老公を出《いだ》して、将軍家の最高顧問*たらしめたるにあらずや。(三)同時に和戦の対外政策について、普《あまね》く諸大名の意見を諮詢《しじゅん》し、忌諱《きい》なく建言せよと令したるにあらずや。(四)しかのみならず、幕府の諸有司・旗本・御家人・諸藩士・浪人に至るまで、国事については建白する事を許し、これを請取《うけとり》たるにあらずや。(五)堀田備中守《(正睦)》内閣に至りては、ますます進みて耳を世論に傾け、すでに立儲君議に関し、一橋殿を奉戴《ほうたい》せんがために、越前《(松平慶永)》・薩摩《(島津斉彬)》・土佐《(山内豊信)》・宇和島《(伊達宗城)》諸侯の運動は、公然たる秘密にして、堀田・久世《(広周)》・松平(伊賀守《(忠固)》)の諸閣老は、親しくその事を聞き、堀田のごときはさらに進みてともに謀《はか》りたるにあらずや。(六)米国全権ハルリス渡来して江戸に出府し、幕府の全権に会して、貿易の条約を取結びたるに当り、幕閣は諸大小名をして存意書を提出せしめたるにあらずや。(七)この条約調印については、京都の同意を得るにあらざれば、国内の人心を鎮圧《ちんあつ》すること能わずと洞察し、その勅許を乞わんがために、林大学《(韑)》頭《かみ》らを上京せしめたるに要領を得ざるを以て、堀田備中守《(正睦)》は幕閣首座の地位を以て、自ら上京したるにあらずや。(八)京都の公卿をして外国の事情を知らしめんがために、幕閣は百方苦心したり。しこうして橋本左内がその際公卿の間を遊説《ゆうぜい》して、幕議の進行を助けんと試みたるがごときは、これ以て、公然たる秘密にてありしにあらずや。(九)

一橋殿を儲君に建て参らせんがために、年長賢明の方を御養子になさるべしとの勅諚を、幕府に降《くだ》されたしと乞いたるは、堀田閣老その人にあらずや。かくのごとくに幕府の独裁制度は、嘉永六年以降漸々《ようよう》に変更して歩を進め、今日にてはおよそ外交内治の大事に関しては、上は朝廷に奏請を遂《と》げ、下は諸大名の同意を得て、しかる後に断行せざるべからざるの制度とはなりたるなり。これ実に大勢のしからしむる所なれば、幕府のために謀れば、この勢に乗じて改善し、以て巧《たくみ》に処理するの一事あるのみ。しかるを井伊大老は、大勢の趨《おもむ》く所を察するの明なくして、いたずらに独裁制度を保守せんと欲し、あまつさえそのために有為の人々を処罰し、以て病根を除かんと企て、かえってその処罰が幕府を衰滅せしむるの禍源たるを知らざりしは、井伊大老が大政治家たるの識見に乏しきがゆえなり。

さても間部《まなべ》下総守(詮勝)・酒井若狭守(忠義)・内藤豊後守(正縄)・小笠原長門守(長常)の諸人は、井伊大老の旨《むね》を承《う》けて、頻《しきり》に公卿に入説《にゅうぜい》せる諸士を京都に逮捕して、続々江戸に護送せしめたりければ、井伊大老は幕府の有司をして訊鞫《じんきく》せしめたり。そもそも幕府の制たる、かかる大獄は*五手《ごて》と名《なづけ》て、寺社奉行・町奉行・御勘定奉行(公事方《くじかた》)・大目付《おおめつけ》・御目付《おめつけ》の会議裁判に附するが例なれば、この度の大獄も勿論この五手立合吟味と定まりて、訊問を始めたるに、この時の寺社奉行は板倉(勝静)周防守《すおうのかみ》にて裁判の首座たり。ここに評定所留役組頭《とめやくくみがしら》(裁判官)木村敬蔵は、この獄を治むるの不可なるを陳《の》べて、大《おおい》にこの事を板倉伊賀守*および御勘定奉行佐々木信濃守(顕発)に論じ、意見書を呈したるに、板倉・佐々木はともにその意見を採用して、井伊大老*を諫《いさ》めたり。井伊大老は怒りて、直《ただち》に板倉・佐々木を免職し、木村敬蔵を甲府に謫《たく》し、さらにその旨を承《うけたまわ》るの人を選びてこれに代らしめ、厳に罪案を擬律《ぎりつ》しその極度までに至るべしと内訓したりければ、五手掛《がか》りは、大老の意を逢迎《ほうげい》して、十分の極度までに擬律して呈したるに、大老はなおもこれを不十分なりと思惟《しい》し、自から筆を採りて、おのおの一等を加え、遠流《おんる》は斬《ざん》とし、追放は遠流となしてこれを施行せしめたりといえり。この事の虚実如何《いかん》は知らざれども、後年、余は木村敬蔵(後に甲斐守、維新後は霞宿と号せり)について、親しく当時の状況を問いたるに、木村はもしこの獄を治むれば、その関係は尾張・水戸・越前・薩摩・土佐の諸大名に連及し、延《ひい》て朝廷の大臣公卿を累《るい》すに至るべし、しかる時は天下騒然として、志士の激昂を来たし、ついに幕府の覆滅を招くべし、その上にこの諸囚、たとい幕禁に触れたるの罪ありというとも、その心事を尋ぬれば、皆日本帝国の御為をと謀りたる赤心に出《いず》る者なれば、今日国家多事の時に際して、この志士を罰するは不可なり、すべからく寛典《かんてん》に処して、ことごとくその罪を免《ゆる》すべしとの意見なりき。しかるを井伊大老が、この意見を採用せずば、せざるまでの事なるに、そのために板倉・佐々木のごとき良吏を免職し、余がごときを幕吏懲戒《ちょうかい》例の極度にまで処したるを見れば、大老の決心の強さは、ずいぶん加《くわえ》等の硃《しゅ》筆《ひつ》を下されたる事もあらんかと往事を慨嘆したる事ありき。以て井伊大老が、この獄に関しての断乎《だんこ》たる決心を察するに足れり。

この獄の訊鞠《じんきく》は、安政六年の正月に始まり、その年の暮に及ぶまで*数次に処決せられたり。まず裁判の落着として、処刑せられたる諸人の中にて重立《おもだち》たるは左のごとし。

飯田左馬	有栖川宮《ありすがわのみや》御家来	押《おし》込《こめ》
山田勘解由《かげゆ》	青蓮院宮《しょうれんいんのみや》御家来	押込
伊丹蔵人	青蓮院宮御家来	中追放
六物空萬〔満〕	大覚寺門跡《もんぜき》御家来	押込
小林民部	鷹司殿家来	遠島

高橋兵部（後璹）	鷹司殿家来	押　込
三国大学（幽民）	鷹司殿家来	中追放
村　岡	近衛殿老女	押　込
若林木工	一条殿家来	京都并《ならびに》江戸構《かまい》
入江雅楽《うた》	一条殿家来	遠　島
山科出雲《いずも》	御蔵小舎人《ことねり》	永押込
富田織江〔部〕	三条殿家来	押　込
森寺因幡《いなば》	三条殿家来	中追放
森寺若狭	三条殿家来	中追放
*丹羽豊後	三条殿家来	中追放
春日讃岐《さぬき》	久我《こが》殿家来	永押込
安島帯刀《たてわき》	水戸殿家来	切　腹
鵜飼幸吉	水戸殿家来	獄　門
茅根伊予之助〔介〕	水戸殿家来	死　罪

鮎沢伊太夫	水戸殿家来	遠島
大竹儀兵衛	水戸殿家来	押込
長谷川惣〔宗〕右衛門	松平讃岐守家来	押込
長谷川速水《はやみ》	松平讃岐守家来	永押込
橋本左内	松平越前家来	死罪
吉田寅次郎	松平大膳大夫（長州）家来	死罪
頼《らい》三樹三郎	京都町儒者	死罪
飯泉喜内	旗本曾我権左〔右〕衛門家来、春堂養父	死罪
飯泉春堂	旗下曾我権左〔右〕衛門家来	押込
大沼又三郎	下田奉行手附出役《てつきしゅつやく》	押込
日下部裕之丞〔進〕	松平修理大夫（薩州）家来	遠島
日下部伊三次〔治〕	松平修理大夫（薩州）家来	死罪
大山公阿弥	松平修理大夫（薩州）家来	永押込、国元へ遣《つかわ》す
池内大学	京都町儒者	中追放

梅田源次郎　京都町儒者　（獄中病死）
菅野狷介　酒井雅楽頭家来　永押込
大久保要人〔要〕　土屋采女正《うねめのしよう》家来　永押込
奥平小太郎　松平豊前守家来　永押込
世古捨次郎　紀州殿用達《ようたし》町人　紀州領并《ならびに》江戸構《かまい》
勝野森之助　旗本*阿倍十次郎家来　遠島
藤森恭助　旗本古賀謹一郎家来　中追放
筧《かけい》承三　旗本*阿部土佐守家来　押込
茂左衛門　信州松本大名主《おおなぬし》　中追放
八郎　奥州伊達郡今原田村百姓　遠島

この外なお追放押込に処せられたるは多人数なりき。

次に行政処分を以て、幕府が懲戒《ちようかい》したるは、まず皇族公卿においては、

粟田口青蓮院宮（朝彦親王）　御慎《つつしみ》永蟄居
鷹司《たかつかさ》太閤殿（政通）　鷹司右大臣殿（輔熙）

*近衛(忠熙)右大臣殿　三条(実萬)内大臣殿　辞官落飾《らくしょく》慎《つつし》み

次に御一族および諸大名にては、

水戸(徳川斉昭)前中納言殿　老公　水戸に永蟄居
一橋(慶喜)刑部卿殿　御隠居御慎み
尾張(徳川慶勝)中納言殿　御隠居御慎み
水戸(徳川慶篤)中納言殿　御差控《さしひかえ》
松平(頼胤)讃岐守　高松　差控
松平(慶永)越前守　越前(春嶽)　隠居慎み
松平(山内豊信)土佐守　土州(容堂)　隠居慎み
伊達(宗城)遠江守《とおとうみのかみ》　宇和島　隠居慎み
堀田(正睦)備中守　元御老中　隠居慎み
太田(資始)備後守　元御老中　隠居慎み
板倉(勝静)周防守　寺社奉行　御役御免差控

次に幕府の諸有司にては、

本郷丹後守(泰固)	元若年寄	隠居減地慎み
土岐丹波守(頼旨)	元大目付	隠居慎み
*岩瀬肥後守(忠震)	元外国奉行	永蟄居
*永井玄蕃頭(尚志)	元外国奉行	永蟄居
川路左衛門尉《じょう》(聖謨)	元御勘定奉行	隠居慎み
鵜殿民部少輔《しょう》(長鋭)	元御目付	隠居差控
佐々木信濃守(顕発)	御勘定奉行	御役御免差控
黒川嘉兵衛	元御目付	御役御免差控
平山健次郎	元御《お》徒目《かちめ》付《つけ》御書物奉行	甲府勝手
木村敬蔵	評定所留役組頭《とめやくくみがしら》	甲府勝手

その他有為の士はおおむね皆退けられて、およそ幕府の俊秀は、この時において大抵井伊大老のために、一網に打《だ》尽《じん》されて政府を黜《しりぞ》けられたりければ、当時僅《わずか》にその禍を免れしは、水野筑後守(忠徳)・堀織部正(利熙)らの数人にして、これも外務専任の一隅に奉職したるに過ぎざりき。その余は斗筲《としょう》の俗吏にて、気概もなく、議論もなく、ただただ井伊大老の

意を奉承するの輩《ともがら》のみなれば、幕府を挙《あげ》て満廷一人の人物なく、万事みな大老の専決に出でて、誰ありてこれを諫諍《かんそう》する者もなかりけり。幕府の滅亡を招きたるもまた宜《むべ》ならずや。水野筑後守は常にこの獄の苛酷を嘆きて井伊大老が橋本左内を殺したるの一事、以て徳川氏を亡ぼすに足れり、いわんやその他を殺罰《さつばつ》したるにおいてをやといえり。この言実にその然《しか》るを知るなり。

井伊大老の外交

井伊(直弼)掃部頭《かもんのかみ》大老の時において、現行条約はその実施を始めたるなり。この条約は安政五年に締結したる条約にして、神奈川・長崎・箱館の三港は安政六年六月二日に開くべし(千八百五十九年七月一日に当る、ただし米は七月四日、仏は八月十五日との差異ありしかど、その実際は我《わが》六月二日を以て、米・英・露・蘭・仏・蒲*、六国のために同日に開港したるなり)とあれば、その開港事務を担当せる外国奉行および町奉行、御勘定奉行等は、安政六年の春初《はじめ》よりして開港の準備に忙《せ》わしく、頻《しき》りに内閣に対《むか》いて指令を仰ぐ所多かりしといえども、井伊大老はこの外交貿易の要務に関しては、さらに確乎たる所見も無くして、その底意はこの和親貿易は、原来井伊内閣が満足して取結びたる所にあらず、外国の事情に迫られて、やむをえず締結したる条約なれば、力の及ばんほどは、この条約の範囲内において縮小の方針を執るべし、貿易の方法のごとき、外人来往の便利のごとき、すべて為《な》し得べきだけは、彼を拘束して自由を得せしめざるようにせよというにありて、すなわち大老が以心伝心の秘密訓令にてはありしなり。

かくてこの間において代る代る外務大臣の職に当りたる外国御用掛の閣老は、太田《(資始)》・間部《(詮勝)》・脇坂《(安宅)》・久世《(広周)》の四老にして、締盟国の各公使は新たに江戸に駐在して公使館を設け、和親貿易の諸件について談判に及べるに、この諸老は一向に何事をも弁《わきま》え知らず、当面の案件はすべてこれを外国奉行等に問いて、その意見を聴き、その通りに答うるの木偶《もくぐう》たるに過ぎざりし。さてその外国奉行といえるも、当初には水野筑後守《(忠徳)》・岩瀬肥後守《(忠震)》・永井《(尚志)》玄蕃頭《げんばのかみ》・井上信濃守《(清直)》・堀織部正《(利熙)》の五人にして、当時その人を得たりしかども、岩瀬(*御作事奉行に遷《うつ》されて後に譴罰《けんばつ》せらる)・永井(*御軍艦奉行に遷されて後に譴罰せらる)はすでにその職を去り、井上*は神奈川(すなわち横浜)開港となれば下田港を鎖《とざ》すにつき、常に下田に祇役《しえき》し、堀*もまた箱館奉行が主任たるを以て同所にありて開港の準備に忙《せ》わしくして、ともに江戸にあらず、独り江戸にありてその局に当れるは、ただ水野筑後守一人ありしのみ。その他新任の奉行等は、外務はさておき、内政に関しても、さらに識見もなく経歴もなき凡庸《ぼんよう》幕吏にして、天下の大勢などは、夢にだも思想の及ばざる旗本役人なり。しかるを井伊大老は、あえてこれを憂いたる色もなく、外務を挙《あげ》てこの輩《ともがら》に任せたり(勿論幕吏中の有識有為の人々はことごとく黜《しりぞ》けられたれば、たといこれを求むるとも、当時人物は皆無の状なりき)。その三港を開くの初よりして、外務の困難なりしは、あえて異《あや》しむに足らざるなり。

顧《かえりみ》るに安政四年、米国全権ハルリスが国書を齎《もた》らして下田に来り、和親貿易の条約を請求したる時よりして、非開国論は囂々《ごうごう》として世間に起りたりけるが、水戸老公(徳川斉昭)はその地位においても、その名望においても、自から非開国論者の首領のごとくに仰がれて、およそ幕府の開国方針に反対せる諸大小名・武士・浮浪等は、皆老公の所説を聞きて方向を定めんと決心するまでに至れり。しこうして老公が当時の外交に於ける、(一)外国の全権を江戸城に入れ、将軍家の謁見を許さるること、しかるべからず、(二)外国公使を江戸に駐在せしむるは、敵を臥《が》榻《とう》の傍《かたわら》に居《お》らしむるに比しければ、はなはだ不可なり、(三)外国人をして、その宗教の礼拝堂を建築するの自由を有せしむる時は、我《わが》神州はついに邪教延蔓《えんまん》の地となりて、国体を危くすべし、決して許すべからざるなり、(四)彼我《ひが》人民直接の売買を免じて、その制限を置かざるは、きわめて危険なり、我国《わがくに》は必らず貿易のために国力を疲弊《ひへい》して斃《たお》るるに至るべし、厳に制限せざるべからざるなりといえるが主要の反対点にして、加うるに夷狄《いてき》無礼とか外夷猖獗《しょうけつ》とかいうがごとき漠然たる非難は、最も一般に感触して、嫌外《けんがい》の気風を呼び起したり。さればこの年(安政四年)ハルリスが初めて江戸に来り、蕃書調所《ばんしょしらべしょ》(九段坂下)を旅館として、条約談判のためにしばらく逗留したる時において、すでに攘夷党(水戸士人)の輩は*ハルリスを暗殺せんと謀り、その事早くも漏れて、幕府は警戒を厳にしたる事もありけり。これよりして人心不折合の一語は、幕府外交上の障碍《しょうがい》となり、ついに条約勅許を得るにあらざれば、非外交の気焔《きえん》を鎮圧すること能わざるの勢に至れり。爾時(安政四年十二月)川路(聖謨)左《さ》衛門《えもんの》尉《じょう》・永井(尚志)玄蕃頭の両氏が、条約の事情を陳述せんがために、将軍家の御使として、水戸邸に赴きたりし時に、老公*は大《おおい》に怒りて条約は予が与《あずか》り知る所にあらず、堀田(正睦)は不届《ふとどき》なり、堀田に腹切らせよと罵《ののし》られたるがごとき、幸に一橋殿*の調停を以て事なきを得たりしといえども、かかる気焔は実に非外交党をして鎖攘《さじょう》の決心を為《な》さしむるには、非常の勢力となり、漸《ようや》く攘夷の陰謀を助け長じたる所に、堀田の上京は失敗に帰し、井伊内閣は勅許をまたずして条約調印を断行し、加うるに密勅の事よりして大獄を起し、朝野の志士を殺戮《さつりく》し厳罰して、以て幕府独裁の権威を擅《ほしいまま》にしたりければ、幕府は怨府《えんぷ》と化し、ただに井伊大老を憎むのみかは、幼沖《ようちゅう》の将軍家までをも快からず思い奉りて、およそ幕府にとりて迷惑になるべき事を行い、以て井伊内閣を困難せしむるは、帝室の御為に、徳川氏の御為に、全国の為に、忠義を尽《つく》す者なりと誤り信じ、その難関たる外交に妨害を与うるを以て、無上の名策なりと謬想《びゅうそう》する事とはなりけり。これによって、開港の初よりして、横浜において、*露国の海軍士官を暗殺したるを手初《てはじめ》として、*横浜にても、*江戸にても、外国人殺害は頻《しき》りに行われ、その度ごとに、幕府は謝罪をなし、償金を出し、ついには実際において国権を侵蝕せらるるに及べり。これ井伊大老が自から為さしめたる兇暴にはあらざれども、人心を激昂せしめてこれを鎮静すること能わず、兇暴起りてもこれを抑圧するに能わざること、幕閣その責に任ぜざるべからざる上は、井伊大老あにその責なしというを得んや(露国士官暗殺の際には、水野筑後守《(忠徳)》は横浜に在勤したりけるが、井伊内閣は、外国公使より迫られて、その申訳のために、水野をば外国奉行より御軍艦奉行に*転任せしめながら、この人を去らしめては差支《さしつかえ》あるを以て、なお日々外国局に出頭を命じて、常に外交上一部の顧問に供したり。しかれども井伊大老がもとより容《い》れざる所の人物なれば、あえて大にこの人を用いて、外交の枢機に参与せしめたるにはあらず、実際の顧問とては、その股肱《ここう》の家臣中にもなく、要するに外務専任の閣老に放任したるに過ぎざりしなり)。

かくのごとくなれば、井伊内閣は外交上に関しては、これを処理するの宰相もなく百事当該官《とうがいかん》の俗吏に委ねたるがゆえに、その紛擾《ふんじょう》混雑は名状すべからざるの極に達し、事なければ外人の便利自由を防遏《ぼうあつ》するを旨とし、事あれば周章狼狽《しゅうしょうろうばい》して、彼が威迫に怖《おそ》れて、要求を納《い》れ、ますます彼が軽侮を招きて、幕府の政権はその価値を外交に失うまでに陥りたれども、井伊大老は恬然《てんぜん》としてこれを意とせざる者のごとくなりし。けだし意とせざるにはあらざるべけれども、一つにはこれに応ずるの方策もなく、人材もなきがゆえに、二つには大老の想念の内政にのみ専《もっぱら》にして、外交に及ばざるがゆえにてありけり。しかるに三港を開きてより、目前に顕《あら》われたる現象は、金貨濫出《らんしゅつ》と物価騰貴《とうき》の二事なりき。金貨濫出の事は、余かつてこれを『幕府衰亡論』及び『懐往事談《かいおうじだん》』に簡説したりと覚ゆれば、あらためてここにはいわず。当時我国《わがくに》通用の金貨*(小判一分)と銀貨(一分銀、一朱銀)との均合《きんごう》は金一と銀六との均合なれば、外人が金一と銀十五との均合の貨幣を以て交換し、その洋銀を以て交換し得たる一分銀を以て金貨(小判一分)を買えば、取も直さず銀六を以て金一を買い得るの実あれば、外人が開港場において頻《しき》りに金貨を買入れてこれを輸出せるは、さらに不思議にあらざるなり。その頃水野筑後守は、南鐐《なんりょう》銀《ぎん》を再興して一分銀を廃止し、以て金一銀十四の旧制に復せんと試みたれども井伊内閣には一分銀を廃止するの英断なかりしがゆえに、南鐐銀鋳造策は画餅《がへい》となり、尋《つぎ》て高橋平作(後に美作守)の議にて大に金貨の量を減じて改鋳《かいちゅう》し、以て銀十四に適応せしむるの方案を嘉納《かのう》したれども、断行すること能わず、僅に金貨(小判一分)を改鋳して、金一銀十の均合となしたるに止《とど》まりて(安政金貨)その外出を遏《とど》むるを得ざりき。次に物価騰貴は如何《いかん》というに、当時外人が開港場に来りて見出したるは、我国の生糸と銅の二種なれば、盛《さかん》に買入れたるがために、諸絹物および諸銅器は、江戸において、忽ちにその市価を騰貴してその他の諸物価にも著《いちじるし》く影響したれども(この騰貴は、その実金銀貨の均合より生じて、一言すれば諸物価は金とともに騰貴したるなり)、井伊内閣はこれを奈何《いかん》ともすること能わざりき。

従来鎖国論者が、外国貿易を我に不利益なりといえるの旨趣《ししゅ》を聞くに、曰く外国人はその無益の驕奢《きようしや》物品を我に売りて、その代価として、我《わが》大切なる金銀を奪い去る者なり(この説は従前より唱道せる所にして、*新井白石のごとき識者さえ、この説をなして銅の輸出に制限を置くの議を立てたりき)、曰く外国人は我国民に日用必須《ひつす》なる物品を買入れて、外国へ送り出すがゆえに、貿易を始むる時は、我国内の物価を騰貴せしめて、国民は大いに難儀に及ぶべきなりとて、輸入貿易にも輸出貿易にも、盛に異議を唱えたる所に、不幸にも金貨濫出とともに物価騰貴を見るに及びたれば、それ見たかとかの輩《ともがら》はあたかも前見の明《めい》あるがごとくに咆哮《ほうこう》して、以て井伊内閣を攻撃したるに、井伊大老が手を束《つか》ねてこの攻撃を甘受したるは何ぞや、けだし大老もまたその内心においては、この輩と見《けん》を同《おな》じくし外交貿易の事は前内閣の余弊《よへい》を受けたるがごとくに思惟《しい》せしがゆえなるべし。しからばすなわち井伊大老は、外交に関しては、初より一点の識見ありしにあらざるや明かなりというべきか。幸に万延元年正月に至り、幕府唯一の外交政治家とも称すべき安藤対馬守(信正)は、若年寄より閣老に昇りて、外国御用掛となり、外務大臣の地位を占め、漸《ようや》く外交の緒《ちょ》に就くを得たり。もし当時この人なかりせば、井伊内閣は外交上何らの国難を惹起《じゃっき》したるかを知らざるなり(安藤の事は後に叙すべし)。

初め岩瀬(忠震)・水野(忠徳)が米国全権ハルリスと条約を議せるに際し、その批准《ひじゆん》交換は華盛頓《ワシントン》においで行うべしと約したること、これハルリスの発議に出《いで》て、岩瀬が同意せる所にして、岩瀬は自らその全権となり、幕府もしくは諸侯中にて気概識見ある人々をも同伴し、以て親しく米国の開明を目撃せしめ、大に啓発せんと望みたりしに、岩瀬・永井(尚志)が黜《しりぞ》けらるるに及び、水野これに代りたり。水野もまた為し得べくば、水戸・越前諸藩の有志者をこの行に加えんと内々計画を運《めぐ》らしたるに、これも中途にて罷《や》められ、新見《しんみ》(正興)豊前守・村垣淡路守(範正)といえる両人の外国奉行、その任に当りて、*この年の暮に(安政六年)乗船して米国に赴きたりしが、いたずらに米国を見物したるに止まりて、直接には何らの功能もなく、岩瀬らが計画は水泡に属《しよく》したり。いやしくも井伊大老にして、外交に少しく着《ちやく》眼《がん》する所ありたらんには、あに凡庸碌々《ぼんようろくろく》の輩をしてこの使命に当らしむ事あらんや。以て井伊大老が識見の足らざるを知るべきなり(ただし小栗豊後守(忠順)(後に上野介《こうずけのすけ》)・*勝麟太《りんた》郎《ろう》(後に安房守、勝伯爵)・福沢諭吉の諸人が、この行に加わりて、大にその識見を開きたるがごときは、もとより井伊大老が期せし所にはあらざりしなり)。かくのごとくなれば、井伊大老はその外交において、初より一個の定見だも無きを以て、外交政治家としてはさらに取るべき所なしといわざるべからず。

却説《かえってとく》、井伊大老はすでに大獄を治めて後、安藤対馬守をして水戸邸に就き、しばしば勅書返納の事を促さしめたりければ、水戸殿(慶篤《よしあつ》卿)は幕命を奉じて、これを返納せんと思われしかども、尊攘論の水戸藩士は、抗議してその命を奉ぜず、老公これを憂い、書を以てその輩を誡諭《かいゆ》せられたれども、老公の誡諭にも従わず、あたかもこの勅書を以て攘夷実行を宣布せらるるの大詔《たいしょう》のごとくに思いなして、さらに返納するの色もなく、あまつさえ不穏の兆《きざし》を顕《あら》わしたりければ、老公は大に戒厳せざるべからずとて、その巨魁《きょかい》たる高橋多一郎・金子孫二郎を捕えてこれを罰せんとせられたり。二人はこれを知りて水戸を出奔し、長岡駅に拠り、その同志を嘯聚《しょうしゅ》す。老公は兵を発してこれを討たしめたるに、その徒は敵せずして皆散じたり(万延元年二月下旬の事なり)。幕府はこの報告を得て、会津および常総の諸侯に命じて、兵を出してかの浪士輩の兇行に備えしめたりしに、かの浪士等は江戸に潜《ひそ》み来りて事を謀り、無慙《むざん》にもその年三月三日、桜田門外の雪中に待受て、井伊大老を襲撃し、幕府の大宰相を殺害するの暴挙を行い、井伊大老は兇刃に斃《たお》れ、死を以てその専断の価を償いたり。ああ井伊大老の幕政における、その行為は正《まさ》しくかくのごとし。その功罪如何《いかん》に関しては、世自《おのず》から定論のあるあれば、余はここに贅言《ぜいげん》せざるべし。要するに非幕府論者は井伊大老が行為を見て、ことごとく罪過のみと断定し、幕運の傾けるを以て、直《ただち》に井伊の罪なりというものは、当事〔時〕の事情を知らざるの言のみ。しかれども井伊を以て開国の卓識者なりと称賛して置かざるものも、またその真情を通暁《つうぎょう》せざるの評なるのみ。もし井伊の果断を以て世議を容《い》るるの雅量あらしめば、内政の整理もその功を奏せしなるべく、井伊をして岩瀬(忠震)諸人の説を聴きて外情に通じ、よく当時の人才を用うるを得せしめば、外交上また観るべきの跡ありしならんに、事全く乖戻《かいれい》して、幕府の独裁政権はその大老とともに滅するに至れること、悲しからずや。しかれども井伊大老もまた幕末の一大政治家なるかな。

水戸斉昭卿

水戸中納言斉昭《なりあき》卿は（すなわち水戸老公）、井伊（直弼）掃部頭《かもんのかみ》が水戸浪士の兇刃《きょうじん》に罹《かか》りて、桜*田門外の雪と消えられたる後、五ケ月余にして、水戸城中に薨《こう》ぜられたり（万延元年八月十五日）。幕府にては、井伊元老、横死《おうし》の後、斉昭卿の病劇《げき》なりと聞《きこ》し召《めし》て、その永*蟄居《ちっきょ》を解かれ、同時に尾張*前中納言（慶勝卿）・徳川刑部卿《ぎょうぶきょう》（慶喜《よしのぶ》公）・松平春岳《しゅんがく》（越前）・松平容堂（山内豊信）（土州）の謹慎をも解かれ、水戸*中納言（慶篤《よしあつ》卿）の帰省をも許され、斉昭卿の薨後には烈公と謚《おくりな》せられたり（以下すべて卿の御事を烈公と書す）。当時江戸市中にては、烈公の薨去に関しては種々の浮説どもありて、はなはだしきは彦根藩士の某といえる者は、掃部頭の横死を以て、烈公の指嗾《しそう》に出でたりと一途《いちず》に思い込み、その仇を報ぜんとて、植木屋職人に姿を変て、水戸城中に忍び入り、木鋏《きばさみ》を以て公を撃《うち》て殺したるなりといえる小説的流言さえありて、世に伝えられるほどなりき。それ桜田における井伊大老の殺害は、水戸藩士、高橋（多一郎）・金子（孫二郎）等の党与《とうよ》が、烈公の教誡をも奉ぜずして勅書返納の命を拒み、あまつさえ長岡に屯集《とんしゅう》して水戸家の使者を脅かし、無謀の鎖攘《さじょう》を挙げんと企て、追討まさに迫りてその身を容《い》るるの地なきより、走りて江戸に来り、窮迫の余りにこの暴挙に及びたるは、争うべからざるの事実なれば、烈公においてかかる暴挙を指嗾《しそう》せられたる事なきは論をまたずして明かなり。また烈公の薨去は病のためたりしこと、当時その看病を勤めたる諸士の数輩《すうはい》なお今日に生存して備《つぶさ》に語る所にして、彦根藩士の暗殺などとは決してあり得べからざるの事なり。ただしかかる浮説の世に行われたるを見ても、水《すい》・彦《げん》両家の間においてその感情の如何《いか》なりしを察するに足るべし。当時の状勢を回想するに、水・彦両家へ向い幕府より厳達ありしにかかわらず、彦根藩士が復仇《ふくきゅう》のために大挙して水戸邸を襲うべしといえる風説頻《しき》りなりければ、水戸にては藩の諸士ども激昂して、藩庁の命をもまたず、陸続江戸へ馳上《はせのぼ》らんずる有様なりと聞き、烈公は直書《じきしょ》を以てその妄動《もうどう》を戒められたり。その書中に井伊病死の振合《ふりあい》に相成り、＊家督相違なく仰付《おおせつけ》らるる上は、此方《こなた》屋敷へ寄せ来り、または中納言（徳川慶篤）登城先等にて、刃迎《はむか》い候事はあるまじく、井伊は家来筋、此方は主君筋に候えば、公辺《こうへん》にてただ御捨置《すておき》遊ばされざる井伊に候えども、もし先々《さきざき》家来と此方《こなた》家来と出会いの節、刃傷《にんじょう》に及び候事などは、何とも安心いたさず候、いずれにも此方は仇持《かたきもち》と申す者につき、一同講堂へ出で武術出精いたすべく候、江戸政府より達《たつし》これなき内は、罷《まか》り登り候うては決して相成らず候とあり、この仇持の一語以て当時の人心を推察するに余りあるべし。しこうして幸に水《すい》・彦《げん》両藩の紛争を見るに至らざりしは、幕府が*弥縫《びほう》手段を用いたると、彦根藩が幕府に臣従の大節を重んじたるがゆえなるのみ。

さて水戸烈公の事に関しては、当時より今日に至るまで、その毀誉褒貶《きよほうへん》さらに帰着する所なし。烈公を景慕する輩《ともがら》は、烈公を以て維新の大功臣と称し、中興の大祖師と崇《あが》め、その功徳広大無量なりと、さながら神か仏のごとくに頌賛《しょうさん》しておかざれども、またこれに反して烈公を忌嫌《きけん》せる輩は烈公を以て徳川幕府を仆《たお》したる巨魁《きょかい》なりと罵《ののし》り、功名のためにその説を左右するの権謀家なりと評し、宗家を誤るの不忠不義を顧みざる利己的策略家なりと論じて詆譏《ていき》をきわめて余さざるに及びたり。しかれども、余が視る所を以てすれば両者ともにその正鵠《せいこく》を得ずしてその極端に走り、以て烈公を妄評するの徒なるのみ。烈公畢生《ひっせい》の事業について観察するに、烈公はさせる大賢人にもあらざれば、させる詐術家にもあらず、人間普通に免れざる醇疵雑駁《じゅんしざつぱく》の人なりといわざるべからず。そもそも公の言行においては、余といえども感嘆に堪えざる事もあり、また敬服し難き節も鮮《すくな》しとせず、しかれどもここには、烈公の人となりを叙するにはあらずして、烈公が政治家としては如何《いかん》というを議するに止《とど》まるを以て、余は単にその政治上の得失に視域《しいき》を限らざるべからざるなり。しこうしてこの視察においては、余は烈公を評して政治家たるの資格を完備したる人にはあらざりしというを憚《はばか》らざるなり。それ烈公は水戸藩侯にして、実に御三家のその一たり、天下の名望を負い幕府の柱石《ちゅうせき》たらんこと、手に唾《つば》して成し得べきの地位に立てり。顧《かえりみ》るに慎徳院殿(家慶《いえよし》公)の初政に当り、烈公は鋭意して藩政の改革を行い、将軍家の称誉を蒙られたるに、一年ならずして、*隠居蟄居の譴罰《けんばつ》を得て駒籠《こまごめ》に退隠せられたること、将軍家の処置あたかも手の裏を返すごとくにして、あるいは*水野越前守(忠邦)の忌嫌《きけん》に出でたりとも、あるいは後宮の讒訴《ざんそ》によれりとも云い伝えて、頻《しきり》に烈公のためにその冤《えん》を鳴らせども、烈公もまた自からその禍《わざわい》を取られたるの跡なしとせざるなり。何ぞや。曰《いわ》く烈公が幕府の嫌疑を避る事を知らずして、かえって讒構《ざんこう》の材料を供せられたる事これなり。かの天保・弘化の時代を顧《かえりみ》よ、外患はまさしく*危急に迫りたりとはいえ、そは識者の眼に映じたるまでにて、天下一般は、恬然《てんぜん》として太平の安逸に耽《ふけ》りて、さらに国家の事に注意するものなく、たまたまこれを論ずるの志士あれば、すなわち横議して人心を蠱惑《こわく》するの罪人としてこれを*厳罰し、勉《つと》めて無事を粧《よそお》えるの時にあらずや。しかるに幕府には水野越前守ありて、この秕政《ひせい》を釐革《りきよう》せんと謀《はか》る、これ烈公が乗じて以て志を展《の》ぶべきの秋《とき》なり。烈公にして、雅量ありてその胸襟《きようきん》を披《ひら》き、水野を籠絡し、相率《ひきい》て以て将軍家の信任を固くせば、ただに水戸三十余万石の領地の改革のみならで、大《おおい》に天下を釐正《りせい》するを得べかりしに、烈公の器局はここに至らずして、水野をば我薬籠《やくろう》中の物となすほどの能事もなく、水野もまた烈公の心を傾けしむるほどの才略なかりければ、いたずらに両雄対峙の状をなしたること、余は烈公のためにその狭量なりしを惜むなり。次に烈公の行為を見るに、いやしくも武備を拡張せんと謀らば、人目に立たざる手段は何ほどもあるべきに、ことさらに甲冑をよろい剣戟《けんげき》をきらめかして意気揚々たること、これあに幕府の嫌疑を招く所以《ゆえん》にあらずや。惣《そう》じて幕府保守の時代において国政の改革を行わんには、一利を興《おこ》さんよりは一弊《いちへい》を除くにしかずといえる格言に則《のつ》とり、人心に戻らず世論を駭《おどろ》かさずして、漸次に成功の功夫《くふう》をなすこそ政治家の秘訣なるべけれ。しかるを烈公も水野もともにこの秘訣を知らず、頻《しき》りに速成を求むるに急にして、ために物議を招けるにその揆《き》を一にしたり。しからばすなわち烈公弘化の失敗は、公が自ら取れる所にあらずして何ぞや。もしそれ同じ失敗ながらも、その優劣如何《いかん》と問わば、むしろ水野越前守の改革を以て烈公よりも一籌《いっちゅう》を嬴《えい》したりというべきか。

烈公の蟄居、その禍根はいずれより来りしにせよ、当時の幕閣は阿部伊勢守(正弘)首座にてありければ、阿部その責任を免れざるなり。しこうして阿部は烈公蟄居の事を中心に不得策なりと考えたりと見えて、勉めて烈公を慰藉《いしゃ》し、将軍家(家慶公)と烈公の御中を和《やわ》らぐる事に尽力せしは、余が阿部を叙したる辺に記せしがごとし。この際に当り烈公が阿部に対して隔意なく諸事の相談に及び、将軍家の信任を得るを以て第一の目的とせられたるがごときは、了得《りょうとく》に烈公が群に秀《ひい》でられる所なりといわざるべからず。この点においては、余は烈公の耐忍と謙抑《けんよく》とに富めるに敬服したり。政治家たるものが、逆境より出《いで》てまさに順境に移らんとには、実にかくぞあるべき事なる。ただし烈公*が水戸藩内の事情につき、その内訌軋轢《あつれき》の状を具して、阿部(正弘)内閣の声援を乞われたるに至りては、往々世論のある所なりしといえども、余は、公が阿部に隠す所なくして、その苦心を述べられ、阿部もまた公の苦心を察して、周旋の労を執《と》れるを見て、ただに公の徳を損せざるのみならず、御三家と閣老との間は、かくのごとくにして初めて可なりとするものなり（この間烈公の具陳《ぐちん》には、頗《すこぶ》る瑣細《ささい》の事に渉《わた》りて感服し難き節もあれど、これこの公の癖と見ればそれまでの事なるのみ）。

さてまた烈公の外国に対する方針は純乎たる鎖攘《さじょう》にありといえること、万口《ばんこう》同音の定論なりといえども、余が見る所を以てすれば、*烈公はあえて一途に鎖攘説を墨守《ぼくしゅ》せるの頑固攘夷論者にはあらざりしなり。もっとも烈公が外国の事を憂いられたるは、*癸丑甲《きちゅうこう》寅《いん》に始まるにあらず、天保・弘化の頃よりして、幕府に対《むか》いてしばしば防海警備の事を論ぜられたり。その論趣は今日より観れば、往々迂闊《うかつ》の嗤《し》を免かれずといえども、烈公に左右せるもの、一人の公を啓発するものなかりしがゆえに、公の識見自《おのず》から狭隘《きょうあい》なりしこと、決して異《あや》しむに足らざるなり。けだし烈公が、（一）外国はことごとく我日本を覗覦《しゆ》するもの、（二）外国貿易は我日本を疲弊《ひへい》せしむるもの、（三）外国は専ら邪教を以て我日本国民を蠱惑《こわく》するものと信ぜられるは、*天文より慶長に至れる間の外交歴史に徴してしかる所なれば、一概に評して迂遠《うえん》なりとはいうべからず。要するに宇内大勢の変遷《へんせん》を知らざるゆえに、膠柱《こうちゅう》の狐疑にその明識を誤られたるのみ。しかれども当時この誤《あやまり》を懐《いだ》けるもの滔々《とうとう》たる天下皆これなり。あに独《ひとり》烈公一人のみならんや。さて嘉永六年(癸丑六月)米国ペルリが軍艦を率て我海門を敲《たた》くに臨みては、*朝野驚愕して処措《しょそ》の如何を知らず、烈公は書を裁して阿部に送り、面談すべき旨を自薦《じせん》せられたること、その六月七日越前侯(春嶽)へ寄せられたる書中に、

右に付、昨日書面のみにては行届兼《ゆきとどきかね》候故《ゆえ》、不レ苦候《くるしからずそうら》はゞ昨日にても今日にても登城の上、勢州(阿部正弘)等へ面談可レ申《もうすべし》と申遣《もうしつかわし》候処、今に何とも不ニ申来一候《もうしきたらずそうら》へば、愚老には聞候に不レ及《およばず》との了簡《りょうけん》と奉存《ぞんじたてまつり》候、尤《もっと》も五日夜には内々了簡有之《これあり》候はゞ、申聞《もうしきけ》候様阿部より申来《もうしきたり》候故、一通りは申遣候へども密策は認め候儀も六ケ《むずか》敷《しく》(中略)阿閣(阿部正弘閣老)等にて早く拙老を呼《よび》候て面晤《めんご》致《いたし》候はゞ、乍レ不レ及《およばずながら》一昨年頃より密策存《ぞんじ》候事も噺《はな》し可申《もうすべき》処、はや願書も御受取に相成候上《あいなりそうろううえ》はチト遅く候、(中略)斯《かか》る一大事の時に候へば老中へ不レ申直《もうさずじき》に登城いたし逢《あい》候ても宜《よろ》しき訳に候へども、此世《このせ》態《たい》ゆゑ左様も致兼《いたしかね》候……

とあり。さればこの夜(六月七日)阿部伊勢守が、駒籠邸に赴きて烈公に面談したること、

もとより阿部が、御病中ながらも将軍家の台諾を得ての事とはいえ、烈公が熱心に面談を望まれたるに出で、阿部もまた烈公の事ゆえ、多少の良図《りょうと》もこれあるべく、中にもその揚言せらるる密策こそ阿部が尤《もっと》も聞かんと欲せし所なりしならん。しかるに阿部が烈公に面談するに至りて、けだし阿部も烈公も、相互に案外の思《おもい》をなしたるか。そのゆえは烈公が越前侯へ送られたる書翰《しょかん》に、

（上略）昨夜俄《にわか》に勢州（阿部正弘）隠宅へ参り、色々勢州よりも承はり、尚又《なおまた》愚存も申聞《もうしきけ》候。乍併《しかしながら》察するに苟且《こうしょ》に落入可申候《おちいりもうすべく》、乍レ然夫《しかしながらそれ》も無レ拠事《よんどころなきこと》も有之《これあり》候（中略）密策も勢州へ申事は申候へども迚《とて》も行はれ候事は有之間敷《これあるまじく》（下略）

とあるを見て察知すべければなり。さるにても烈公の密策とはそもそもいかなる名策かと尋《たず》ぬるに、これもその書翰に、

愚老密策とて外《ほか》には無之《これなく》、弥々《いよいよ》戦争に相成《あいなり》候と御見抜の上は、彼が申品《もうすしな》に寄云《よると》々、扨《さて》人も船も不残《のこらず》取り候て然《しか》るべく、左《さ》候へば直《じき》に四艘の御船も出来《しゅったい》、それへ積《つみ》候筒《つつ》も御手に入り候故云々申候処《うんぬんともうしそうろうところ》、相成《あいなる》たけ苟安《こうあん》にて御帰しの御評議中々《なかなか》拙老申す事は不レ被レ用様被存候《もちいられざるようにぞんぜられそうろう》……

とあり、＊米艦四隻は手を濡らさずしてこれを奪うの策が、すなわち烈公の密策なりとすれば、これ取りも直さず林子平が「＊海国兵談」の名策中より来れるものにして、いやしくも外国軍艦の如何を目撃せる者は、捕風の論としてこれに同意せざること勿論なり。阿部が兵事に暗《くら》きも、いかでか容易にこの密策に左袒《さたん》して、国難を惹起す事をあえてせんや。

烈公が御用の儀あらせられ候間《あいだ》当分の内《うち》隔日御登城あらせらるべき旨の台命を蒙られたるは、この年（嘉永六年）七月三日の事なり。この際烈公をして幕政の顧問に備わらしめたるは誰の発意なりやというに、疑《うたがい》もなく阿部の発意なるべし。けだし将軍家（家《いえ》慶《よし》公）は六月二日より病に罹《かか》らせたまい、＊七月下旬を以て薨じたまえり。しかるを幕府の例として、御葬送準備のために、その喪を秘して発せず、なお御病中の体《てい》になして、烈公にこの台命を降《くだ》されたるはあるいは将軍家の御遺命なりとも言伝《いいつた》うれども、当時の御容体といい、また現に御枕辺に侍したる近臣の直話《じきわ》によるも、阿部へ御遺命の事などはさらになかりしといえり。されば阿部はすでに将軍家には後《おく》れ奉り、西城公（家定公）はかたのごとき御方にて渡らせたまえば、今は外国の事につき命《めい》を聴くべき所もなく、また大事を謀《はか》るべき方もなきゆえに、たとい和戦の主義において、相異なる論点はあるにせよ、当時御三家中の元老にして世望ある方なれば、かくは烈公を招したるなるべし。ことには烈公も御登城ありて、親しく外国の事情を聴かせたまわば、かの密策論のごとき迂遠《うえん》の説も自《おのずか》ら消滅して、国難を起さずしてこの難関を過渡するの策も、烈公の胸中に浮び出ずべく、しこうして烈公さえ非戦論に傾かれなば、諸大名の意見も自から和議に帰着すべしと、前途の事を考えて、烈公を幕帷《ばくい》の中に入らしめたるものか。

烈公はもとより無謀の鎖攘論者というにはあらず、ずいぶん時勢をも斟酌《しんしゃく》せられたり、その越前侯に送られたる書中に(五月六日)、

苟安姑息《こうあんこそく》の御了簡《りょうけん》にて交易を御済《すま》せに相成《あいなり》候か、又は少々不毛の地にても御貸渡《かしわたし》被レ遊《あそばされ》候はゞ、最早夫切《もはやそれきり》、さればとて今は打払《うちはらい》も機に後《おく》れ候……当今《とうこん》にては拙老は打払《うちはらい》は不レ宜《よろしからず》、交易・地貸は尚不レ宜《なおよろしからず》と奉　存《ぞんじたてまつり》候……

とあり、また阿部への書翰を添《そえ》て幕府へ差出《さしいだ》されたる「海防愚存」の中にも(六月九日)、

……拙策御用《おんもち》ひに相成り候事にも候はゞ、和の一字は封じ候て海防掛《かいぼうかかり》ばかり而已《のみ》に致し度《たき》事に候、右故《みぎゆえ》本文には和の一字は一切認めず候……

とあり、以て烈公が和を非認するにあらざるを知るに足れり。それ烈公の外交におけるや、外国に威迫せられ、やむをえずして和議を肯《がえん》ずるは、和にあらずして降《こう》なり、真の和親は、議協《かな》わざる時は我に戦うの覚悟ありて談判に及び、我主となりて議してこそ和の要を得べきなれというが主論にして、実に独立国の体面と実権とを必要とせる千古不抜の卓論なり、すでに「海防愚存」にも、

当世の態《さま》にては戦は難《かた》く和は易《やす》く候へば、戦に御決しに相成り天下一統戦を覚悟いたし候上《うえ》にて、和に相成候へば、夫程《それほど》の事は無く、和を主に遊ばし万々一《まんまんいち》戦に相成り候節は、当時の有様《ありさま》にては如何《いかん》とも遊ばされ様は無レ之《これなく》候……

とは議せられたり。これによりて烈公の意中を察するに烈公は初《はじめ》より米国全権ペルリが軍艦を引卒して盛に兵威を示せるは、真実に戦を挑むにあらずして、畢竟我国《ひつきようわがくに》に向って脅嚇《きようかく》を試るの手段なれば、幕閣決してこれに恐怖することなかれ、我もまた及ぶほどの軍備を整えて、防戦の覚悟を十分に極め、さてそれよりして、正々堂々かの全権に応接すべし、しかる時に我国威を損せずして至当の和議も整う事を得るの好結果あるべし、もし不幸にして議協《かな》わざるがために開戦に至らば、よしや我国一旦は敗衄《はいじく》するとも、そ

のために我国一般の士気を憤起して敵愾《てきがい》の心を養成し、以て他日の国運に利益あるべしと信ぜられたるなり。

この前段の趣意においては、阿部も頗《すこぶ》る同意なれども、後段の議協《かな》わずして開戦に至らば云々の冒険は、阿部内閣が断意して行うこと能わざる所なれば、その同意せざるも決して不思議にはあらざるなり。その上に烈公の開戦に至りての計策は、実に取るべきほどの策とも思われずして、彼をも知らず己《おのれ》をも知らざるの状あれば、幕閣が烈公の説を聞きて、これ危道なり安全の計にあらずと斥《しりぞ》けたること、是非なき次第なりというべし。これゆえに翌安政元年の横浜条約よりして、烈公が外交上につきて、常に幕府の処置に不満を懐《いだ》き、ついに鎖攘にのみ傾かれたるがごときも、勢の然《しか》らしめたる所なるか。

水戸の党派　烈公御家督の事情
烈公の国政改革
烈公の京都手入

水戸斉昭《なりあき》卿(烈公)が政治上の得失を叙するに当りては、まず水戸藩士党争の概略を叙して、その情勢を詳《つまびらか》にせざるべからず。けだし徳川幕府封建の時代にありては、藩士党派の軋轢《あつれき》は、いずれの藩においても、多少免かれざる所なりといえども、その軋轢の激烈なる、水戸のごときは太《はなは》だ罕《まれ》なりき。水戸一藩内にては、上は家老・用人よりして、下は学校の諸生に至るまで、皆ことごとく党派の渦中に巻籠《まきこ》まれて、相互に敵となりて争いたりければ、烈公の名望威力を以てするも、これを協和して一団たらしむるを得ず、往々その党勢に障碍《しょうがい》せられて意を達するを得たまわざりしがごとし。

これを聞く水戸*党争の濫觴《らんしょう》は、夙《つと》に寛政の初年に発《おこ》れり。水戸第二世光圀《みつくに》卿(義公)は

「*大日本史」編修の大業を起して、その緒《ちょ》に就《つ》かれたりければ、綱条《つなえだ》(水戸三世粛公)*・宗尭《むねたか》(同四世成公)・宗翰《むねもと》(同五世良公)の諸卿相続《つぎ》てその志を継ぎ、治保卿《はるもり》(同六世文公)の時に至り、立原《たちはら》甚五郎(名は萬《よろず》、翠軒《すいけん》と号す)を挙《あげ》て修史総裁となし、速《すみやか》に上梓《じょうし》の事を行わしめんと欲したり。*立原議建して曰く、従前の史官等が修志々々といいて、歳月を曠《むなし》くし、ついに脱稿せざるがゆえに、紀伝のすでに成るものをして、未だ天下に公《おおやけ》ならしむるを得ず、それ義公の志は専ら紀伝にあり、志表のごときは余事のみ、よろしく速《すみやか》に紀伝の定稿を校訂して上梓せらるべきなりと。治保卿この議を納《い》れ、義公(徳川光圀)百年の忌辰《きしん》を以て(寛政十年)、紀伝浄写八十巻を廟《びょう》に献ぜられり。

ここに藤田次郎左衛門(名は一正、幽谷《ゆうこく》と号す、有名なる藤田東湖《とうこ》の父なり)といえる者あり。もとは立原の門人にして修史の事に与《あずか》りけるが、同僚高橋又一郎(広備)と連署して書を上《たてまつ》り、修史に志表の要を論じて、大《おおい》にその師立原の議に反対したるがために、修史館中の一大議論となりて、ついに卿の親裁を仰ぐに至れり。卿は藤田・高橋の議を*道理ありとして採用し、尋《つぎ》て立原の総裁を罷《や》め、藤田・高橋をしてこれに代らしめたり。治紀卿《はるとし》(水戸七世武公、すなわち烈公の父なり)に及びて藩政を釐革《りかく》するに当りて、また藤田・高橋の議を容《い》れられたりければ、立原門下の士と、藤田・高橋の諸士とは、ますます反目して相軋《きし》り、その初《はじめ》は文学上の争《あらそい》に止まりたるも、今は政治上の争となりて相互に異議を立て、ついに青年諸生までも、彼は幽谷《ゆうこく》派なり、これは翠軒《すいけん》派なりと、旗幟《きし》を分ちて相争えるに至れり。このために一方においては士風を粋励《すいれい》せるの益を見たるも、一方においては党派軋轢《あつれき》の禍因を養成したりけり。

斉脩《なりのぶ》卿(水戸八世哀公、すなわち烈公の兄)の時に、立原翠軒も藤田幽谷も相尋《つぎ》て死したれども、幽谷門下には会沢恒蔵あり、翠軒門下には小宮山楓軒《ふうけん》ありて、牛耳《ぎゅうじ》を取り、依然相峙《じ》してますます相争えり。しこうして斉脩卿の侍読《じどく》は、川口嬰《緑野》卿(翠軒派)なりければ、自《おのずか》ら文雅風流なりけるが、斉昭卿(烈公)の侍読は、会沢恒蔵なりしを以て、経世実学を旨とし、薫陶《くんとう》の然らしむる所は、大に両公の気風を異にしたるなりといえり。

かくて斉脩卿は、文政十二年を以て薨《こう》ぜられしが、御子とては御座《おわし》まさず、時に将軍家(文恭院殿家斉《いえなり》公)には公達許多《きんだちきょた》ましまして御家門・外様の諸大名へ、皆それぞれ御養子に遣わさる。今度水戸家においても、相続の御実子なきを以て、将軍家にはその公達の中を以て御養嗣《ごようし》にと内々思召《おぼしめ》し、水戸の家老中にも、柳営の台意を邀《むか》えてその事に及ばんと内議したり。しかるに斉脩卿は、我なからん後は、他より養子をなすべからず、我弟敬三郎殿(斉昭卿、烈公)を立て参らせよと、近習番《きんじゆうばん》岡井富五郎・青山量介等に密《ひそか》に遺書を下され、*御簾中《ごれんちゆう》(将軍家の御娘)へも同じくその事を書き残し置かれたりければ、水戸においてはこの通知を得て、会沢恒蔵、藤田虎之介(幽谷の子)・杉山千太郎等数名(いずれも幽谷派)相謀《はか》りて、家老山野辺兵庫を説き、相率《ひきい》て江戸へ馳上《はせのぼ》り、かの御養嗣論の邪説を打破《うちやぶ》りて、ついに烈公を立《たつ》る事に定めたり。

勿論この同志中には、翠軒派の人々も加わりたれども、幽谷派その発企となりてしかも多数を占め、忠節の績《いきお》を奏したるにより、当時よりこの輩《ともがら》を名づけて天狗《てんぐ》党と呼做《よびな》し、後にはついに一種の党派を以て目するに至れり。かくのごとく、すでにこの党派に忠義の名あれば、これに反対する輩に下すに奸邪《かんじや》の目を以てするは自然の勢《いきおい》にして、我は有志家なり、彼は旧弊家なりと擠排《さいはい》して、その極は水戸の党派が刀槍を仮《か》りて相争うに至りしこと、すなわちこの時に胚胎せりというべきか。これを要するに、烈公は幽谷派天狗党の力によりてこそ、水戸の御家督には立ちたまいたりけれと云わんもけだし不可なかるべし。

烈公の国政改革

烈公の藩政上における意見を覚知せんと欲せば、会沢の学風議論を識《し》らざるべからず。およそ烈公の意見は、その幼時よりして侍読せる会沢が啓沃《けいよく》せる所にして、ただにその藩政に止《とど》まらず、幕府の大政に対する意見も、尊王攘夷の議論も、皆会沢の理想が、烈公を醇化《じゅんか》したる所あるがごとし。されば烈公の初政たる、まず名門巨室の閥閲《ばつえつ》を廃して専ら人材を登庸《とうよう》し、いわゆる鵜殿平七、戸田銀次郎(忠敞)(後に忠太夫、蓬軒)・武田彦次郎〔九〕(伊賀守耕雲斎)・青山量介(延于《のぶゆき》)・会沢恒蔵(安《やすし》)・藤田虎之介(彪)のごとき皆一時の選たるにかかわらず、*その藩士に綿服の令を布《し》き、*甲冑調練をなし、*弘道館を新設し、*門閥を譴罰《けんばつ》し、*寺院を淘沙《とうさ》せられたる良政はすなわち良政なるべしといえども、果断はすなわち果断なりといえども、静《しずか》にその跡を察すれば、実務の利害を審《つまびらか》にしての改革といわんよりは、むしろ学問上の理想を実施せんと試みたるもの、多に居《お》るがごとし。これその施政ややもすれば急激に走りて、往々中外の物議を招きたる所以《ゆえん》なるべし。

この時に当り、ことに藩士の人心を激昂したるは、学制改正と門閥減禄の二事なりしがごとし。烈公が弘道館に祭神を安置し、専ら神州の道を奉じ、支那の教《おしえ》を資するの主旨を以《もって》せられたるは、疑《うたがい》もなく会沢が主張せる藤田幽谷《ゆうこく》の遺説なれば、その行わるるに及びてや、かの翠軒《すいけん》派の文士・学者は皆排斥せられて用いられず、加うるに*在水戸の巨室、すなわち家老・用人の家柄たる諸人は、烈公の住国を喜ばずして番頭・物頭《ものがしら》等を語り誘い、烈公の在江戸を請願し、しからざれば先に収められたる減禄をばもとのごとくに復せらるべしと連署して具申《ぐしん》したるより、大《おおい》に公の怒《いかり》に触れ、小山・伊藤・額田・岡崎などいえる重臣等は譴罰減禄の沙汰を被《こうむ》りたり。さなきだに、烈公が戸田(忠敞)・藤田(東湖)等新進の士を用いて、旧慣の政治を急激に改革せらるること、世臣・巨室が挙《あげ》て悦ばざる所なるに、今またこの譴罰を受けてさらに一層の不平を増し、あわれ世臣の家柄中に、誰か首領となりて、かの戸田・藤田等に敵するほどの健腕才子のあれかしと望みたる所に、有名なる結城《ゆうき》寅寿《とらじゅ》こそ出たりけれ。

この結城寅寿は、世々千石を領し、代々家老にも登り、叙爵をもする家柄なりければ、翠軒派および門閥派の不平を懐《いだ》ける輩《ともがら》は、頻《しき》りに結城を説きて新進の士に抗せしめんと謀れり。結城、年少の頃より才智非凡にして、文武に通じ、大に紈袴《がんこ》子弟の風に異なりてその頭角を露《あらわ》したれば、烈公の信任を得て抜擢せられ、壮年にして執政の員に列したりければ、常に藤田・今井（金右衛門）・武田（耕雲斎）の諸人と相軋《きし》り、時機もあらば、戸田・藤田を初め、その余新進の諸士を擠陥《さいかん》せんとは待構《まちかま》えたり。

しかるに幕府にては御老中水野越前守（忠邦）が政務改革に失敗して、その職を罷《や》められ、将軍家（慎徳院殿家慶《いえよし》公）も改革には懲《こ》りさせて御座《おわ》しける所に、烈公失政の讒言《ざんげん》は諸方よりして台聴に達し、阿部伊勢守（正弘）内閣も、これを不問に措《お》く能《あた》わざることまでに及べり。ただしこの讒言は烈公が寺院の無用なるものを破却せしめ、淫祠《いんし》を取毀《とりこぼ》たしめられたるがために、僧侶の讒言が柳営の後宮を浸潤《しんじゅん》したることとその原因なりという説もあるが、水戸の不平士流の囂々《ごうごう》せる誹謗《ひぼう》の声は自《おのずか》ら幕府に聞えて、その一禍因となりたるかと思わるるなり。

＊弘化元年四月阿部伊勢守が、水戸殿御附《おつき》、中山備後守（信守）を柳営に呼出して、訊問したるは、（一）鉄砲揃打《そろえうち》と申儀有之由《もうすぎこれあるよし》の事、如何様《いかよう》の打方に候哉《や》、（二）御勝手向《おかってむき》御六ヶ敷《むずかしき》趣《おもむき》に候所、如何様に候哉、（三）松前の儀御望なされ候趣に候所、如何《いかが》に候哉、（四）

浪人御召抱《おめしかかえ》相成《あいなり》候《そうろう》由《よし》、如何《いかが》に候哉、（五）寺々破却等申付《もうしつけ》られ候哉の所、如何の訳に候哉、（六）弘道館土手《どて》の高さ何程に候哉、（七）弘道館御構内は、如何様に相成居《あいなりおり》候哉、（八）*御宮之儀御改《あらため》相成候由、如何に候哉、の諸条にして、今日より見れば、あえて過失というべきにあらざれども、当時幕府が諸大名に対する政略上の厳制に照らせば、烈公を譴罰《けんばつ》して隠居せしむるに足るの罪案は、十分に備われりとす。

　かくて烈公はこの年（弘化元年）五月六日に水戸中納言殿（烈公）御家政向《むき》、近年おいおい御気儘《きまま》の趣に相聞《きこ》え、かつ御驕慢募《つの》らせられ、すべて御自己の御了見を以て（幕府の）御制度に触れさせられ候う事ども有之哉《これありや》というを以て、御隠居ありて駒込《こまごめ》屋敷に居住し、急度《きっと》御慎《おつつしみ》あるべしとの台命を蒙られ、水戸の御家督は烈公の嫡子鶴千代麿《つるちよまろ》殿（慶篤《よしあつ》卿）に下され、御家政向《むき》は水戸家の連枝《れんし》松平讃岐守（頼胤）・*松平大炊頭《おおいのかみ》・松平播磨守（頼縄）へ、家老衆申《もうし》合《あわ》せて取計《とりはから》わるべしと令せられたり。これによって、中山備後守（信守）（御附）・山野辺兵庫（家老）・*奥津能登守（家老）は差控《さしひかえ》、鵜殿平七（執政）は役儀取放し逼塞《ひっそく》、戸田銀次郎（忠敞）（執政）・藤田虎之介（東湖）（側用人）・今井金右衛門（寺社奉行）は役儀取放し蟄居《ちっきょ》と、幕府より命ぜられたれども、かの結城寅寿のみさらに御咎《おとがめ》なかりしを見れば、結城が当時すでに烈公に背《そむ》きたるにはあらざるかの疑念は、その免がれざる所なり。

これよりして烈公は幽閉に歳月を送られ、水戸の政治は専ら結城寅寿の行う所となりて、幽谷派新進の士は皆黜《しりぞ》けられ、世は翠軒派・門閥派聯合《れんごう》保守党の手に帰して、天狗党はすべて日蔭の身となりけるが、幸に阿部伊勢守が烈公の冤《えん》を知りて将軍家に説きたるにて、数年の後に烈公の幽閉も解け、政治に与《あずか》る事をも許され、結城寅寿等は罪せられ、会沢・戸田・藤田等も復職するに至り、水戸は実際再び烈公の治下に立つがごときまでに至れり。

烈公の京都手入*

烈公が外国に対するの意見は、前に叙したるがごとくなれば、烈公実に一個の識見を具するの政治家たるを失わざるなり。しかれども幕府をして京都の干渉を受けしむるの端を開きたるは、烈公決してその責を辞すること能わざるなり。あるいは云わん、烈公は幕府の外政に関して京都の干渉を招かん事を憂えられて、常にその機先を制せん事を望まれたり。現に越前侯へ送られたる書簡にも外々より天へ達し、てんより色々出候わば、跡へも先へも参るまじく、御申越《もうしこし》の御祈禱にても御察《さっし》がよろしくとあるを以て証するに足れりと。しかり余も今これを知るなり、しかれども安政元年内裡《だいり》炎上の時に、烈公より京都へ琵琶を献上ありし時の奏文を見よ。

今茲甲寅夏、皇宮罹災、駐驊於外、亡幾、鄂虜航海、泊摂之浪華浦、淹留旬余、畿内騒然、臣斉昭、仰想行宮狭隘無以慰宸衷、俯慨醜虜猖獗未能伸　皇威、屢陳鄙見於征夷府、而才疎論迂、未審用捨如何也、斉昭頃獲華櫚材、長三尺許、手製琵琶一面、窃謂方　行宮之災、雅楽宝器、得無属烏有耶、乃因関白政通公、献之　行宮、豈敢望補宝器之闕乎、万機之暇、或命侍臣、弾還城之楽、歌太平之頌、洋々乎盈耳、乃内以紓　宸憂、外以鎮妖邪、此器有栄焉、臣窃為天下祝之

とあり、文中重圏《じゅうけん》を下したる所の文字は、琵琶献上において何の必要かある、そもそも諸大名よりして政治上の事を京都へ直奏《じきそう》するは、幕府の厳禁なり、しかるを烈公のこの奏文は、琵琶献上に托して、その実は自己の意見が幕府に行われざるを、朝廷に告げ奉つるの鎖攘《さじょう》上奏と何ぞ異ならんや。これぞすなわち武家より京都へ直奏の手初《てはじめ》なる、そ

れよりして引続き、有志の公卿を介して、京都への入説《にゅうぜい》、諸藩の手に出たりとはいえ、その端を開きたるは烈公にして、しかも烈公の入説は、実に京都の鎖攘論を煽動せしめたるの大価直《かち》ありしを信ずるなり。かの安政四年非条約の奏文は偽作なりというにもせよ、かかる意味の書通《しょつう》の烈公の手よりして京都へ出でたるは、自ら掩《おお》うべからざるの跡あるがゆえに、井伊大老が水戸老公は幕府へ対して御後暗《うしろぐら》き事ありといいたるもまたあえてその痕跡なきにあらざるなり。

烈公の心事

井伊掃部頭《かもんのかみ》(直弼)が烈公を罰して幽閉せしめたる趣旨は、烈公が京都へ入説《にゅうぜい》なし幕府へ対して御後暗き事これありというにあり。およそ幕府累代《るいだい》の政略は、京都に対してはもとより十分に尊崇の実を挙ぐべし。京都の御沙汰は幕府が成し得べきほどは承わり参らすべし。ただし政治上に関しては決して京都をして容喙《ようかい》せしむべからずということ、世の挙《あげ》て知れる所にして、烈公といえども勿論存知のはずのことなり。ことに烈公は幕府の懿《い》親《しん》にして、存亡をともにすべき家柄なれば、この政略は最もこれを遵奉せざるべからず。もしまことに烈公にして、幕府が京都を政治外に撿束《けんそく》するを今日に非なりとせば、何故に当初よりして堂々その事を幕閣に論じ、幕閣これを聴かざるにおいては、直《ただち》に将軍家に諫諍《かんそう》せざりしか。他の尾州・紀州のごときはその機会なしと云うを得べきが、烈公に至りては嘉永六年七月以来は幕政の至高顧問に備わりて、将軍家の御座所近くに伺候せらるるの地位にあれり。

すなわちその翌年(安政元年)琵琶献上奏文の時は、現にその地位にありけるの日なり。当時烈公が和戦の決につき、阿部《(正弘)》閣老へその意見を述べられたるには相応なかりしといえども、その結局を見れば、進みては事の由《よし》を将軍に奏聞し、阿部内閣を挙てこれを罷免し、これに代るの新内閣を推薦し、以て我《わが》意見を貫かんと欲するまでの決心もなく、ひいてはその議容《い》れられざるのゆえを以て、潔《いさぎよ》く顧問の地位を辞し、以て政治家の節を高くするの勇断もなく、いたずらに依違《いい》の間に彷徨《ほうこう》せられたるにあらずや。しかれどもその彷徨こそ、烈公がその議の容れられざるのゆえを以て直《ただち》に幕府に絶つこと能わざるの至情にして、すなわち烈公の烈公たる所以なりと云わんか。余もまた烈公の心情のけだし然《しか》るを知るなり。果してしからば、何故にその身現に顧問の地位にありながら、かえってその言の納《い》れられざるを京都に訴えたるか。たとい議合わずして政府を退《しりぞ》くとも、猥《みだ》りに政府の内情を他人に語らざるは、政治家の普通なる徳義にあらずや。いわんや京都に告ぐるは、幕府の最厳禁たるにおいてをや。烈公すでにこの上奏ありて、これに引続きしばしば摂家《せっけ》清華《せいか》の公卿に書通《しょつう》し、幕府が専ら和議に傾ける事情を報道せしは、一方においては京都の廷議を慫慂《しょうよう》して、鎖国に傾くの勢を長ぜしめ、一方においては諸強藩をして京都へ直奏《じきそう》の端《たん》を啓《ひら》かしめたること、その跡実に蔽うべからざるなり。されば井伊大老が御後暗きの御処置なりと断じたるも、あえてその理由なきにあらざるなり。

もしそれ、烈公の心事に立入りて考察せば、烈公は決してこの説を以て京都の気焔《きえん》を熾《さかん》ならしめ、以て幕府の威権を削弱せんと望めるにはあらず、ただただ京都の勢力を利用して幕議を抑制し、以て自説のごとくに帰着せしめんと望み、つまり幕府の利益を思われての事なれば、井伊大老一派の揚言せるがごとく、烈公その胸中に倒幕の悪意を懐《いだ》かれたるにあらざるは明白なり。ただし烈公の過誤は、京都の勢力を利用するの利をのみ視て、かえってその他日不測の禍害を招くの恐《おそれ》あるに思い至らざりしにあるのみ。これによってこれを観れば、烈公に強ゆるに倒幕の悪意あるを以てするは、実に酷吏舞文《ぶぶん》の羅織《らしき》にして、冤枉《えんおう》なりといわざるべからざるなり。

烈公の京都入説は、堀田内閣(正睦)に至り、米国全権ハルリスの出府登城、並《ならび》に条約談判の時よりして、その運動は烈しくなりたるがごとし。余は烈公の入説運動を咎《とが》むるとともに、堀田内閣が烈公を説きて外情を覚《さと》らしむるに信切ならざりしを咎めざるを得ず。当時堀田内閣の開国議に反対する諸大小名は、頗《すこぶ》る多数にして、しかも一世に名望ある烈公その首領たり。たとい京都にてすべよく勅許あるべしと仮想するも、この強盛なる反対に出会うたる以上は、幕閣の開国議は所詮円滑に実行せられ難きこと、智者をまたずして瞭然《りょうぜん》たり。

この時に当り堀田内閣は何故に早く烈公を説破して同意者たらしむる事を勉《つと》めざりしか。よしや同意者たらざるまでも、局外に中立せしむるに尽力せざりしか。烈公の執拗《しつよう》頑固なるとても説破すべきにあらざりしがゆえなりといわんか、その執拗頑固なる所がすなわち説破を要する所なり。かつや烈公の股肱《ここう》たりし藤田虎之介(東湖)・戸田忠太夫(忠敞)の両士が、*地震の災に圧死してより、烈公の左右には非常の異才これが補弼《ほひつ》たる者なきを以て、烈公の持説も啓沃《けいよく》せらるる所を欠きたれば、漸《ようや》く時勢に疎《うと》く成り行きて、ますます頑迷に陥《おちい》れるは、数の必然にしてあえて尤《とが》むべきにあらざるなり。もし幸いに侃々諤々《かんかんがくがく》、是非得失を論争してこれを説破する者あらんには、烈公の智、あにこれを悟りて豁然《かつぜん》開通するの機なからんや。しかるに堀田内閣は、初より烈公を敵のごとくに認めて、さらに十分の熟議をも尽《つく》さず、条約談判すでに結了したるの時を以て、川路(聖謨)・永井(尚志)を幕使として、烈公に告ぐるにその事情を以てせしめたり。この幕使に対して、烈公が粗暴の失言に及ばれたるは、烈公の失徳にもせよ、その心に慊然《けんぜん》たるもまた当然なり。その上に川路といえども永井といえども、顔を犯して国事を切論し、烈公を説破し得べきの大器にはあらず。いわば一通《ひと》りの事情を演述し得るの材に過ぎざりしなり。かかる人物を幕使として、烈公に面会せしむるも、何の功かあらん。

まことに烈公を説破するの意あらば、堀田閣老はハルリス出府面会の後において、直《ただち》に岩瀬肥後守(忠震)を同道して謁《えつ》を烈公に求め、かのハルリスが堀田に説きたる所を移して、以て烈公を説かば、岩瀬の智弁識見、以て烈公を啓発するを得べし。それにても烈公、頑然として聴かざりせば、最後の手段はハルリスをして烈公に面会せしむるにありしなり。当時烈公を説破して、開国議に同意せしめ得べき人物は、幕府にては岩瀬肥後守、藩士にては越前の橋本左内、外人にてはハルリス、この三名の外《ほか》はあるべからず。しこうして堀田内閣は岩瀬を使用し得て、場合によりてはハルリスをも紹介し得るの地位に立ちながら、むなしく烈公を疎外して、ついに真の敵たらしむるに至れるは、余が深く遺憾《いかん》とする所なり。この時に当り堀田内閣の計《はから》いを以て、烈公とハルリスを面会せしめ、相互に十分の議論を闘わしめたらんには、安政五年の事もまた意外の好結果を来たし、烈公は豹変《ひょうへん》して開国議の首領ともなられたるの機会ありしならんに、事のここに及ばざりしは、烈公のために、幕府のために余は最も残念なりと思惟《しい》して止《や》まざるなり。

次に烈公は、その御実子たる一橋刑部卿《ぎょうぶきょう》殿(慶喜公《よしのぶ》)が、将軍家の儲君《ちょくん》に備わりたまわん事を希《ねが》い、その地歩を作りて卿の殿の名望を高からしめんがために、故意に非開国説を唱えて閣議を困難せしめ、幕閣をして卿の殿の調停に依頼せしむるように仕向《しむけ》たり。安政四年正月元日の出仕に烈公が激論を発せられたるがごとき、その年の暮に川路・永井の幕使を罵《ののし》り、堀田に割腹せしめよと励言《れいげん》せられたるがごときこれなり。以て烈公の詐術《さじゅつ》を知るに足れりと論断せる者あり(井伊党の酷評)。

なるほどその引証の事実はすなわち事実なるべしといえども、これを以て烈公を詐術なりというに至りては、揣摩《しま》の極端に走れるものにして、未だ烈公の心事を知らざるの妄評なりといわざるべからず。烈公はさまで奸智に長《た》けたる老雄にあらず、現に安政五年の不時登城の挙動を以て、その人の案外に率直にして専ら感情に左右せらるるの性質たりしを窺《うかが》うに足るべきなり。かつそれ一橋卿殿(慶喜)を儲君に建て参らせんとは、諸大名及び幕府の要職にて志ある人々が一般の冀望《きぼう》なり。いわんやその実父たる烈公において、この冀望を懐《いだ》かれたりとて何の不可なる事かこれあらんや。たといまたそのために烈公が卿の殿の名望を高くせんと謀《はか》られたりとて、これまた政治家の策略としては、もとよりその常事たり。烈公これありとするとも、烈公の政治家たるにおいては、毫《ごう》もその徳を損する所なし。春嶽公（松平慶永）の「逸事史補」*に烈公御夫婦は、幕府の儲君紀州殿と定まりて仰出《おおせいだ》されたりと聞かれ、大《おおい》に力を落《おと》されたりと記せるを見て、烈公崇拝の史家は、痛く烈公のためにこれを瑕瑾《かきん》のごとくに思いて憾《うらみ》とすれども、ここを以てさらに瑕瑾にあらざるなり。一議員の選挙にてさえ、我《わが》意中の人物少数にしてその選に当らざる時は残念なりと思うが人の常情なり、いわんやその実子にしてこの重大なる競争に落後したるなれば、力を落さんは当然の事にあらずや。もしこの時烈公は平然としてさらに関せざるがごとしと記してあらば、余はかえってこの老獪《ろうかい》情を矯《た》め己《おのれ》を欺《あざむ》き、以て世間を瞞着《まんちゃく》せんとするの詐術家なりと評すべきなり。このゆえに烈公に一橋殿を擡挙《たいきょ》するの行為ありしとするも、決して烈公の徳を損するに足らず、世の烈公を伝するの史家が、強《しい》てこれを隠蔽《いんぺい》するこそ大に然らねと云《いわ》んのみ。

当時井伊政略に左袒《さたん》せし輩《ともがら》は、堀田閣老が条約勅許を乞いたるを無用の事なりしと咎め、いわゆる毛を吹きて疵《きず》を求むるの禍《わざわい》を招きたるなりと議したりけるが、これは前回にも叙したるごとく、堀田といえども、当時諸方より京都へ入説の盛んにしてかつ非条約論の天下に多数なるを憂い、やむをえずして京都の勢力を仮《か》りて、これを鎮圧せんとの窮策に出たるなれば、決して堀田を咎《とが》むべきにあらず。むしろその入説の端を啓《ひら》きたる烈公にこそその咎を帰すべきなれ。しかれども井伊内閣が勅許を経ずして条約に調印せしめたる断行よりして、ついに勅諚を水戸へ降《くだ》されたるに至りては、これもとより烈公が奏請せしめたる所にあらざれば、この勅諚に接したるは、烈公においては実に意外の思《おもい》をせられたるなり。

それ烈公が鎖攘説におけるや、すでに叙述したるごとく、国家の得失にもかかわらず、一概に鎖攘せよと主張せられたるにはあらず、*癸丑《きちゆう》の初《はじめ》にてさえ今は打払《うちはらい》の時機にあらず、愚老は打払を宜《よろ》しとも思わずと公言せられ、その後春嶽公に対《むか》いて、愚老は一生攘夷論者といわれて果つべきが、尊公などはずいぶん所存を定めて開国説をも唱えらるべしといわれたる事ありといえり。以てその心事の無謀攘夷にあらざりしを証するに余りあるべし。畢竟《ひっきょう》烈公の外交議における や自主的政策を取らざるべからずと確信せられたるにつき、幕閣が和戦の得失を後にして、いたずらに外国の威力に恐れてその請求に従い、和親貿易、望むがままに承諾するを非なりとせられたるなれば、その議論や実に間然する所なし。しかれども和議すでに成れるの暁《あかつき》に至りては、条約は条約としてこれを履行《りこう》し、国防は国防としてさらにこれを計画すべきがゆえに、その方法手段は自から大に豹変《ひょうへん》する所あらざるべからず。しかるを老公はこの豹変においてその機会を失われたるがために世間よりしては鎖攘党の首領のごとくに見なされ、己《おのれ》もまたそのごとくに思い、その成迹《せいせき》を見ればかつて尊攘説を以て天下の士気を鼓舞したる因は、今日かえってその尊攘党のために致されて、これを推辞《すいじ》すること能わざるの果を招き、ついにはその本来の心事と齟齬《そご》するまでの勢に至れるなり。

これを以て、水戸藩士等が米国全権ハルリスを蕃書調所に覗《うかが》わんとしたるを手初《てはじめ》として、あるいは横浜にてあるいは江戸にて、無辜《むこ》の外人を暗殺し、あるいは奉勅と称して横浜を襲撃し、攘夷の兵端を開かんと企て、またあるいは勅諚をば幕府より返納すべしと達せられ、烈公もこれを可なりとせられたるにかかわらず、高橋(多一郎)・金子(孫二郎)などいえる尊攘党は、烈公の教誡《きょうかい》さえ遵奉《じゅんぽう》せずしてこれを差拒《さしこば》み、兵力を以て抗敵するに至り、烈公といえどもまたこれを奈何《いかん》ともすること能わず、その結果はついに幕府の元老を襲撃して、これを殺害せる、兇暴の罪悪となるに及べり。

かくて烈公の薨後《こうご》に至りては、鎖攘党の暴威はいよいよ激烈に激烈を加えて天下に滋《じ》蔓《まん》し、外交に障碍《しょうがい》を与え、幕府を困難せしむるを以て、尊攘の大義なりと思い誤り、その極幕府を衰亡せしむるに終れり。これあに烈公の志ならんや。余は深く烈公のためにその事の心と違《たが》えるを悲むなり。近年西郷隆盛翁が薩・肥の壮年輩に擁せられて事を西南に挙げ、ついにその事に斃《たおれ》たるがごときも、実にその跡を烈公と同じくせるの慨《なげき》なしとせざるなり。これを要す〔る〕に烈公は政治家の識見ありて政治家の智略に乏しく、ためにその方法の宜《よろしき》を得ずして、一世を轗軻《かんか》の間に送り、幕府のためには功罪相半ばするの譏《そしり》を受《うく》るに至れり。ああ烈公、烈公、烈公は明治維新の先駆たる大功臣なりと今日に称賛せらるること、余はその志にあらざるを信ずるなり。

安藤対馬守　久世・安藤内閣

大老井伊(直弼)掃部頭《かもんのかみ》兇徒の暴刃《ぼうじん》に斃《たお》れてより以来は、幕府の内閣、また、剛硬の政治家あるを見ざるなり。もし強《しい》てその人ありやと問わば、余は安藤対馬守(信正)を以てこれに答えんと欲するなり。そもそも井伊大老が幕閣に首相たるの間は、閣老の*交迭《こうてつ》は例によりて尠《すくなし》とせず、堀田備中守(正睦)・太田備後守(資始)は、儲君《ちょくん》の事につき大老の意に忤《さから》えるを以て罷《やめ》られ、松平伊賀守(忠固)はその力をも量《はか》らず、大老を黜《しりぞ》けんと謀《はか》りて罷られ、間部《まなべ》下総守(詮勝)は京都の暴断その甲斐もなく、大老に忌《い》まれて免職となり、久世《くぜ》大和守(広周)は安政の大獄にその処断の少しく寛《かん》ならん事を望み、大老の意に戻りて罷られたれば、万延元年の初《はじめ》には井伊大老の幕閣は、井伊掃部頭・松平和泉守(乗全)・内藤紀伊守(信親)・脇坂(安宅)中務少輔《なかつかさしょう》・安藤対馬守の五名を以て組織せられたり。松平・内藤・脇坂の三老は凡器の御老中なれば、政治家として観るべきの材にあらざりしが、独り安藤対馬守は巍然《ぎぜん》として初よりその頭角を露《あらわ》したり。当時の世論あるいは安藤の品行について非難を下し、決して良相の器にあらずと、着々その証跡を挙《あげ》てこれを議したる者もありて、実に然《しか》りと思わるる事も鮮《すくな》しとせざれども、ともかくも当時の御老中として、特に外国事務宰相としては、安政以来、幕府滅亡に至るまでの一人にして、他に匹敵すべきの閣老を見ざるなり。

この安藤は初め御奏者番より、*寺社奉行を兼《かね》られたる初に、あたかも将軍家(家定公)吹上《ふきあげ》御庭にて公事御聴の事あり。公事御聴とは、将軍家、吹上にて簾中《れんちゅう》に座し、寺社奉行、町奉行、御勘定奉行(公事方《くじかた》)をして民刑の断獄詞訟《ししょう》の裁決、もしくは審問を成さしめ、これを聴聞して、その材の良否を試みたまうの式なり。寺社奉行の属僚はその数日前において、例によりて数通の書類を安藤の内覧に呈し、この中にていずれの訴件をば当日吹上にて御裁許相成るべきや、御内意によりてその訴件の順序始末をば前以て閣下に具稟《ぐひん》し、以て予《あらか》じめ鞫訊《きくじん》審断の準備をも致すべしと申したるに、安藤はこれに答《こたえ》ていずれの訴件にても差支《さしつかえ》なし、ここに開列せる公事は、拙者いやしくも寺社奉行を仰せ蒙りたる以上は、早晩皆ことごとく自ら裁許いたすべき公事なれば、かれこれと選択いたすに及ばず、ただただ平常のごとく、審聴の順序によりて吹上へ出廷せしむべしと命じたりけるが、当日に至り新訴訟の初審を自《みずか》ら聴きて、即決の裁判を与えたりといえり(これは当日将軍家に扈従《こじゅう》してその席に詰合せたりける故老の直話《じきわ》)。

この一事以て安藤が通常の紈袴《がんこ》者流にあらざるを証すべきなり。かくて安藤は寺社奉行より若年寄*に遷《うつ》り、万延元年正月御老中に任ぜられたり。これ井伊大老が、当時閣老中に人物なく、その上、外国御用専任にその人を得ることの急務なるを以て、特にこの人を登庸《とうよう》したるなりと知られたり。されば安藤は幕閣に入るの後に、先輩を超越して、幾《いくばく》もなくして外国御用掛に任ぜられ、尊俎《そんそ》折衝《せっしょう》の間において、その伎倆《ぎりょう》を顕わし、狂瀾《きょうらん》怒濤《どとう》の中において、外交の困難を維持したり。

井伊大老すでに仆《たお》れて後、松平和泉守(乗全)・脇坂中務少輔(安宅)は相尋*《つい》で罷《やめ》られ、久世《くぜ》大和守(広周)(万延元年閏三月)・本多美濃守(忠民)(同年六月)・松平豊前守(信義)(同年十二月)の諸老入閣し、その他にも任免出入《でいり》ありしと覚えたるが、この中にて当時世間の注目したるは、久世大和守にてありき。久世は井伊内閣の時に(安政五年十月)一旦《いったん》閣老を罷られたる人なるが、安藤は井伊内閣の後を受て幕府を維持せんこと、独力の能わざる所なれば、この際名望ある人物を入閣せしむるの必要を悟りて、久世を推薦して再勤*せしめ、以て己《おのれ》が上席に居《お》らしめたるものか。この久世についても、世論はこの人を目して権謀詐術を専《もっぱ》らとせる政治家のごとくに言做《いいな》せども、その実は縝密《しんみつ》円滑の人にて、させる奸雄にはあらざりしなり。ただしその清廉潔白に欠《か》くる所ありしというに至りては、当時の閣老皆これなり。あに独り久世をのみ尤《とが》むるに暇《いとま》あらんや。

右のごとくに安藤と久世とは、同時に幕閣に立ち、井伊の後を受けて、*文久二年の改革までの間を弥縫《びほう》したるを以て、仮《か》りにこの間を名づけて久世・安藤内閣といわんも、あえて不可なかるべきか。

さても井伊掃部頭が、暴徒の残酷なる襲撃のために殺され、あまつさえその首級《しゅきゅう》までも奪い去られたるは諸人の目撃したる所にして、公然たる事実なり。しかるを当時幕閣にては、井伊家に内命して負傷帰邸の届《とどけ》を出さしめ、幕使を遣わして慰問せしめ、薬物など賜わりて、強《しい》て*存命の体《てい》を粧《よそお》いたる事、頗《すこぶ》る児戯に類したり。事にこそよれ、かかる諸人の目撃の事を隠蔽《いんぺい》せるは、そもそも誰を瞞着《まんちゃく》せんがためなりけるか、あら安藤にも似《に》合《あわ》しからぬ処置かなとは、すでにその時よりして世論の囂々《ごうごう》たる所なりしが、果して後に至りて、安藤が譴責《けんせき》を被《こうむ》るの一罪案とは成《なり》たりけり。

しかれども、当時幕府の実勢を回憶すれば、その善後の弥縫策たるこの外にあらざるべし。けだし幕府の制度にては、かくのごとき不慮に出遇《であ》いて死《しに》たる者は、その生前に跡目相続願《ねがい》を出すの場合なきを以て、断絶と相成るが掟なり（幕府の法令を犯したるものは勿論、その身の不所存もしくは不覚よりして一生を殞したるものは、その過失を以て断絶となる。しこうして難船・地震等にて変死したるもののごときは、過失にはあらざれども、当人存生の間に跡目相続の願を出さざるがゆえに、同じく断絶なり。畢竟《ひつきよう》大名・旗本・御家人に至るまで、その所領所帯を父より子に伝うるは、世襲譲与権あるにあらず、幕府よりして、父の願によりてその子に賜わるの制度なるがゆえたり。これによって諸大小名当主死去の節は、みなその死を秘して、まず跡目相続の願を出し、しかる後に喪を発したるが例なりき）。またその家来の者どもが禁令を犯す事ある時は、主人の落度《おちど》となり、たとい永《なが》の暇《いとま》を遣《つかわ》したる者たりとも、場合によっては、なおその旧主人に連累《れんるい》するが、同じく以て掟なるに、今や井伊が横死は実に不慮の禍たるにかかわらず、幕府は無情にもその制度によりて、井伊家を断絶せしむるに忍ぶべきか。

またこの大老を殺したる暴徒は水戸の武士なり、よしや水戸家より先に出奔の御届《おとどけ》ありしというとも、一通の届を以て家来取締向《とりしまりむき》の責任を解除せらるべきにあらず、必らずや相当の御察度《ごさっと》を水戸家へ加えらるべきはずなるに、幕府はこの際断然この事につき、水戸家を責罰し得べきか、両条ともに幕府が難《かた》しとせし所なり。その上当時の状たる、井伊家の藩士は主人の横死に悲痛憤怒して、水戸家を視るに仇家《きゅうか》を以てし、直《ただち》にも討《うっ》て出《いず》べき勢を現わし、水戸家の藩士もまた多数は、かの桜田暴挙に同情を表して、以て正義の美挙《びきょ》と称賛し、はなはだしきはこれを以て幕府のために元兇を戮《りく》し、老公(烈公)の意にも叶いたるがごとくに思い誤れる輩《ともがら》多かりければ、もしも幕府より察度あらんには、いかなる変事を仕出さんも測り知られず、纔《わずか》に一髪を以て万鈞《まんきん》を繋《つな》げるの状況にして、未だ江戸において干戈《かんか》を動かすまでに至らざるものは、水戸にては、宗家(幕府)を重んずるの大義を守り、井伊にては、主家(幕府)を重んずるの大義を守れるによってなり。

しかるを幕府にてこの情勢をも察せずして、掃部頭の横死を公にし、以て井伊家を断絶せしめ、水戸家に向って御家来御不取締《おんふとりしまり》の察度を下さるべき方針を取りて、この変に処したらんには、三月上旬には、江戸は両家闘争の修羅場《しゅらば》たらんこと必然なりき。しこうしてこの闘争に及ばば、水戸・井伊、おのおのその党与《とうよ》あり同情ありて、諸大名の一味応援なしとも云い難きに、そもそも幕府は何の兵力を以てこれを鎮圧し、これを責罰して領地没収・家名取潰《とりつぶし》までの断行を為《な》し得《う》べきか。しからばすなわち井伊家をも断絶せしめず、水戸家をも騒動せしめずして、この変後を善処せんには、まずともかくも掃部頭存命の体《てい》に致しおきての事なりと、幕府が急にその議を定めて、さてこその取《とり》計《はからい》をなしたる、まことにやむをえざる次第なれば、その事情を熟察する者は、むしろ安藤諸老の苦心を憫《あわれ》まざるべからざるなり。

次に安藤・久世の両老が、この際最も苦心して計画したるは、*和宮御入輿《かずのみやごじゅよ》(すなわち皇妹御降嫁《ごこうか》)の一条なり。この御降嫁の事たる、実に井伊元老の遺策*にして、久世、尤《もっと》もその実行を主張し、安藤これに和したる事実なり。ただし御降嫁の事たる、あえて井伊の新発明というにもあらず、すでに七代将軍*(家継《いえつぐ》公)の時に八十宮《やそのみや》関東御入輿の先例もあり、かつ水戸の斉昭卿(烈公)がかつて姉小路(いよ)(幕府後宮の上臈《じょうろう》)に送りたる書中にも皇女を尼宮《あまみや》になしたまう事を嘆き、以来は将軍家および御三家・御三卿へ御降嫁あらせたまわん事を論ぜられたる事あれば、烈公ももとより同論の人なりといわざるべからず。

さて、井伊は皇妹和宮御降嫁の上は、おそれながら京都と幕府とは聟舅《むこしゅうと》の御間柄なれば、公武の御親《したし》みも厚く、随って双方《そうほう》の事情互《たがい》に貫通して、隔靴《かっか》の憂《うれい》もなかるべく、また将軍家には蒸気船にてたびたび御上洛もありて、親しく天顔《てんがん》に咫尺《しせき》し、万事御直奏《ごじきそう》にて、天下の事を決せられんには、尊崇の実も顕《あら》われて、また擁蔽《ようへい》の患なきを得べしと思い込みたれば、密《ひそか》にその事を行わんとて、時機を待ちたる中に横死したり。よって久世・安藤はこの遺志を継ぎ、すなわちこの年（万延元年）七月を以て、*かの姉小路を京都に遣《や》りて、この事を周旋せしめたり。姉小路は京都の出身にて、橋本少将（実誠）の息女なるが、若年の頃より幕府の後宮に仕えて、頗《すこぶ》る威権ある才女なり。姉小路は幸に和宮御生母と親しかりければ、入京して陰にこの事を内奏の手続《てつづき》に及びたるに、時の関白九条殿（尚忠）は尤も御同意ありて、千種《ちぐさ》（有文）・岩倉（具視）の両卿もこの議しかるべしとてともに周旋せられついにこの年十月に至りて、朝廷より御許可の文を下されたり。その文に曰く、

夷狄猖獗《いてきしょうけつ》、御国威逡巡《しゅんじゅん》、深く被レ悩ニ宸襟一《しんきんをなやませられ》候、段々関東へ御往復有之《これあり》、終《つい》に七、八年、乃至《ないし》十年之内には、可レ及ニ拒絶一《きょぜつにおよぶべき》旨《むね》、言上あるに依《より》て、暫《しばら》く御猶予《ゆうよ》、右期限内には掃攘《そうじょう》あるべきに付《つき》、武備充実、海軍調練は勿論、第一に全国一心一同に

不㆓相成《あいならず》㆒候ては、外国を圧倒し難く候間《あいだ》、先《ま》づ国内一和の基《もとい》を開かれ度《たき》叡慮《えいりょ》に付、願《ねがい》之儘《まま》、皇妹を以て大樹《たいじゅ》に配せられ、益ゝ《ますます》公武御合体を宇内《うだい》に表せられ候、深重の叡念《えいねん》、遐邇《かじ》に布告し、海内《かいだい》協和、御国威更張《こうちょう》の機会を不㆑失様《うしなわざるよう》、可㆑廻㆓遠略㆒《えんりゃくをめぐらすべき》儀と、
思食《おぼしめし》候事

かかる朝廷の御趣意にて、和宮にはその翌文久元年十月関東御下向、*同十二月御入輿《ごじゅよ》、御婚礼の典を行挙させたまえり。将軍家(家茂公)・和宮様、御夫婦の御語らいも睦《むつま》じくて、誠にめでたき御事にては候いしが、この御降嫁《ごこうか》は、すなわち右の勅諚に明示あるごとき十年内攘夷実行の条件約束附《づき》の御降嫁なりければ、ますます幕府をして食言《しょくげん》の地位に陥らしめたり。

それ幕府が外国の処置に関して、京都に対し、全国人民に対して、その言を食《は》み、ついに朝廷を欺罔《きもう》し奉れりという重責を得て、これを解くの辞なきに至れるは、あえて一朝のゆえにあらず、阿部内閣が、*米国全権の請求を容《い》れて、薪水《しんすい》寄港のために、下田・箱館・長崎の三港を許したるの初《はじめ》に起れり。我《わが》幕府はもとより外交を好むにあらず、ただ目下はこれを打払うべき武備なきがゆえに、やむをえず、一時その請求を肯《がえん》じ、その

間に武備を充実して後に、拒絶掃攘を行うべしといえるが幕閣の口実にして、現に阿部はこの口実を以て諸大名へも達したり。けだし阿部は実にこの事行われ得べしと信じたりしに似たり。しかるにその後堀田内閣の時に至り、米国全権ハリルスが*和親貿易の条約締結を請求せるの時となりては、事情大《おおい》に前日に異なりて、断然日本を開国するの機会たり。しこうして堀田上京の時において、進みては十分に開国の唯一国是たるを論じて、廷議を啓沃《けいよく》すること能わず、退《ひ》いては掃攘鎖国の説に向って不の一字を明言することと能わずして失敗し、次に間部《まなべ》(詮勝)上京の当時においても、同じく以て、鎖攘議に向って不の一字を言出さず、かえって阿部内閣の故智を襲用《しゅうよう》して、幕府は十年間に鎖攘を実行すべしとそのもとより為し難きを知りつつ請合いて一時の急をのがれ、他日食言の欺罔《きもう》に陥るの大患を顧みざりき。

この間部の証言は、京都とりて以て動かさず、幕府をしてその実行を為さしめんと欲せられたるに、今や和宮御降嫁の願《ねがい》をなすに臨み、京都は再び彼の証言を確かならしめんと欲せられたり。聞《きく》がごとくなれば、安藤は掃攘決して行わるべきにあらざれば、この機会を以て、明白に外交の真相を奏し、幕府が攘夷の勅を奉ぜざるの理由を陳述あるべしと言いたるに、久世はこれに反対してしかる時は公武の御間柄ますます乖離《かいり》して、幕〔府〕は公然たる違勅の責を朝廷に得たまうに至るべし、むしろ十年間に掃攘すべしとの証言をそのままになしおきて、一時を凌ぎ、御降嫁ありて公武御解合の上にて、事情を徐《おもむ》ろに奏聞して、以て前の証言を無効に帰せしめば、事穏《おだやか》にして、幕府はあえて食言欺罔《きもう》にも陥りたまわざるべしと議して、諸老みなこれに同意したりければ、安藤も、心ならねども、衆議に従いたるなりといえり。安藤平素の議論より考うれば、この説あるいは事実なるべしと思わるるなり。いずれにせよ、久世・安藤内閣が、京都を欺罔したるの責は、その免かれざる所たり。

しこうして外国公使等はこの勅諚を得て、その虚実を幕閣に質問したるに、幕閣は明《あか》らさまに弥縫策《びほうさく》たる事を公言し難く、漸《ようや》くに外国奉行をして、陰《ひそ》かに内情を語らしめたるにて、国際問題の葛藤を起すには至らざりしかども、各公使はこの一事を以て、幕府に実権なく、その言の信ずべからざるを看破したり。要するに幕閣の失敗は不の一字を大声に言出すこと能わざるに因して、久世・安藤内閣がその実力の微弱なるに従って、ますます不の字を言うに舌渋りて、ために苟且《こうしょ》に流れ、その施政の見るべきものなきに及べり。しからばすなわち皇妹降嫁のごときも、その労多くしてその功少なかりきというべきか。

安藤・久世内閣の失敗　公武御合体議

安藤(信正)・久世《くぜ》(広周)内閣の時に当りて、最も困難を極めたるは外国人殺害の事なりとす。古《いにしえ》よりして我《わが》日本帝国の歴史に汚血を以て濺《そそ》ぎたるは、これほどの事あるべしとも覚えず。しかるを当時国家を以て己《おの》が憂《うれい》とせる志士が、これをば日本国の恥辱《ちじょく》とは思わずして、そのために幕府が外交上の困難を受《うく》るを見て、愉快なりと罵《ののし》り散し、以て得色となしたること、余は往事《おうじ》を回憶するごとに、常に遺憾に堪《たえ》ざるなり。

安政六年横浜開港の初《はじめ》に、かの尊攘党の暴徒が(浪士か藩士かその人物は今以て分明ならず)、*露国の海軍士官(三名かと覚ゆ)を暗殺したるが手始《てはじめ》にて、その後*横浜にてしばしば外国人を脅したる事どもありしが、江戸にてもこの風頻《しき》りに行われ、*万延元年の春(正月と記憶す)、英国公使館高輪《たかなわ》東漸寺の門前において、公使の小遣《こづかい》を勤めたる伝吉(もとは日本人)を殺害し、同年八月には*孛漏生《プロイセン》全権の一行に向って、途中にて侮辱を加え、同十一月には水戸浪士等、横浜に押寄《おしよせ》て乱妨《らんぼう》を働くの企《くわだて》をなし、同十二月には、米国公使館通訳官ヒュースケン*を、麻布《あざぶ》古川端《ばた》において殺害したり。英*・仏・蘭の三公使はこれを見て厳に幕府を責《せむ》るに保護の十分ならざるを以てし、おのおの公使館の旗を捲きて横浜まで引退《ひきしりぞ》きたり。安藤は直《ただち》に参政(若年寄)及び外国奉行を横浜に出張せしめて三公使を慰め、一方には安藤みずから米国公使ハルリスに面晤《めんご》して、保護の足らざるを謝し、かつ当時我国内において、鎖攘《さじょう》の気焔猖獗《しょうけつ》なるの事情を説き、幕府が板挟《いたばさみ》になれる困難の情況を陳じ、万一にもこのために、各国との交際に破綻を来《きた》すがごとき事ありては、日本は忽《たちまち》に麻のごとくに乱れて、また収拾すべからざるに至らん事を弁じたりければ、米公使も安藤が国家を憂うの至誠に感じ、慨然その調停を以て自ら任じ、あえて江戸麻布善福寺なる米国公使館を去らずして、平日のごとく居住し、英・仏・蘭の三公使へもその趣《おもむき》を紹介し、参政に会して将来公使館および横浜の保護を協議せしめ、ついに文久元年の春を以て、三公使は再び江戸に帰り住する事とは成りたりけり。

これひとえにハルリス公使の尽力にして、安藤の功労なり。もし当時安藤なかりせば、米公使もともに国旗を捲《まい》て横浜に引退き、そのために幕府は(すなわち日本政府は)いかなる屈辱の条件を以て窘《くるし》められ、永くこれを今日に遺《のこ》したらんも知るべからざるなり。かくてその後同年(文久元年)五月下旬に至りて、暴徒十余名が、夜中英国公使館を襲撃して、一場の闘戦に及びたる事ありけり。この顚末《てんまつ》は余がかつて『懐往事談《かいおうじだん》』に叙したるごとく、幸に幕府より附置《つけおき》たる公使護衛の武士、よく防戦して暴徒を討取《うちとり》たるによりて、英公使オールコックも満足して、さまでの紛議を両国の交際に見ずしてその局を結びたり。試《こころみ》に今日において、かかる騒動のありたらんには、内閣の憂苦はいか計《ばかり》ならん、察知するに余《あまり》あるべし。しかるを当時安藤がこの局に当りて、自から応答談判の労を執《と》り、はなはだしき国辱をも残さずして難局を弥縫《びほう》したるは、安藤の功よろしく我国の外交史上に特筆すべきなり。しかれども当時の論者は、すべて安藤を以て対外軟なりとして、誹謗《ひぼう》こもごもその一身に聚《あつ》まり、はなはだしきは安藤が平和を維持したるを以て、日本帝国の大罪人なり日本天皇陛下の大違勅人《いちょくにん》なりと罵りたるは、そもそも何の心なりしか。この論者にしてなお今日に生存し、しかも政海の要路に当れる人もあるべし、安藤が当時の跡を顧《かえり》み〔れ〕ば、心中暗《あん》にその労を謝せざるべからざるなり。

かくも安藤が、外国事務宰相として、その心を苦しめつつありしにかかわらず、世論の批難を受けたる中に、特にその憎悪を増したるは堀織部正《おりべのしょう》(利熙)*自殺の事なりとす。堀の自殺はその理由詳《つまびら》かならず。あるいは堀の家従が、横浜襲撃の暴徒に加盟したるの嫌疑ありて、安藤に尋問されたるに起れりともいい、またあるいは、堀が孛漏生《プロイセン》条約全権に委任せられて、孛国全権と談判に渉《わた》れるに、孛国附庸《ふよう》の諸国までをも、その条約に加えたるは越権なりと、安藤に譴責《けんせき》せられたるによれりともいいたれど(後説けだし実に近し)、要するに、堀の平生よりして小心なる。思い詰てついに切腹に及びたるは事実なり。

しかるを世間にては誰か構造したりけるか、堀は安藤閣老の非道を面折して、時事を閣中に極言したる後、安藤の五大罪を数えたる漢文の遺書を残して自裁せりと言伝《いい》え、その文章さえ世上に伝播《でんぱ》せしめたり。その文章の妄作《もうさく》たるは、少しく時局を知る者が、一見して容易にその実にあらざるを覚《さと》り得べき所なれども、世間にてはかえってこれを真実なりと信じて、争《あらそ》って相伝え、安藤の無道、ために堀を殺したりと罵りたり。

されば安藤がその翌文久二年正月登城の時に、坂下御門外*において、暴徒のために襲われて負傷したるも、この妄伝が、幾分かその導火線たりし情《じょう》なきにあらざるなり。安藤を要撃したる暴徒は七人にして、安藤の登城を待受てその乗輿《じょうよ》を襲いたるに、安藤が輿傍《よぼう》の衛士等よく防戦したり。安藤は傷数ケ所負いながら、自から輿《こし》を出《いで》て指揮し、事畢《おわ》りて坂下御門番所に到り、当番の御目付《おめつけ》を呼出して事の仔細を告げ、しかる後に帰邸したるは、さすがに落付《おちつき》たる仕方なりと心あるものは、皆その胆略《たんりゃく》を称賛したれども、世間一般はかえって暴徒に同情を表したるぞ憂《うた》てかりける。

さても安藤が在職中、外交において辛苦したる事件の多き中にも、まず露国軍艦が修《しゅう》覆《ふく》に托して対馬に滞泊し、幕府もしくは領主の承諾を得ずして、陸上に屯营《とんかん》を設け、ほとんど占拠の状をなせること、容易ならざる事件たり。安藤は外国奉行小栗《おぐり》豊後守（忠順）(後に上野介《こうずけのすけ》)を遣《つかわ》して退去の談判をなさしめたれども、かの露国の艦長は依違《いい》して去らず、頻《しき》りに対馬の一港を貸受《かしうけ》ん事を望みて止《や》まず。よって安藤は陰に英国公使を説きて、その調停を求め、ついに英国水師提督が対馬に至りて、露船長に厳談せるにて、退去せしむるを得たり。

次には小笠原島（無人島）開拓の事なり。小笠原島の日本領たるは、口碑《こうひ》に言伝えたるのみにて、当時かつて我《わが》政令の行われたる証もなければ、真に他国領も同様なりけり。

しこうしてこの島には、*米国鯨猟船《げいりようせん》なども立寄りて、現に外国人十数名は、この島に居住したるを以て、*この島の所領につきて、外国公使の質問を受るに至れり。安藤はこの事を大《おおい》に憂い、外国奉行水野筑後守（忠徳）に謀《はか》り、幕府多事の間においても、軍艦をこの島に派遣し、水野をして処理の総裁となりてこの島に至り、住民に諭《さと》すに日本の版図《はんと》たるを以てし、明白に帰化して我《わが》政令の下に服従せしめたり。不幸にして、安藤罷免の後は、幕府ますます多事にして、この島の開拓をも中止したりといえども、この時においてこの島の版図を明《あきらか》にしたるは、あに安藤の力にあらずや。

その次は*両港・両都開市延期の談判なりとす。これは『幕府衰亡論』及び『懐往事談』にも叙《じよし》たるごとく、江戸・大阪の両都、および兵庫（神戸）・新潟の両港を、外国貿易のために開市すべき期限は、条約においてまさしく近きに迫りたれども、鎖攘論の熾《さかん》なる、外国人を憎悪するの烈しき、もしも大阪・兵庫に外国人の居留を許す事ありては、忽《たちまち》に国内の人心を激昂せしめ、延《ひい》て国難たらんは眼前の事なりければ、安藤は文久元年の春よりして、この両港・両都の開市を延期せんと談判を各国公使に開きたり。しかれどもこの事たる重大の問題に属するを以て、公使の権内にてもとより承諾し得べきにあらず、ついには談判の末に、日本より全権を欧洲に派遣し、直《ただち》に各国政府について請求せしめば事あるいは行わるべしとは英・*仏公使の意見なりけり。よって安藤は、断然閣議を決して、*この年の冬(文久元年)を以て竹内(保徳)下野守《しもつけのかみ》等を全権公使に命じ欧洲に発《はっ》遣《けん》せしめり。しかれども公使出発の時までは、外国政府にて果して日本の請求を容《い》るべきや否も確《たしか》ならず、よしや一歩を譲りて延期を承諾すると仮定するも、その賠償として日本に要求すべき所望の浅深は、さらにこれを知るに由《よし》なくて頗る漠然たりけり。けだし英・仏両国が首唱となりて日本使節を歓迎すべしと決したるは、この延期の請求を齎《もた》らし来れるがゆえにあらずして、修交の好意を表するために、日本より初めて来る使節たるを以て、これを珍客として待遇し、米国をして日本使節歓迎の誉《ほまれ》を独占せしめずといえる事情にてありき。

　これによりて安藤は、竹内等の一行を出帆せしめたる後に、なおも徐々と英国オールコック公使を説きて、英国が五ケ年間の開市延期を承諾し、これに対する報酬は、輸入物品中幾分の減額に止《とど》まらん事を談判し、その坂下御門の変に、頭部および背部に負傷して病牀にあるを顧みず、創《きず》を包み痛《いたみ》を忍びて英公使を引見し頻《しきり》にその尽力を望みたりしかば、英公使も安藤が憂国心の厚きに感じて、しからば自から英国に請暇《せいか》帰朝して、事情を詳細に外務大臣に具陳し、日本のために竹内等を助け、以てこの談判を都合よく帰着せしむべしと請合《うけ》い、果してまず英国をして、第一に*延期承諾の覚書に調印するに至らしめたり。これ実に安藤が特別の功労にあらずや。ああ安藤をして明治の今日にありて、かくのごときの功労あらしめば、勲一等に叙せられ、伯爵に栄転せらるるの価値あるべきに、功を賞し労を嘉《か》せざるのみかは、後に至りてこれを責罰するのやむをえざるに及べり。ああ安藤の不遇は真に史家の憐れむべき所ならずや。

かくて安藤はこの年三月(二十六日)に至り、創傷全く癒《いえ》て登城したるに、時に幕府改革の運まさに迫りて、*四月に至りて閣老を罷《やめ》られ、*八月に至りて、

対馬守勤役中《きんやくちゅう》、不正の取計《とりはからい》有之《これあり》候段、追々《おいおい》達二御聴一、急度《きっと》も可レ被二仰付一《おおせつけらるべく》候処、出《しゅつ》格《かく》の思召《おぼしめし》を以て、先達《せんだつ》て被二仰付一《おおせつけられ》候村替《むらがえ》の場所、其儘《そのまま》被二召上一《めしあげられ》、替地の儀は追《おっ》て可レ被レ下《くださるべく》候、且又《かつまた》隠居被二仰付一《おおせつけられ》、急度《きっと》慎み可二罷在一《まかりあるべき》旨、之《これ》を被二仰出一《おおせいだされ》

と達せられ、久世とともに罰せられたり(その後の所罰は後にいうべし)。

さてまた公武御合体の議は、和宮御降嫁の時よりして、久世が最も心を労したる所な

りしといえども、御合体の関鎖《かんさ》たるは十年内には攘夷鎖港いたすべしとの間部《まなべ》の約定にして、今は動かすべからざるの条件となれり。しかるに松平大膳大夫《だいぜんだいぶ》(毛利敬親)(長州侯)はかねがね勤王の聞えある大名なりけるが、これを憂いて、文久元年十月を以て、意見書を幕府に呈し、公武御合体の事を勧《すす》めたり。要旨は、

先年より、外国へ和交御差許《おんさしゆるし》、条約御取替《とりかわ》せ相成り候儀は、元来御拠《おんよんどころ》なき御都合ありての儀に候へども、気節を負ひ慨志を抱《いだ》くものは、外夷《がいい》の威力に圧《おさ》れ、安を偸《ぬす》み戦を忌《い》むの俗情より、個様《かよう》に相成り候と存じ詰め、猥《みだり》に公儀(幕府)の御処置を如何《いかが》しく批判仕《つかまつ》り、叡慮《えいりよ》の旨《むね》は、鎖国の旧規を御墨守《おんぼくしゅ》遊ばされ候様に相唱《あいとな》へ、破約・戦争の説を主張仕り候、……然《しか》るに、鎖国・開国と申すは、待夷《たいい》の大体にして、関係は重く候へども、其《その》根本より観《み》れば、枝葉の説とも申すべし、……能《よ》く守るべくして之《これ》を攻め、能く攻《せ》むべくして之を守るは、兵家の常典、鎖《とざ》すこと能《あた》はざれば開くべからず、開くこと能はざれば鎖す可からず。御国体相立《あいたた》ずして彼が凌辱《りょうじょく》軽侮を受け候ては、鎖すも真の鎖すに非ず、開くも真の開くにあらず、開鎖の実は御国体の上にあり、御国体相立《あいたち》候へば、開鎖和戦は時の宜《ぎ》に従ひ、守株膠柱《しゅしゅこうちゅう》の儀は全

く有之間敷《これあるまじく》、……此《この》時勢に当りては、今一際《ひときわ》、天朝御崇奉《ごすうほう》の御取扱振《ぶ》り、世上へ相顕《あら》はれ候はゞ、天下の人心感服して、物議御鎮静容易に相整ひ、御国体の基本も相《あい》立可申哉《たちもうすべきや》に付き、速《すみやか》に開国の御大規模を立《たて》させられ、御国体儼然と相立候様、御国論相定められ度《たき》事に奉存《ぞんじたてまつり》候、……

とありて、その要領は幕府は朝廷を一層尊崇して、尊王の義を明にし、公武の隔意を去りて、御合体の実を堅くすべし、しかる上にて、宇内《うだい》の事情を説き、開国の議を決せば、朝廷も御承知ありて、物議は自《おのず》から鎮静すべしというにあるがごとし。これ長州の有名なる策士*長井雅楽《うた》の意見に出で、長井はこの年の夏、同じ意見の書面を京都にて*某卿に呈して試みたるに、事行わるべき機あるを知り得たりければ、長州侯を説きてこの書を幕府へ呈せしめたるなり。

聴《きく》がごとくなれば、当時久世はこの書を得て、やや長州に依頼せんと欲するの意ありしも、安藤は長州・薩州、到底幕府の良友にあらず、たといその主人は幕府に志を存するとも、現時薩長二藩の国論士議は、決して主人をして幕府の良友たらしむる事を肯《がえん》ぜざるべければ、依頼するともその詮なし、むしろ幕府は、成敗とも、強藩諸侯に依頼せずして、独力これに当るにしかずとて、同意せざりければ、久世もそのままにて止《や》みたりしが、その後安藤負傷して登城せざりける間に、長州侯は登城して久世に面会して、京都時事の急なるを告《つげ》られたりければ、久世は内務主任たるを以て、その腹心をして長井を呼寄せ、再三その見込を聞かしめ、京都へ赴きて公武御合体周旋《しゅうせん》の事に当らしめんと望みたり。長井は難色をなしてそれは時機すでに後《おく》れて、今は京都も鎖攘党の淵叢《えんそう》と相成て候わん、僕が初め申上《もうしあげ》たる時に、早く御決断ありたらば、ずいぶん行わるべかりしに、ただし久世殿かく仰《おおせ》られぬる上は、叶わざるまでも、命を擲《なげう》って上京いたし、相試み申すべしとて京都に赴きたりけるが、果せるかな、長井*は長藩尊攘党の諸士のために、途《みち》に擁せられて、長州に引戻され、ついに命を非業に殞《おと》せるに至れり。これにて公武御合体の周旋も行わるる事を得ざりけり。

当時京都は実に尊攘党の淵叢《えんそう》にして、薩長二藩はいうに及ばず、諸国よりして有志者と呼ばるるほどの輩《ともがら》は、皆京都に集まりて、公卿の気概ある人々を説き、攘夷の熱尤《もっとも》熾《さかん》なり。加うるに長州のごときは、その君侯が抱懐せられたる公武御合体の尊王佐幕説も、今は藩論の喜ばざる所となりて、その藩論は志士のために純然たる尊攘に傾きて、ついに長井に割腹せしむるまでに至りたり。されば京都にてはかの志士輩《はい》相会して、攘夷着手の相談にも及ばんほどの処に、薩州より島津三郎(後に久光《ひさみつ》公)上京してその藩士の命に従わざる輩を、伏見*にて取鎮《とりしず》め、朝廷に奏するに公武御合体の説を以てしたりければ、その説行わるに及べり。この影響にて幕府の議は再び変じて、久世*もまた六月(文久二年)において閣老を罷《や》められ、その後安藤とともに責罰《せきばつ》を蒙りたり。

かくのごとくにして、安藤・久世内閣は文久二年の五月を以てその終《おわり》を告げたり。

水野和泉守・板倉周防守の仮摂内閣

かの井伊《(直弼)》掃部頭《かもんのかみ》の後を受《うけ》たる久世《(広周)》・安藤《(信正)》内閣は、万延元年三月より文久二年五月に至りて顚覆《てんぷく》したり。すなわち本多美濃守《(忠民)》(三月十五日)・安藤対馬守(四月十一日)・内藤紀伊守《(信親)》*(五月二十七日)・久世大和守(六月二日)の四閣老相続《あいつい》で*免職となり、その間に残留したるは松平豊前守《(信義)》一名のみなりき。さてこの後を受けて内閣を組織したるは、水野和泉守《(忠精)》(三月十五日就職)・板倉周防守《(勝静)すおうのかみ》(同日)・脇坂中務大輔《(安宅)なかつかさたいふ》(五月二十三日就職、ただしその後ほどなく免ぜられ十*一月に至り故井伊大老の党与たりしを以て譴責《けんせき》を被《こうむ》りたり)、及び松平豊前守なりけり。さればこの年幕府大改革までの間は、水野和泉守・板倉周防守の仮摂《かせつ》内閣と認めて不可なかるべきか。

かの久世・安藤の内閣は鞏固《きょうこ》にはあらざりしかども、内外の難局に当りて、難苦を嘗《な》めたるの内閣なりしを、一旦《いったん》に顚覆し、水野・板倉をしてこれに代りて内閣を仮摂し、以て幕府大改革の準備をなさしめたるは誰が所為《しょい》なるか、これ実に史家の疑問に属する所なり。しかれども、余は疑うまでもなく、水野・板倉の閣老に任ぜられたるは、久世閣老の推薦に出《いで》たりと考定するものなり。そのゆえ何となれば、和宮《かずのみや》御降嫁ありて、この年(文久二年)二月吉辰《きっしん》を以て、将軍家(家茂公)とめでたく御合卺《ごごうきん》の式を行わせたまいて、表面上より見れば、公武御合体事行わるべう見ゆれども、その裏面を窺《うかが》えば、十年間に鎖攘を実行すべき約定は、また動かすべからざるの鎖鑰《さやく》となり、その上に安藤閣老が尊攘党の暴徒のために、坂下にて襲撃せられ傷を負いたるは、安藤一人の傷に止《とど》まらず、久世・安藤内閣の大負傷なりければ、久世はその内閣を維持するために、新《あらた》に計画する所あらざるべからず。かつそれ井伊元老の政略は、その死後に至りてますます世上に憎悪せらるるの甚《はなはだし》きを加うるとともに、水戸を始め、およそ戊午《ぼご》の大獄に罹《かか》りて罪を幕府に得たる大小名・藩士・浪士は、ますます世上のために同情を表せられたりければ、久世の慧眼《けいがん》なる、戊午京囚の反動は、遠からずして京都より江戸に波及すべきを覚知したるなり。しこうしてこの際に臨みて、幕閣のために謀《はか》らんには、閣老を更迭《こうてつ》代謝せしむるに若《し》くは莫《な》し、よって安藤・本多を罷《や》め、これに代るの人を覓《もと》むるに、板倉は先年寺社奉行となりて、戊午の京囚を治めし時に、寛典《かんてん》を主張し為《ため》に、井伊大老に擯斥《ひんせき》せられたる人なれば、正議の名を博して、尊攘党には評判の宜《よろし》き人物なり。次に水野はかの有名なりける改革閣老水野越前守の子息にして、才幹の名ある人物なれば、この両侯《りょうこう》を挙《あげ》て内閣に入らしめば、冀《こいねがわ》くは幕府を維持しまた久世自己の地位を保つを得べしと思考して、さてこそ推薦したるなれと思わるるなり。現に久世は井伊党なりしにかかわらず、安藤(信正)・本多(忠民)・内藤(信親)の三老が斥《しりぞ》けられたる後に止《とど》まり、六月までもなおその地位を保ちたるにて、これを証するに足るべきか。

この時に当り(文久二年三月)、尊攘の気焔《きえん》は、東においては水戸を根拠とし、西においては京都を根拠として、その熾《さかん》なるあたかも火を広原に放ちたるがごとし。しこうして水戸の方面はなおその一藩に止まり、それさえ藩中に反対党ありて、自《おのず》から幾分の気勢を制し得るがごとくなれども、京都の方面に至りては、これに反対するの勢力は、纔《わずか》に九条関白殿(尚忠)と所司代酒井若狭守(忠義)とのみにして、その他は公卿殿上人を始《はじめ》として、およそ京都に聚《あつま》りたる諸有志、いわゆる浮浪の輩は、相合して自から一団火焔となりて、以て幕府の開国主義を仇視《きゅうし》し、幕府にして依違《いい》して、鎖攘の勅命を奉行《ぶぎょう》せざることあらば、我ら朝廷を擁して鎖攘を実行し、併せて幕府の違勅を責め、これを討伐すべきなりと揚言するに至れり。時期すでにかくのごとくに迫りぬれば、ともかくも朝廷を和《やわら》げ奉りて、その歓心を得、以て一時その鎖攘の気勢を緩《ゆる》くするの外はあるべからずと、久世《(広周)》・水野《(忠精)》・板倉《(勝静)》の諸老は考えたりければ、朝廷の意を邀《むか》うるの弥縫《びほう》策を覓《もと》むるに汲々たりき。しかるにその一策たる長州侯建白の公武合体論は、すでにその機を失いて、長州侯は江戸を去り、長井雅楽《うた》は上京の途中より、国許《くにもと》に幽送せられて割腹となりたりければ、全く画餅《がべい》に属したり。この時京都にては島津三郎《(久光)》上京し、これも同じく公武合体論を抱懐し、伏見にてその説論に服せざる藩士を処置して、以て過激なる鎖攘党の気勢を挫《くじ》き、朝廷の信任を博し、漸《ようや》くその持説を奏して、朝廷の嘉納する所となり、まさに勅使大原《(重徳)》三位《さんみ》に随行して東下《とうげ》せんとす。所司代はこの情勢を詳《つまびらか》にせるを以て、島津三郎東下せば、幕府にては特別に礼遇ありてしかるべしと閣老に注意したりけるに、閣老は先に島津三郎が兵を率《ひきい》て西上せりと聞き、十分の疑惑を懐《いだ》きたるに、今またこの注意を得て、ますます危惧の情を増し、未だ三郎に接せざるに先《さきだ》ちて、すでにこれに対して嫌疑の念を挟みたりしがごとし(この事は後章に至りて詳説すべし)。

かくて水野・板倉内閣は、京都の歓心を得んがために、井伊・安藤の所為に反対するの実を表示し、まず第一着には松平肥後守《(容保)》(会津)・松平春嶽《(慶永)》(越前)の両侯に、以来重立《おもだつ》御用向申談《むきもうしだん》ずべくたびたび登城致さるべしとの台旨を下し*(四月十日の事)、尾張大納言《(徳川慶勝)》殿・一橋《(慶喜)》刑部卿《ぎょうぶきょう》殿御隠居後の登城を促し、将軍家を勧《すす》めて御対顔を行わせられ(五月七日の事)、以て暗に勅使の東下を待ちたりしに、勅使大原卿は六月七日を以て、島津三郎とともに江戸に着したり。しかるに長州の世子*長門守(毛利元徳公)はこの頃江戸にありけるが、島津江戸着の前日を以て、道を引違えて帰国の途に就かれたり。これ一つには長州が薩州と事をともにするを喜ばざると、二つには島津三郎が抱懐せる公武御合体の方針は、すでに長州が放棄したる所なるがゆえなりしか。しかれども将軍家上洛の一儀は、当時長州より切に幕閣に勧《すす》め、幕閣は長州に対《むか》いて、その採用を約したること、蔽《おお》うべからざるの事実なりき。

勅使は治国三策の勅諚を齎《もた》らしたり。その要領は、

*……当内修文徳、外備武衛、断然建攘夷之功、於是、斟酌衆議、執守中道、欲使*徳川再興祖先之功業、更張天下之綱紀、因策三事、

其一曰、欲令大樹率*大小名上洛、与公卿大夫、議治国家攘夷狄、上慰　祖神之宸怒、下従義臣之帰嚮、啓*万民化育之基、比天下於泰山之安、

其二曰、依豊太閤之故典、使沿海之大藩五国、称五大老、為諮決国政、防*禦夷狄之処置、則環海之武備堅固確然、*必有掃攘夷狄之功、

其三曰、令一橋刑部卿援大樹、越前前中将任大老職、輔佐幕府内外之政、当不受左衽之辱、此万*人之所望、恐不違朕意、決于此三事、是*故、下使於関東、*蓋使幕府選三事之一以行也

とあれば、(一)将軍家御上洛、(二)五大老設置、(三)一橋殿御後見、春嶽殿御大老の三ケ条にして、幕府はこの中の一ケ条を選びて奉行せよとの勅諚に外ならざりけり。しこうしてこの三事の来由を尋ねれば、第一の上洛は長州の説、第三の御後見大老は薩州(島津三郎)の説にして、第二の五大老は公卿の説なりといえり。当時幕閣にては、板倉閣老、主として勅使および島津三郎に応接したりけるが、久光公(島津三郎)の手記によれば、島津は今日において将軍家御上洛の事は、幕威を墜《おと》すの恐《おそれ》あれば、決して然るべからず、また五大老を設けらるるは、確執を招くの禍源なれば、これ以て然るべからず。

ただただ一橋刑部(慶喜)卿殿を御後見に立《たて》られ、越前の春嶽殿を御大老もしくは総裁職に任ぜられんは、幕府のためにこの上もなき御都合なれば、御英断あるべしとは勧《すす》められたり。板倉ももとより刑部卿殿・春嶽殿を推戴せん事は同意なるを以て、閣僚の異論を排斥して、その事に決し、すなわち台旨を以て刑部卿殿をして*一橋家再相続せしめ、将軍家御後見となし、*春嶽殿(初め越前守後に大蔵大輔《おおくらたいふ》)を御政事《せいじ》総裁職に命じ、以て勅諚遵奉《じゅんぽう》の実を挙げられたり。ここにおいてか春嶽殿は叡慮《えいりょ》を以て幕閣の総理とは成られたりけり。

松平大蔵大輔(春嶽殿)

春嶽殿《(松平慶永)》は、藩主としては良主とも英主とも称賛するを得べきか、幕末の政治家としては、別に称賛すべきの価値あるを見ざるなり。この殿の幕政に与《あずか》られたるは、きわめて短小の時間にして、その幕閣におけるや、井伊大老のごとき実権を有せざりしがごとし。しかれどもこの年(文久二年)幕府の大改革は、この殿の意中に出《いで》て、断行せられたる所なれば、実にその責に任ぜざるべからざるなり。けだし春嶽殿は越前守と呼ばれし時よりして、薩州侯《(島津斉彬)》とその令名を同じくし、幕府の親藩にては、水戸の烈公に続いて名望ありし人なりき。ただし水戸にては藤田虎之介《(東湖)》・戸田忠太夫《(忠敞)》の両雄を、安政の地震に失われてより、烈公の識見は大《おお》いに降《くだ》られたるがごとく、越前にても戊午《ぼご》の大獄に橋本左内*を殺されてより、春嶽殿の智略も頗《すこぶ》るその活動を欠きたりければ、今やその総裁職たるに及びて、幕閣の諸老および諸有司が意外の想《おもい》をなしたるも、けだしそのゆえなきにあらざりしなり。

この時の幕閣は、春嶽殿と板倉《(勝静)》閣老とを以て、その首領と認むること、実際において当然なりけるが、この越前・板倉内閣施政の手始《てはじめ》に、安藤《(信正)》・久世《(広周)》の封地各一万石を削りたること、果して何の譴罰《けんばつ》なるか。安藤は勤役中不正の取計《とりはからい》これありといい、久世は勤役中不束《ふつつか》の取計これありといえる仰渡《おおせわた》されなるが、およそかかる場合には、まず幕使を以てその不審の廉々《かどかど》を訊問せられ、その答奏を聞きての上に命ぜらるるが恒例なるに、この時久世・安藤へはかつてこの事ありしとも聞及ばず(井伊大老の党与たるがゆえなりし事は、この後に至りて公発せられたり)、久世・安藤、ともに幾分の私利を営みたる跡もありしならんが、これは当時幕閣の常態にして、あえてこの両老をのみ咎《とが》むべきにあらず。しこうして久世はずいぶん幕府のために辛苦したるの労あり、安藤に至りては、特に外交上の勤労多かりしに、これを賞せざるまでも、かく追罰したるは、むしろ越前・板倉内閣の不明にあらざるを得んや。もし不明にあらずといわば、これ久世・安藤を犠牲として以て世論に媚《こ》びたる者にあらずや。

次に島津三郎《(久光)》の上京道中において(八月二十一日)、その家来が、生麦*にて英人を殺害せしに当り、島津家は明かにその事由を神奈川奉行に届けたるなれば、当時速《すみやか》に幕閣より命令を下したらんには、島津家は異議なくその下手人を出し、武士道を以て切腹せしめたる、なお明治元年*堺《さかい》における土州士人のごとくなる覚悟ありたらんに、この内閣は、当時外国奉行等より切にこの事を要《もと》めたるにかかわらず、左顧右眄《さこうべん》していたずらに時機を誤り、島津家を出発せしめ、ついに鹿児島砲撃の難を搆《かま》うるに至らしめたること、この内閣の過失にあらずや。

次にこの内閣が挙行したる改革を以て、幕府の褥礼《じょくれい》を廃し繁文《はんぶん》を省きたるは、さる事ながら、諸大名の参覲《さんきん》交代を緩《ゆる》め、その妻子の在国を許したるは、そもそも何ぞや。徳川幕府創始の時より、その正妻嫡子《ちゃくし》を江戸の藩邸に居住せしむるは、すなわちこれを人質として諸大名がその弐心《にしん》なきを幕府に証するがためにして、その参覲は、臣礼を執《と》りて幕府に奉仕するがためにあらずや。三代将軍家光公の盛時か、もしくは八代将軍吉宗公中興の日において、かくのごとき英断を行いたらば、あるいは諸大名をして、幕恩に感戴《かんたい》するの心を発さしめたらんは知らず、今や幕威はほとんど孤城落日のごとき状況なるに、諸大名の参覲を緩《ゆる》め、その妻子の人質を返したりとて、これいたずらに幕府がかえって諸大名に媚《こび》るの実を示すに外ならざれば、何の効をか為《な》さん。これよりして諸大名が、ますます幕府を軽蔑するの心を増長したるは、事実の証したる所ならずや。けだし春嶽殿は、嘉永・安政の交よりして、諸大名就国《しゅうこく》の説を主張し、これを以て国防の第一義とは信ぜられたるにより、今その内閣に首座するの時を以て、この宿論を実行し、併せて幕恩を諸大名に売るの方便となしたりけるにその結果は全く反対して幕威を墜《おと》すの損害たるに止《とど》まれり。もしかかる処置を施さずして、旧慣によらしめば、幕府の命脈あるいは少しく長きを得たるべきに、これを促戕《そくしょう》したるは、その過失なりといわんも、この内閣は弁解するに辞なかるべきか。

次にこの年十一月*に至り、この内閣が井伊その外を追罰譴責したるの跡を見るに、頗《すこぶ》るその当を失するの疑義なしとせざるなり。請《こ》うその責罰を見よ。

井伊掃部頭(直憲)　十万石召上《めしあげ》らる

父掃部頭(井伊直弼)　(一)大老勤役中京都に対し挙(奉)りて宸襟《しんきん》を悩ませらるゝ様の取計《とりはからい》を致し、(二)賞罰黜陟《ちゅっちょく》とも我意に任せ、(三)賄賂《わいろ》私謁《しえつ》の儀も少からず、(四)不慮の死を遂《と》げ候に至りても上聡(聴)を欺《あざむ》き奉《たてまつ》り候段重ゝ不届《ふとどき》に思召《おぼしめ》さる

内藤紀伊守《(信親)》(元閣老)　村替一万石旧地引戻し
　同列の中不正の取計いたし候とも心附《こころつ》かず不束《ふつつか》の至り
間部《まなべ》下総守《(詮勝)》(元閣老)　一万召《(石)》召上られ隠居慎《つつし》み
　(一)外夷《がいい》取扱《とりあつかい》の儀に付《つき》ては、朝廷に対し奉り不正の取計これあり、(二)重き方〻へ不相当の仕向いたし、(三)故井伊掃部頭の意を取け《(受)》候とは申《もうし》ながら、重大の事件軽易に心得、公武の御一和を失ひ、天下の人心不居合《ふおりあい》を開き候段
*酒井若狭守《(忠義)》(元京都所司代)　加増召上られ隠居蟄居《ちっきょ》
　勤役中如何《いかが》の取計有之《これあり》、公武の御間柄《あいだがら》に付《つき》権謀詐術の行ひ有之
*堀田備中守《(正睦)》(見山、元閣老)　隠居蟄居
　外夷取扱の儀に付、品〻叡慮《えいりょ》の趣も在《あ》らせられ候処、重大の事件軽易の《(に)》心得、万端不《ふ》行届《ゆきとどき》の取計いに及び候段
*久世大和守(元閣老)　一万石召上られ隠居永蟄居
　(一)勤役中不束《ふつつか》の筋有之、(二)故井伊掃部頭横死の節、上聴を欺《あざむ》き奉り候段
*安藤対馬守(元閣老)　二万石召上られ隠居永蟄居

同断

松平和泉(乗全)守(元閣老)　先年村替の一万石旧地戻し隠居

(一)飯泉喜内《いいずみきない》初筆の一件(京囚)吟味の儀に付《つき》、故井伊掃部頭の意を受《うけ》御制典を紛乱《ふんらん》いたし、(二)同人横死の節、上聴を欺き奉り候段

*松平讃岐守　隠居蟄居

松平(宗秀)伯耆守《ほうきのかみ》(元寺社奉行)　差控《さしひかえ》　京囚一件

脇坂(安宅)中務大輔《なかつかさたいふ》(揖水、元閣老)　急度慎《きっとつつしみ》　井伊横死一件

*水野土佐守(紀州殿御城附)隠居差控《さしひかえ》　井伊に阿諛《あゆ》いたし

*松平出雲守(元〔御〕城目付)　免職差控　京囚一件

*大久保越中守(元京都町奉行)　免職差控　勤役中事実不分明の取計

*松平式部少輔(元御勘定奉行)　免職差控

*駒井山城守(元大目付)　免職差控

*黒川備中守(元御目付)　免職差控　京囚一件

*石谷因幡守(元町奉行)　隠居差控　京囚一件

*岡部土佐守(元京都町奉行)　免職差控
*久貝因幡守(元大目付)　二千石召上られ隠居差控　京囚一件
*池田播磨守(元町奉行)　免職差控
伊東長春院(奥医師、御匙)　免職差控
浅野伊賀守(氏祐)(元御目付)　差控

この責罰の不当なるは、余が挙示するまでもなし、読者にしていやしくも当時の跡を察せば、自《おのず》からこれを判断するに容易なるべし。要するに井伊大老のために、儲君《ちょくん》議につき、もしくは京囚一件につき、諸大名、諸有司が厳罰を被《こうむ》りたる反動の復仇《ふくきゅう》にあらざれば、すなわち京囚横死者のためにその怨を報いたるの処為《しょい》に類し、さらに徳川氏が懲《ちょう》戒《かい》に重《おもき》を置《おき》たるの例に適《かな》わざるの責罰なり。ああ井伊内閣は、先に幕府の制典を紛乱してこの内閣は後に再びこれを紛乱してそのはなはだしきを加えたり。しかるを今日の史家が、こもごも前者をのみ尤《とが》めて、あえて一人の後者を尤むる者なきは何ぞや。

春嶽殿及板倉内閣の対京政略

春嶽殿（松平慶永）の改革は、幕府の実権実力なきを天下に示したるに終りたり。その繁文縟礼《はんぶんじょくれい》を省《はぶ》きたるがごとき、*陸海軍の拡張を計りたるがごとき、幾分の功果《こうか》なかりしにあらざれども、これとても真の根本的革新を断行したるにあらざれば、表面に止《とど》まりて、さらに幕政の宿弊を一洗したりとはいうべからず。その上にこの宿弊一洗は、初《はじめ》よりして春嶽殿および板倉周防守（勝静）・水野和泉守（忠精）を以て組織せる幕閣に、期望し得べき事業にあらず。徳川三代（家光公）・八代（吉宗公）のごとき英主にして上にましますか、ただしは松平伊豆守（信綱）・間部《まなべ》越前守（詮房《あきふさ》）・田沼主殿頭《とのものかみ》（意次《おきつぐ》）・松平越中守（定信）・水野越前守（忠邦）等の閣老下にありて、力を協《あわ》せて断行せば、あるいはその功を見たる事もあらんが、当将軍家（家茂《いえもち》公）幼主なるが上に、幕閣またその人を得ずして、時勢はすでに幕府をして衰亡の逆境に瀕《ひん》せしむるに遇《あ》う、その成す所なかりしもまた勢のしからしむる所なりというべきか、余はあえてその成功なかりしを尤《とが》めざるなり。

さて将軍家御上洛の事は、島津三郎(久光公)がこの儀しかるべからずと諫《いさ》めたるにもかかわらず、幕閣は断然この大典を挙行すべしと決議し、当時朝廷が大原(重徳)を勅使として東下《とうげ》せしめ、三事の一を択《えら》びて実行せよと勅諚ありけるに、幕閣はかえって三事の二を実行すべしと奉答したること頗《すこぶ》る不可思議の次第なり。しこうしてこれを幕閣に決議したるは、実に春嶽殿と板倉との両人の力なるがごとし。ただし将軍家上洛の事は、大原勅使東下の前に、板倉等はすでにこれを長門守(長州の世子定広、後に元徳公)に約束し、長門守はこの約束を得て西上せら〔れ〕たるなれば、今さら変更し難き事情あるによれりといえども、春嶽・板倉等の京情を知るに迂《う》なるや将軍家にして御上洛ありて、親しく天顔に咫尺《しせき》したまわば、宸襟《しんきん》も直《ただち》に安まりたまいて、関東の意のごとくに思食《おぼしめし》直らせたまうべく、はた当時激烈なる尊攘論に心酔せる若公卿ばらも、将軍家の威勢に恐れて、自《おのず》からその鋭鋒も挫《くじ》け、朝議は万事関東の注文次第になるべしと思い誤り、俗にいわゆる自惚根性《うぬぼれこんじょう》よりして、今度の上洛は、あたかも慶長・元和・寛永の頃の上洛のごとく、その盛儀を以て京都の心を奪い、一般の人心を慴伏《しょうふく》せしむるに足るの功績あるべしと信じたるもの、幕閣をしてその決議をなさしめたるかと思わるるなり。今日より考うれば、さる迂遠《うえん》の事情はあり得べからざるがごとくに思わるるべけれども、当時幕閣は世情に疎《うと》き大名中より挙《あげ》られたる閣老板倉周防守・水野和泉守・井上河内《(正直)》守・松平豊前《(信義)》守等が春嶽殿を戴《いただ》きて組織したる集合体なりければ、その時務に暗く、大勢に通ぜざる、実に常情の外に出《いで》たれば、幕閣がかかる空想を抱けるも、また決して怪しむに足らざるなり。

かくのごとくなれば、幕閣は朝廷攘夷の議は、将軍家上洛ありて決せらるべし、しこうしてその議は上洛あらば自から消滅すべしと思い信じて、ひたすらに上洛の用意手続《てつづき》ども取調られたる所に、*再び勅使下向の沙汰に接して案外の思《おもい》をなしたりけり。曩《さき》に大原三位《(重徳)》が勅使に立ち、島津三郎《(久光)》これに随行して江戸に下り、*六月十三日を以て登城し、朝命遵奉《じゅんぽう》の台答を得て、帰洛の途に上りたるは、*八月二十一日の事なりしに、その後数月を経ざるに三条中納言(実美公)・姉小路《あねがこうじ》少将《(公知)》の両卿は十一月を以て再度の勅使として江戸に下向し、その月(十一月)二十七日、将軍家は勅使御対顔の事に及びたまえり。従来将軍家が勅使に対顔あるや、その儀式には*一定の典則あるにかかわらず、今度は京都御尊崇の廉《かど》を以てその式を新《あらた》にして、大《おおい》に将軍家の威厳を減じたり。これも春嶽・板倉の議に出たりといえり。

これより先き、京都においては、島津三郎の上京を以て、尊攘の過激論はその気勢を挫かれて、島津の持論たる公武合体の温和論その力を得て、大原勅使東下《とうげ》の事に及びたりけるに、島津が東下に入替《いれかわ》りて長州の長門守西上して将軍家上洛の旨を奏せられたるに引続き、過激党の気焰は再び熾《さかん》になりて、温和党の公武合体論は苟且《こうしよ》の弥縫《びほう》策なりと擯斥《ひんせき》せられたりければ、大原*は復命の後に勅勘を蒙られ、島津もまた怏々《おうおう》不平を懐《いだ》いて京都を去りたるにより、京都*の廷議はまた再び一変して、過激党の勢力に左右せられ、純然たる鎖攘論となり、すなわち壮年にして雄図ある三条・姉小路を勅使に立て、将軍家に達せられたる勅諚の趣《おもむき》は柳営《りゅうえい》において、いよいよ攘夷決定これあるの趣に、諸大名に布告これあるの儀、思召《おぼしめ》され、策略の次第は、武将の職掌に候間《あいだ》、早速詳審《しょうしん》に衆議候て、至当の公論これあり、醜夷《しゅうい》拒絶の期限とも、奏聞を遂《とげ》られ候様、御沙汰の事とあり、同じ聖天子の勅諚にして、前後かくのごとくに主趣を異にしたるは不可思議千万にあらずや。

前には大樹をして大小名を率《ひきい》て上洛せしめ、公卿大夫と国家を治め、夷狄《いてき》を攘《はら》う事を議せしむべしと正しく宣《のたま》わせたるにあらずや。しからばすなわち攘夷問題は、将軍家上洛ありて後にこそ、議決せしめらるべき叡慮《えいりょ》にてありしならめ。しかるを今度はそれに引替えて幕府は攘夷に決定の趣を諸大名に布告すべし、幕府は早速に衆議を以て攘夷の策略を決定すべし、幕府は醜夷拒絶の期限を奏聞すべしとの御沙汰なり。前後いずれか真の叡慮なるや、これを識別し奉るに苦《くるし》むは勿論なれば、幕閣は勅使に対《むか》いて、十分にこれを質問し、併せて勅諚の前後かくまでに変更したる理由を詰問せざるべからざるに、この時の応答は板倉が主任となりて議を定めたりと聞きたるが、さらにこれらの質問にも詰問にも及ばざりけるは何ぞや。

当時板倉閣老は、勅使に対いて色を正して、将軍家は、曩《さき》に勅諚三事中の二事を実行すべしと答えたり、しかれば攘夷の事たる、上洛の上にて勅諚のごとく公卿大夫とその利害得喪《とくそう》を議して決すべし、これすなわち叡慮に従い奉る所なれば、その前においては諸大名へ布告する事も、計略を定むる事も、拒絶の期限を奏聞する事も成し能わず、実際の順序しからざるを得ざるなりと答えたらんには、三条・姉小路、いかに急激攘夷論者たりとも、理の当然に逆《さから》うを得ざるべきなり。それをしも強《しい》て勅諚のごとくにせよと迫らば、廷議の前後かくのごとくに矛盾するは如何《いかん》、かかる動揺の廷議を承わりては、幕府は国家の安危を以て任ずるの重責において、遽《にわか》に奉行《ぶぎょう》すること能わず、将軍家自《みず》から上洛して、親しく真正の叡慮《えいりょ》を窺《うかが》い奉るべき間、勅使には御帰京ありて、この旨《むね》奏聞あるべしといわんに、何の不可なる事かこれあらん。しかるを板倉も春嶽殿も、かかる確乎たる決心はさらになく、依違《いい》因循《いんじゅん》を以て一時を弥縫《びほう》するに汲々たるより、正議を将《もっ》て勅使に答うるの正道によらずして、かえって姑息《こそく》瞞着《まんちゃく》の邪路に走り、曖昧たる答詞を以て勅使を帰洛せしめ、以て愚かにもこの難関を過渡せりと思惟《しい》したり。しこうしてその答詞は曖昧なるも、攘夷の策略を決定し拒絶の期限を奏聞すべしといえる言質は、慥《たし》かに勅使に取られて、また変更すべからざるの鉄鎖《てっさ》に繋《つな》がれたるにあらずや。

そもそもこの勅使の目的は、あえてこれらの事につき、将軍家の確答を得るがためにあらずして、廷議はすでに攘夷と決したるがゆえに、将軍上洛の上たりとも、この廷議をば動《うご》かさしめずとの鎖鑰《さやく》を早く下しおかんがためたりし事は、智者をまたずして明白なれば、これに対するの方略は、前述のごとき答詞のみなるに、幕閣がその勇断を欠きたるは、板倉・水野(忠精)の過《あやまち》か、ただしは春嶽殿の誤《あやまり》か、余は当時の幕閣のために、その識見なかりしを惜むなり。けだし板倉・水野もしくは春嶽殿が、この時において剛毅《ごうき》の勇断を欠きたるは、内を顧《かえりみ》れば、幕府の有司《ゆうし》中に、硬骨、事に当るの士に乏しく、外を見れば、水戸その他の諸藩に、攘夷論、盛に行われて、ややもすれば暴発すべきの色ありけるを以て、もし幕府が攘夷の勅諚に対して、遵奉《じゅんぽう》を否むがごとき状あらば、禍機は直《ただち》に江戸城の内外において潰裂《かいれつ》すべきの恐《おそれ》ありと懸念し、そのために勇断の気力をも銷尽《しょうじん》したるものか。

しかのみならず、春嶽殿も板倉も、実に京都および諸藩の事情を察知するに迂遠究《きわ》まりたり、この時に当りてや、京都も諸藩も、過激攘夷論と公武合体論との間に彷徨《ほうこう》して、互に一起《いっき》一仆《いっぷ》をなせり。しこうして公武合体論は、島津三郎(久光)その牛耳《ぎゅうじ》を執りて、関白縉《しん》紳《しん》の老成公卿は、大抵これに同意したり。他の過激攘夷論は、長州その首領にして、公卿の壮年有士の方々、及び諸国の浮浪みなこれに与《くみ》して、その勢力を張りたるがゆえに、いやしくも幕閣にして島津三郎の功名心を利用してこれを結托せば、京都にては青蓮院宮(朝彦親王)を始《はじめ》として、近衛(忠熙)・九条(尚忠)・千種《ちぐさ》(有文)・岩倉(具視)の諸公、みなことごとく同意を表し、諸大名も大抵その旌幟《せいし》の下に集まらんは、疑《うたがい》を容《い》るるまでもなし。しかる時にはたとい過激攘夷党が、一時その勢力を張るも、これを鎮圧せんこと、あえて至難の事にはあらじ。これを要するに公武合体論者は門閥家に多くして、自《おのず》から保守の精神に厚く、過激攘夷論者は少壮有志および微禄浮浪の徒なれば、進取の気象に富めるを以て、この両者の争《あらそい》たるに過ぎざるなり。しからばすなわち最終の功果は、ついに後者の収むる所に帰すべきも、当分の間は公武合体論その勝を占むるを得たらんに、幕閣が島津と提挈《ていけつ》するの決意なかりしは何ぞや。

ある者は云《いわ》く、これ薩州が、生麦にて外国人殺害の事ありしがために、薩州と提挈しては、外交上不測の禍《わざわい》を受《う》くる事あらんかとの懸念ありしがゆえなりと。この説一理あるに似たれども、余が知る所を以てすれば、これ一場の辞柄《じへい》たるに過ぎざるなり。当時外交を任とせる閣老には、さるほどの考案ありしは一人もなかりしなり。思うに幕閣はその初めよりして常に薩摩を以て、幕府に向って異図を有するものと思い做し、隠然たる一敵国のごとくに考察したるを以て、島津三郎に向っては幾多の猜忌《さいき》を挟み、目するに京都党の一人を以てし、これと提挈《ていけつ》するには、大《おおい》に躊躇する所ありけり。その上に、生麦の変事といい、薩藩士中過激派の挙動といい、不審に思わるる事ども多き処に、再度の勅使東下して、攘夷の期限を迫るに及び、さてこそ島津も毛利も、案のごとく幕府を困難せしむる事については、同穴の狐狸にてあったるなれ、公武合体と勢言《せいげん》せしは幕府を欺《あざむ》きて油断させ、退引《のっぴき》ならぬ攘夷の羈軛《きやく》に処せしめたる者なりと誤察して、これと疎遠になり、ついに良友を逸したるに外ならざるなり。

春嶽殿の幕政改革と同時に、幕府の制度は物の見事に破壊したれども、これに代るべき制度は建設に到らざりしを以て、格式秩序の紊乱《びんらん》とともに、紀綱《きこう》も自《おのず》から廃頽せられて、群盗漸《ようや》く諸国に起り、ことに京師《けいし》のごときは、暴徒の巣窟となりて、幕吏および幕府のために偵察の用たる者、もしくは幕府に左袒《さたん》する者を目するに、奸徒の名を以てし、これを襲撃し暗殺してさらに憚《はばか》る所なく、京都町奉行所の役人等の力を以ては、この輩《ともがら》を逮捕する事も制御する事も能わず、江戸においてもまたそのごとく、浮浪の輩が攘夷に猖獗《しょうけつ》にして無智なる、横浜において外商と取引するの商人を国賊なりと呼び、これを脅《おど》して安寧を妨ぐるのみならず、一種のある策士等が、国学者の塙《はなわ》*次郎等を殺したるがごとき、あるいは幕府が御殿山《ごてんやま》に新築したる公使館に、火を放ちて焼たるごとき*、幕府を畏怖《いふ》せしめ困難せしむるの事は、何に限らずその暴挙を行いたれども、春嶽・板倉内閣は厳粛なる取締法を設《もうけ》てこれを鎮圧すること能わざりき。その挙《あげ》て皆政治家たるの能材なきや、この一事を以て知るべきなり。

　かかる状勢なれば、当時要職を奉じたる幕吏中にも、政治家たるの人材ははなはだ乏しく、たまたまこれあるも、板倉・水野《(忠精)》等は抜擢して、大にこれを用うること能わず、むなしく賢愚能否をしてその器《うつわ》を同じゅうせしめたれば、阿部・堀田の内閣時代とは、すべてその趣を殊《こと》にして、また秩序の観るべきものなきに至れり。その他松平阿波守《(蜂須賀斉裕)》(蜂須賀侯)を陸軍総裁に命じ、松平閑叟《かんそう》《(鍋島直正)》(佐賀侯の隠居)を将軍家文武御修業の相談に命じ、松平容堂《(山内豊信)》(土州侯の隠居)を顧問として時々登城すべしと命じ、*田安大納言《(慶頼)》に慰《い》して、官位一等を辞退して隠居せしめたるがごとき、畢竟《ひっきょう》世間の風潮に漂えるまでの処置にて、一としてその実に適せるものを見ざるなり。

　この匆劇《そうげき》の間《かん》において、生麦一件の談判は、幕閣と英公使との間にて決了するに至らざりければ、英国は強大なる艦隊を日本に差向け、最後の談判に及ぶべしといえる報知は、すでに幕閣に達して、目前に迫れるの一大問題たるにかかわらず、幕閣はあえてこれを意に介する体《てい》もなく、対京政略にのみ眼を注ぎ、一橋中納言《(慶喜)》殿・松平春嶽殿は先発して上京せられ、将軍家には英艦のために抑留せられん事を恐れさせて、予定の海路を急に変更して陸路を取りたまう事となりて、文久三年二月十三日と申すに、江戸城を出《いで》させて、上洛の御道《おんみち》を東海道に取らせたまえり。その御供の閣老は板倉周防守・水野和泉守（忠精）・*小笠原図書頭《ずしょのかみ》にして水戸殿を初めとして諸大名の面々前後上京にてその扈従《こじゅう》たり。しこうして江戸に止《とど》まりたる閣老は井上河内守（正直）・松平豊前守（信義）にして、尾州殿（徳川茂徳）江戸城留守の任に当られたり。しかるに生麦一件の対英政略については、幕閣が内議を一決したる事もなく、みすみすこの大事を後にして上京したるは、その無頓着なる実に沙汰の限《かぎり》というべきなり。ああ当時の幕政を掌《つかさど》れる政治家たる春嶽殿・板倉等にしてかくのごとし、幕府の衰亡を促せるまた宜《むべ》ならずや。

春嶽殿及板倉・水野諸老

将軍家(家茂公)御上洛中の諸事に関しては、一橋中納言殿《(慶喜)》・春嶽殿《(松平慶永)》の両卿、主としてその責に任じたまうべきこと、表面上の職制にはあれど、その実況をいえば幕府の事務はなお板倉《(勝静)》・水野《(忠精)》諸老の手によって処決せられたるを以て、幕権は全くこの時を以てその統一を失いたり。一橋殿は儲君《ちょくん》議の時よりして夙《つと》に幕閣嫌疑の間に立ち、春嶽殿とてもまたそのごとくにてありければ、去年(文久二年)朝廷の御沙汰によりて御後見とならせられ総裁職となられたりといえども、一橋殿は儼然として摂政の地位に立ち進みて将軍家に代り幕政を親裁したまうというにもあらず、春嶽殿もまた進みて幕閣に首座してこれを総理する井伊大老のごとくなるにもあらずして幕閣の外に居《お》られたるがゆえに、その状はあたかも客位に備わりて他の稟議《ひんぎ》に対して意見を発せらるるに過ぎざるに似たり。しこうして板倉・水野の諸老とてもかの御後見総裁職を排して自《みず》から幕閣を維持するというほどの敢為《かんい》果《か》断《だん》あるにもあらざりければ、己《おのれ》ら幕政を掌理《しょうり》しながらなおその命を聴く所あるを以て、また従前の閣老のごとくに専権なること能《あた》わずして、幕府の大権はこの両者の間に彷徨《ほうこう》したるの情況にてありき。もし一橋（慶喜）殿・春嶽殿にして進みてこの大権を掌握し政務を主宰したまわばあるいは当時やや観るべきの跡もありしならん。もしまた板倉・水野（忠精）の諸老にしてかの両殿を虚位に居らしめて説を幕議に容《い》れしむる事なく、細大の政務みな閣議によって決したらんには、なお当時の状態に勝《まさ》れる所ありしならんに、その二つながら然るを得ざりしは幕府の志士が常に慨嘆したる所なりき。

　そもそも一橋殿の御事については余は他日大《おおい》にいわんと欲する所あるを以てここにはあえて叙述せざるなり。春嶽殿のごときは前にも一言したるごとく、原来政治家の器にあらざれば、この人に向って幕閣を総理する井伊大老のごとくせよと望むはもとより能わざるを責むるものなり。井伊は将軍家の信任を得て幕閣にその股肱《ここう》を有したれども、春嶽殿は嫌疑の間に立ちて、幕閣のためには時ありては隠然敵視せらるるを免れず、悪《いずくん》ぞこれに臨みて総裁の名実を全くするを得んや。いわんや春嶽殿その器にあらざるにおいてをや。また板倉・水野の諸老、もとこれ太平の宰相、無事の執政たるに過ぎざれば、進みては御後見・総裁職を度外に見なして己《おのれ》ら十分に幕閣の権能を逞《たくまし》くすること能わず、退《ひ》いてはかの摂政・総理の実権を捧げ謹みてその命令に服従する事をあえてせず、いたずらに幕権をして推諉《すいい》の間に依違《いい》せしめたるはあに諸老の罪にあらずや。要するに当時の事たる、婉曲にこれをいえば両者互に嫌疑を避けて謙譲に過ぎたるなり。真摯《しんし》に評すれば両者互に責任を避けて自家頭上の蠅を逐《お》いたるの過《あやまち》なりと幕府の遺老某が評したるは頗《すこぶ》るその理ありというべし。

さて将軍家(家茂公)の御上洛に至りては、実にその目的の那辺《なへん》にありしかを識《し》るに苦しむなり。板倉・水野の諸老は徳川氏の国初において、*家康・秀忠・家光の三公が上洛ありて将軍家の権威を京洛の地に輝《かがやか》し、孱弱《せんじゃく》の公卿を慴伏《しょうふく》し朝廷をして政治に容喙《ようかい》したまうこと能わざるに至らしめたる往時の歴史を夢み、今日たりとも将軍家御上洛あらんにはたとい往時のごとくならざるまでも、朝廷においては将軍家の奏上を聞召《きこしめ》して、外政内治およそはその請《こ》う所を容《い》れさせたまうならんと多少自から恃《たの》む所ありて、俗にいわゆる自惚根性《うぬぼれこんじょう》に誤られ御上洛を断行したることとけだしその真相を穿《うが》ち得たるの観察なるべし。しかるに御上洛ありての実況を視れば、事勢全くこれに反して、将軍家がその進退に窮したまえるに陥りたるは、そもそもこれ誰が過《あやまち》ぞや。他日将軍家のためにその伝を作るの史家ありて、これすなわち春嶽殿及び板倉・水野諸老の過なりと断論せんも、余はこの諸老のために弁解するの詞《ことば》なきに苦しむなり。

事情の変遷を顧《かえりみ》るに、前にも述べたるごとく、大原卿《(重徳)》が勅使となりて島津三郎《(久光)》を伴い東下《とうげ》ありし時に、幕閣が勅諚の三事中にて一橋殿・春嶽殿を幕閣の上に戴《いただ》ける上にも、将軍家御上洛あるべしと奉答したること実に無謀の軽挙にして幕閣第一の過なり。

次に三条卿《(実美)》が勅使として東下*の時に当り攘夷の可否すら将軍家上洛の上ならでは定むべきにあらざるに、今日を以て軽忽《けいこつ》にもその攘夷の実行を布告し期限を予定するがごときは思いもよらざる儀なりと主張してこれを排斥すべきに、さはなくて、いたずらに弥《び》縫《ほう》の拙策を取り、曖昧《あいまい》の答詞を以て勅使を瞞着《まんちゃく》しこの難関を過渡せんがために、幕府はともかくも攘夷の策略を決定して、その実行期限を上奏すべしと無責任の言を放ち、この勅使のために動かすべからざるの言質を取られたる事幕閣第二の過《あやまち》なり。

次には文久三年将軍家御上洛に先《さきだ》ちて(二月の事かと覚ゆ)、京都においては三条卿《(実美)》を始め攘夷主論の公卿が一*橋殿の御旅館に押寄せ来りて、将軍上洛に先ちて直《ただち》に攘夷実行期限を定めてこれを全国に布告あるべしと迫りたり。当時春嶽殿には閣老とともにその席に列せられたりと聞えしに、何故にこの強迫的談判を峻拒《しゅんきょ》せざりしか。かかる重大の問題を議決せんがために、将軍上洛あるにあらずや、諸卿が軽忽にもこれを予定すべしと迫らるるは頗《すこぶ》る不当の談判なりと論斥《ろんせき》せざりしか。春嶽殿及び閣老といえどもこれほどの覩《み》やすき道理を弁ぜざるにはあらざるならんが、その然ること能《あた》わずしてなお依違《いい》の間に彷徨《ほうこう》し、哀願するがごとく慰藉《いしゃ》するがごとき状況にて漸《ようや》く確答の期を延し、虎口の難を遁《のが》れしの思いをなせるものは、他なし、畢竟《ひっきょう》その前年の冬江戸において三条卿の勅使に対して奉答の旨趣を誤りたるがために、機先を制せられたるの致せる所なり。これ幕閣第三の過なり。

すでにして将軍家は御上洛あらせたまえり。幸にして、聖天子(孝明天皇)聡明叡智《えいち》にておわしませば、幕府が真実を以て国家内外の事情を奏聞したらんには、大に悟らせたまう所ありて、開国の国是《こくぜ》はこの時を以て定まらんことあえてその望なきにあらざりしなり。しかるを幕閣の諸老はこの大計を以て国家のためにする事をなさず、むなしく京師《けいし》の鼻息を窺《うかが》い、将軍家をしてその権威を墜《おと》さしめ、ついに幕府衰亡の機を促すに至るを顧《かえり》みざりき。幕閣の過《あやまち》ここに至りて極まれりというべきなり。

将軍家の御上洛たる、当時にとりては決して得策にあらざりしことすでに前に述べたるがごとし。もし将軍家（家茂公）にして東照宮（家康公）・大猷院《だいゆういん》殿（家光公）・有徳院殿（吉宗公）のごとき英主にておわしたらば、幕府の諸老は押して勧《すす》め参らせても上洛をなさしめ、以て大に謀《はか》るの望あるべきなれども、公（家茂公）は才発勇武の良質には富ませたまいしも、奈何《いかん》せん当時は未だ若年の御身にて政局の大事を弁識したまうの御年齢にあらざりし。しかるを上洛をなさしめ奉りたるそもそも何の心ぞや。もっとも将軍家は飾り物にして万事は我ら引受《ひきうけ》て大いに朝廷に論諍《ろんそう》すべしといえる決心は春嶽殿始め板倉・水野《(忠精)》の諸老これを有したるか、その如何《いかん》は知らず、形迹に顕《あら》われたる所にてはさらにこれありしとも覚えざりしなり。しかれどもすでに御上洛ありける上はこの諸老は何ぞこれを機会として開鎖和戦の大問題を決する事を為さざりしか。

鎖国の政略は日本帝国これを今日に行うべからず、これを行えばすなわち帝国の独立を危《あやう》くするの恐れあり、幕府は日本帝国の独立安全を重しとするがゆえに攘夷を断行するを不可なりとす、朝廷におかせられても国家の大切を知《しろ》し召して御回念あらせたまうべしと正議直論すべきの時機なり。勿論この議論を主張する時は、公卿を初め京洛に集りたる攘夷党の諸藩士・浮浪の輩は憤怒して起り立ち穏かならざる挙動にも及ぶべきが、これを鎮圧するほどの権力は当時の幕府あえてこれなきにもあらざりしに、幕閣諸老の果断すること能わざりしものはまたその故なきにあらず。

（第一）春嶽殿は、橋本左内が存命中には、その誘掖《ゆうえき》によりて開国を今日に必要なりとは知り得たれども、何故に開国は必要なりや、何故に鎖国は不可なりや、というに至りては、心底十分に了解し得たる政治家とも思われず。いわんや板倉・水野《(忠精)》・井上《(正直)》（河内守）・松平《(信義)》（豊前守）・阿部《(正外)》（豊後守）・松前《(崇広)》（伊豆守）等の諸老に至りては、決して真の開国家というべきにあらず、要するに阿部《(正弘)》伊勢守が嘉永・安政の交に思考したるがごとく鎖国攘夷の政策が実行し得られて、国家安泰の見込あらば、もとより望む所なれども、今日にては兵備も整頓せず国力も充実ならざれば、中心欲する所にあらざれども、しばらく外国の要求に応じて条約を結び和親貿易を承諾することやむをえざるに出《いず》るの計なりと信じたる人々なり。ゆえに長井雅楽《うた》が開も真の開にあらず鎖も真の鎖にあらずといいたるがその真面を説き出《いで》たる名言なり。

さらにこれを切言すれば当時の諸老は鎖国の心を以て開国の政を行うともいうべきなり。かかる諸老の集りて組織したる幕閣なれば、この狂瀾怒濤《きょうらんどとう》の間に立《たち》て卓然たる正論を唱え幕府開国の国是を主張し得ざりしもまた宜《むべ》なりというべし。

（第二）しかれども幕府にもまたあえて人才なきにあらず。幕閣の諸老は開国の大義に通ぜざるも、旗本の有司《ゆうし》中には頗《すこぶ》る事理に明かなる諸人ありてこの事を幕閣に勧《すす》め朝廷に奏請あるべしと説きたる者もありしが、当時春嶽殿を始め幕閣諸老の懸念はもし幕府が攘夷不可なりと直論して開国の議を主張せば、朝廷は徳川氏より征夷大将軍の重職を取上げ、さらに薩長もしくは他の諸強藩に向って直《ただち》に勅命を下し、攘夷を令せらるべし。しかる時は徳川幕府は一旦《いったん》にして瓦解《がかい》するの恐《おそれ》ありというにありて専らこれを気遣《きづか》いたれば、勢い自《おのず》から苟且弥縫《こうしょびほう》の計に流れて依違因循《いいいんじゅん》をこれ事としたるなり。

かくて時勢は日に月に変遷して、徳川氏の衰運はその変遷とともに時機を促されて、事々物々皆非にして逆境に進めるばかりなり。もしそれ徳川幕府の方面より見来れば、その間京都の処置について非難すべきものずいぶんこれなきにあらずといえども全局の大勢より達観すれば、到底幕閣その政治家に乏しくて断然たるの決心を欠きたることその原因なりといわざるべからず。

春嶽殿もほどなく幕閣を退《しりぞ》かれ、その後は板倉が首相の時代とは成たれども、幕閣の組織は往復日のごとくならざれば、誰が内閣と名《なづ》くべからざるはいうもさらなり。閣老の威権も勢力もほとんど地に墜《お》ちて、ある時は幕府有司の衆議に左右せられ、ある時は京都の御沙汰に牽制せられ、またある時は浮浪の議論にも動揺せられて、一として断然たる政策ありしを見ざるなり。これゆえに余はこの時よりして幕府には政治家と名《なづ》くべきの人物なし、否々《いないな》、これあるも政治家としてその所為を記すべきほどの地位に立てる人物なしと云うを憚《はばか》らざるなり。

はた幕末に際して会津・桑名の両藩は、ただに兵事上におけるのみならず、政治上においても幕府のために重力をなせり。将軍家再度の御上洛、長防処分*、長州再征*の決議よりしてついに戊辰《ぼしん》の変に至るまで、会・桑二藩の説は幕府の存亡に関して頗《すこぶ》るその重きをなせり。さればこの会・桑が政治上の目的は如何《いかん》と問わんに余は二藩ともに左《さ》せる卓見を有したるにあらずと答うるに躊躇せざるなり。そのゆえは当時会・桑の藩論を推察するに尊王佐幕は二藩の主論なり。公武合体はその希望なり。幕府を助けて尊王の実を挙行するはその最重の目的なるにつき、この目的と希望に背馳《はいち》する者あれば、幕命を以てこれを鎮圧し、また幕府のためには、一藩の存亡を犠牲にして顧みざるの気概に富めりといえども、開国の一議に至りては、あえて同意を表せる所にはあらざりしなり。しからばすなわち会・桑の勢力は幕府をまさに倒れんとするに維持したると同時にその政策を牽制したるものまた幾分かこれありしを知るに足るべきか。その政治家たるの実なかりしも怪しむに足らざるなり。

幕末の有司

幕府の末路に当り、幕閣に座して政権を執《と》れる閣老、もしくは閣外にありて大政に参《さん》与《よ》せる有数政治家の行為については、概略すでに叙述したり。これを外にして大諸侯には初《はじめ》に松平薩摩守《(島津斉彬)》（斉彬《なりあきら》）ありて阿部《(正弘)》内閣を助けたる事あり、次に松平土佐守《(山内豊信)》（容堂）・松平阿波守《(蜂須賀斉裕)》（阿州）・伊達遠江守《(宗城)》（宇和島）、および上杉《(斉憲)》・池田《(慶徳)》（因州）の諸公ありて松平越前守（春嶽）とともに会合して一団結の状をなし、堀田《(正睦)》内閣の時に当りては外交の議及び儲君議《ちよくんのぎ》に関して勢力をなしたり。終《おわり》に会津・桑名ありて、幕府とその運命をともにしたり。

また幕府の重職にて、閣老には、真田《さなだ》信濃守《(幸貫)》・久世大和守《(広周)》・間部下総守《(詮勝)》・諏訪因幡守《(忠誠)》・小笠原《(長行)》壱岐守《いきのかみ》・阿部豊後守《(正外)》・*松平伊豆守のごとき、多少みな直接に幕政を左右したるの跡あり。酒井若狭守《(忠義)》（京都所司代）・松平大和守《(直克)》（総裁）・酒井《(忠績)》雅楽頭《うたのかみ》（大老）これまたしかりとす。その余若年寄・大阪御城代《ごじょうだい》、あるいは溜詰《たまりづめ》等の地位にありて幕政に関係したる諸侯、一々にこれを数え来れば、指を幾十人の多きに屈せざるを得ず。これらの諸人、その智愚賢不肖は措《お》いていわず、閣外にあるものは、往々閣議のために阻まれてその志を展《の》ぶる事を得ず、閣中に列する者といえども、あるいは群議に制せられ、あるいは事情に掣肘《けんちゅう》せられて、その思う所を達すること能わずして、むなしく時事を慨嘆につき去れり。有為の器にしてなおかつしかり、いわんや凡庸の材たるにおいてをや。これを要するに幕府の末路に際し、真の政治家たるの識量胆略《たんりゃく》を具備して、政局の難関に当るの手腕ある大器は、かつて一人も幕閣にその人なかりしというに外ならざるのみ。

幕府二百余年、泰平の結果として、政治上の機関は自から備わりて運転し、加うるに諸事おおむね皆格式慣例によりて挙行し、あえてこれに違《たが》う事を許さざりしを以て、いやしくも普通の智識を有するの諸侯なれば、誰を挙《あげ》て閣老に任ずるも、優にその職を奉ずるに足れり。たとい菽麦《しゅくばく》を弁ぜざる紈袴《がんこ》子弟をして、内閣に列せしむるも、その破綻を現わすほどの事はあらずして以て嘉永の末年に至れり。しかるに米国より彼理《ペルリ》を派遣して江戸湾に来らしめ、露国よりは布恬廷《プチヤーチン》を全権として長崎に至らしめてより、幕閣は真の政治家を必要とするに迫り、不十分ながらも、阿部伊勢守(正弘)その地位に立《たち》たるなり。

さて当時幕府の制度として、国家の大事を処決するの重要議に与《あずか》るものは閣老にして、参政(若年寄)これが補翼たり。世間にては御老中・若年寄と並べ称して、ともに今日の内閣員のごとくに思做《おもい》せども、原来参政(若年寄)は閣老(御老中)のごとく権威を有する者にあらず。そもそも幕府の制度は軍国制度にして、閣老は将軍家の執権にて、諸大名に指揮命令を下すの職権を有すれども、参政は単に旗本を指揮するに止《とど》まりて、諸大名に及ぼすの職権を有せざるなり。さればこれに附属する監察のごときも、大目付《おおめつけ》は大名目付にて、御目付はすなわち旗本目付と唱えたるなり。この制度を諸般の政治に応用したるがゆえに、三奉行芙蓉《ふよう》の間《ま》の重職は皆閣老に隷《れい》し、諸衛士およびその他は参政に属する事となりぬ。

しこうしてこの重職中にて、尤《もっと》も政治に与《あずか》るは寺社奉行・町奉行・御勘定奉行(これ三奉行なり)・大目付・御目付にて、およそ重大の裁判をなし及び大事を議する、必らずこの三奉行・両目付に諮詢《しじゅん》して、その意見を聞くを例とす(ただしこの三奉行・両目付を五手《ごて》と名《なづ》け、評定所一座と唱うるは、断訟の場合に限るなり)。この中にも御勘定奉行には公事《くじ》方《かた》(裁判)・御《お》勝手《かって》方(会計)の二局に分れ、公事方は断訟に限れども、御勝手方はただに会計のみならず、すべて百般の政治において、御目付とともに閣老の顧問となり、補佐となりてこれを翼賛するがゆえに、現に阿部(正弘)閣老が外使来朝の時に当り、尤もその意見を問いて、親密に内議したるは、御勘定奉行と、御目付なりけり(寺社奉行・町奉行・大目付等には表面の内議に及びたるだけにて、親密の内議には与《あず》からしめず)。ゆえに当時藤田東湖が烈公(徳川斉昭)に対して答えたるごとく幕政の実権は閣老と御勘定奉行・御目付および奥御《ご》右筆《ゆうひつ》組頭《くみがしら》(内閣書記官長のごとき職)との間にありといえるも決して誤見にはあらざるなり。

それもそのはずの事よ、幕府の重職は、旗本門閥の出身にて、自《おのず》から門地に限《かぎ》りありて、誰は番頭の家なり、誰は御番士の家なりと定まりて、あえて異常格外の登庸《とうよう》をなさざるが中にて、独り御勘定奉行のみは、民間の事情に通ずるの材を要するを以て、御勘定奉行定員五名の中には、必らず一名もしくは二名の登庸《とうよう》せられたる人あるを例とす(例《たとえ》ば御普請役より支配勘定―御勘定―御勘定組頭―御勘定吟味役となりて御勘定奉行御勝手方に昇るがごとき。または御《お》小《こ》人《びと》目付より御《お》徒《かち》目付―御勘定評定所留役《とめやく》―同組頭―御勘定吟味役―御勘定奉行公用方に昇るがごときこれなり)。

すでに幕末に有名なる御勘定奉行の川路(聖謨)左衛門尉《さえもんのじょう》・井上(清直)信濃守・竹内(保徳)下野守等は皆御普請役の軽輩より次第に昇進して、ついに御勘定奉行に登庸せら〔れ〕たる人々なり。また御目付のごときは、従来人材登庸の地にして、旗本中の青年にて才学の令名あるものは、あるいは昌平学校の及第により、あるいは長官の推薦によりて御番士に挙《あげ》られ、あるいは将軍家の近侍に選ばれ、その中より再び抜擢して御使番《おつかいばん》に試み(または試る事なくして)、御目付に任ぜらるるを常として、また稀には他の小吏より漸次昇進して御目付に昇るもありたるなれば、同じく人材の淵叢《えんそう》とは認められたり。しからばすなわち阿部閣老が、従来の慣例に則《のっ》とりて、専ら御勘定奉行と御目付に重《おもき》を置き、これに内議したるは、決して法外の事にはあらざりき。

嘉永六年六月久里浜において彼理《ペルリ》に面会して書翰を請取《うけとり》たるは、戸田(氏栄)伊豆守・井戸(弘道)石見守にて、両人とも浦賀奉行なり、これは彼理《ペルリ》が軍艦を初に入港したるは浦賀なりけるを以て、その地の奉行たるにつき、その任に当りたるなり。しこうしてこの井戸は初め鉄太郎と呼びて、御目付出身の人なり。

次《つい》で阿部内閣は海防掛《かかり》の一局を開きて、およそ幕府有司中の器量ある輩を入らしめたり。その重立《おもだち》たるは石河《いしこ》土佐守《（政平）》（御勘定奉行）・松平河内守《（近直）》（御勘定奉行）・川路左衛門尉（御勘定奉行）・筒井肥前守《（政憲）》（大目付、前長崎奉行）・伊沢《（政義）》美作守《みまさかのかみ》（大目付、前長崎奉行）・鵜殿《（長鋭）》民部少《しょう》輔（御目付）・堀織部正《（利熙）》（御目付）・*大久保左近将監《さこんしょうげん》（御目付）・永井《（尚志）》玄蕃頭（御目付）・岩瀬肥後守《（忠震）》（御目付）・江川太郎左衛門《（英龍）》（御代官）の諸人にして、外交の大事は専らこの海防掛の衆評にて決せられたるがごとし。この海防掛は右のごとき諸奉行・両目付より出《いで》て組織したる事務局なりければ、その属官は御勘定奉行または御目付の隷《れい》属《ぞく》たる御勘定・御徒目付・御小人目付の小吏を以てこれに任じたれば、御徒目付《おかちめつけ》には平山謙次郎（後に図書頭《ずしよのかみ》、外国奉行、若年寄）・柴田貞太郎《（剛中）》（後に日向守、外国奉行）・永持亨次郎らのごとき、御勘定には竹内清太郎《（保徳）》（後に下野守、御勘定奉行）・中村為弥《ためや》（後に出羽守、下田奉行）等のごとき皆その属官となりて、多少各自の意見を吐きてその長官を補翼したり。この海防掛は後に外国応接掛となり、さらに名称を更《あらた》めて、外国奉行となりて外務の局を開くに至れり。

しかるに東西外交の応接にその人を選ぶに当り、米国の方は*井戸石見守（大目付）・井戸対馬守（覚弘）・林大学頭（韑）（御儒者）・鵜殿民部少輔（御目付）・伊沢美作守（浦賀奉行）・戸田伊豆守（浦賀奉行）の諸人をして横浜において彼理《ペルリ》に応接せしめ、露国の方は筒井肥前守（大目付）・川路左衛門尉（御勘定奉行）・古賀謹一郎（御儒者）・水野筑後守（忠徳）（長崎奉行）・＊永井玄蕃頭（御目付）の諸人をして長崎において布恬廷《プチャーチン》に応接せしめたるに、この委員の中に林・古賀等の儒官を加えたるはあえて人才というがゆえにあらず、朝鮮信使来聘《らいへい》のごとき、琉球人来朝のごとき、外交上の礼典には儒官これに与《あずか》ること従来幕府の慣例たるを以て、米露の応接にもこれを加えられたるなり。

これよりして幕府の滅亡に至るまで、幕府の有司にして、閣老を翼賛したる人物は、ずいぶんその数ありて、政治家と称するに足るべきもの尠《すくな》しとせず。試みにその二、三を挙《あげ》れば松平河内守・川路左衛門尉・水野筑後守・大久保越中守（忠寛）（一翁）・岩瀬肥後守・永井玄蕃頭・堀織部正・小栗上野介《こうずけのすけ》（忠順）・勝安房守（義邦）・江川太郎左衛門・向山栄五郎等数十人に降らざるべし。その遭際《そうさい》はおのおの殊《こと》なりて、成敗みな同じからずといえども、その中にて水野筑後守・岩瀬肥後守・小栗上野介の三人は、特に一際《ひときわ》勝れたる人物にて、名《なづ》けて幕末の三傑といわんも、あえて過称にはあらざるがごとし。これは余が一個の私評のみにあらず、栗本鋤雲《じょうん》、朝比奈閑水(昌広)の諸老も、また常にこの言をなせるにて、これを知るに足るべきなり。

岩瀬肥後守

岩瀬肥後守(忠震)は昌平学校の出身にして、一擢《いってき》御目付に挙《あげ》られ、重職中にて尤《もっと》も壮年の士なりき。識見卓絶して才機奇警、実に政治家たるの資格を備えたる人なり。阿部内閣(正弘)の時には、未だ十分にその技倆を現わすに至らざりけるが、堀田内閣(正睦)の時に至り、米国全権ハルリスが下田に渡来し、和親貿易の条約訂結を請求せるに際し、応接委員となりてハルリスと折衝し、親しくその説く所を聴き、大《おおい》に悟りてますますその開国説を主張し、ついに堀田閣老をしてハルリスを許して参府せしめ、将軍家に拝謁して国書を親呈せしめ、堀田と外交談判に渉《わた》らしめたるは、主として岩瀬の力なりき。当時幕府を挙《あげ》て皆鎖国攘夷の説に執拗《しつよう》し開国和親を喜ばず、阿部内閣の後を請《うけ》て、しばらく外国の請求に応じ、薪水《しんすい》の供給もしくは漂着難船の救助を諾するに止《とど》めて、以て切迫の機を緩《ゆる》くし、その間に我《わが》軍備を整えて外交を謝絶すべしというが幕府一体の政策にて、開国和親はもとよりその好まざる所なりけるに、独り岩瀬は、初《はじめ》より少しく蘭書をも読みて、いささか外国の事情を知れりとはいいながら、この非開国の群議の間に立ちて、断然世界の通義を主張し和親貿易の条約は欧米諸国の望に応じてこれを訂結せざるべからず、しからざれば日本は孤立して国運もついに危しと公言し、以て閣議を動かしたるは、岩瀬なり。世間あるいは井伊大老を以て開国政治家の主動者のごとくにいうものは、その実を知らざるの説なり。当時幕吏中にて初よりして毫《ごう》も鎖国攘夷の臭気を帯びざりしは岩瀬一人にして、堀田閣老をしてその所信を決断せしめたるも、岩瀬に外ならざりしこと事実に徴して明白なり。

すでにしてハルリス*は出府して大に開国の議を以て堀田閣老に説き、永井(尚志)・川路(聖謨)の諸人もこれに同意をなして幕議は条約訂結と決したるが、当時鎖攘の気焰《きえん》は、水戸の導火線によって熾《さかん》に世上に唱えられ、列藩諸侯のごときも大抵は開国説に傾きたりければ、幕閣は頗《すこぶ》るこれに関して難色ありしに、岩瀬は堀田を勧《すす》めて諸大名を招集せしめ、已《おの》れ自からその中に進み出で、開鎖の利害を堂々と弁じ、幕府が条約を結ぶを以て国家の大利益を謀《はか》るの趣意を説きたり。諸大名は内心その条約には不服の向《むき》もありしかど、岩瀬の才弁に説伏せられては、目のあたり一語の異議を提出すること能わずして、皆謹聴しあえて反対の詞《ことば》を発する者もなかりけり。

かくて岩瀬は委員の一人となりてハルリスに談判し、いよいよ条約の各款《かん》を議するに際し、第一にハルリスを驚かしたるは、岩瀬がハルリスに対《むか》いて、余は和親貿易の何たるを知らず、幕閣を始《はじめ》として有司中一人もこれを知る者なし、貴下は国命を奉じて我国に来れり、我国のためには懇篤《こんとく》の誠意を以て事を議すべしと、堀田閣老に言明したり。かつ和親貿易は日本のためにも莫大の利益ありと言明したり。よって日本の条約全権委員は十分に貴下の公平なるを信じ、*条約草案の起稿を貴下に委托す。冀《こいねがわ》くは貴下日本に利益ある草案を稿して、貴下の言明に偽《いつわり》なきを公示せよと言出して、その草案をハルリスに起稿せしめたり。ここにおいてハルリスは、一面に米国の利益を謀るとともに、また一面には及ぶだけ日本の利益を謀り、刻苦してその草案を作りて提出し、これを議題として一々その条項を議したるに、岩瀬等は、その条項につきハルリスの説明を聴くと同時にその得失を論じ、その中にも岩瀬の機敏なるや論難口を突《つい》て出で往々ハルリスをして答弁に苦しましめたるのみならず、岩瀬に論破せられてその説に更《あらた》めたる条款《じょうかん》も多かりしとは、これ*余が後年米国において、親しくハルリスに聞きたる所なれば、以て岩瀬が才器を知るに余りありとす。

また露国の布恬廷《プチャーチン》*がクリミヤ戦争中、*下田沖にてその乗船沈没の時に当り、幕府に請いて乗船を打立《うちたて》たるに、当時幕閣は他日この事に関し英仏両国より面倒なる懸合《かけあい》もあらばいかがすべきと懸念したるに、岩瀬はたとい露国が英仏と戦争中たりとも、現在その国より我国へ来れる使節が、乗船を失いて帰国に差支《さしつかえ》るを視て、これを助けざる道理やある。軍艦を作りて英仏に当らしめば悪《あ》しからめ、軍装せざる乗船を与うるに何の不理あらんやと論じ井上信濃守《(清直)》とともに幕府に稟《ひん》してこれを実行せしめたるがごときも、以て岩瀬が万国公法を学ばざるも、よく事理に通じたるの一斑《いっぱん》を窺うに足るべきなり。

岩瀬が幕府全権委員の首《かしら》となりて米国全権ハルリスと談判したる条約は、安政四年(十二月)を以て江戸において議定したり。この条約調印は、京都に上奏して勅許を請わざるべからずと閣議一定したるは、すでに前章に叙述せるがごとし。よって幕閣は勅許を請わしめんがために安政五年(正月)を以て林大学頭《(韑)》(御儒者、外国応接掛)・津田半三《(正路)》

郎(御目付、外国応接掛、後に近江守、外国奉行、御勘定奉行)を上京せしめたるに、失敗して帰りければ、ついに堀田備中守(正睦)(閣老)の上京となりて岩瀬は川路とともにこれに随行し朝廷にて十分に論諍《ろんそう》するの見込にて上京したりけるが、その官位の卑《ひく》かりしがために、公卿と堀田との応接の席に列《つら》なること能わずして、その目的を達するを得ざりき。

幕府の制度にては、旗本の重職たる者の官位を従五位下朝散大夫《ちょうさんたいふ》に限り、高家の外は四位に登るを許さず(高家は京都に使するを以て四位侍従より四位少将に昇進す)、これ例外の事たり。しかるに京都にてはたとい幕使たりとも四位以上にあらざれば参内して御席に出で、関白・大臣・納言・議奏・伝奏の公卿と、公に面談するを許されず。岩瀬も上京に先《さきだ》ちてこの事を憂い、堀田に内稟《ないひん》したる事もありて、ことに水野筑後守(忠徳)のごときは、大にこれを懸念し幕府の内命を以て岩瀬をば一時高家某の養嗣《ようし》となして四位侍従に叙任し、高家兼外国応接掛の名義を附し、以て堀田閣老(正睦)の副使たらしむべしといえる議を内々にて建議したる由なりしが、当時の幕閣は従来の制度に背《そむ》くを恐れたるとかつ京都の応接はさまでにもあるまじと思い侮りたるとにて、この建議を採用せられず、岩瀬をば五位にて随行せしめ、果してその用をなさしむること能わざりしこと遺憾《いかん》の次第なり(これは水野が後年に至りて余に語れる直話《じきわ》なり)。

されども、岩瀬は当時藩主の内命を帯びて出京せる越前の橋本左内と窃《ひそか》に結托し、青蓮院宮《しょうれんいんのみや》を始め奉り、三条公、その外の公卿を説くに、開鎖の利害を以てし、開国の必要を論ぜしめ、己《おの》れもまた公卿に面会するごとに、その機を外《はず》さず論弁したれども、その効を奏するを得ずして、むなしく堀田に先《さき》だちて東帰したり。

当時京都の公卿が外国の事情に疎《うと》かりしは、実に予想の外に出でたり。橋本左内の報告に、三条公(実萬《さねつむ》公)は政治に関して利害得失を聞《きき》分けたまい、実に非常の御方なれども外国の事情に至りては、一向に御分りなくあたかも別人のごとき状にておわしますといえるを以て、その状況を知り、岩瀬がその才を展《のば》すこと能わざりしを察すべきなり。

条約調印の勅許は未だこれを得るに至らず、しこうして英仏両国が戦捷《せんしょう》の余威を以て、全権を日本に派遣するの時期は、まさに目前に迫りたれば、この上は勅許をまたずして日米条約に調印し、対外政策の基礎を定むること急務なりとは、当時外国掛の議にして、岩瀬は尤《もっと》もその主張者なり。群議のこもごもこれを不可なりとせるを排し、閣老松平伊賀守(忠固)の果断を利用し、以て幕閣をして調印を独断せしめたるは、実に岩瀬の力なりき。

水野筑後守(忠徳)(その時は田安殿御家老)は元来条約勅許論者の一人にてありければ、この議論の際に、岩瀬に面会して曰く、幕府すでに条約調印に関して勅許を京都に請える以上は、米国全権へ対してはいかようにも言延《いいのば》し、以てその勅許をまつの外に方策あるべからず、しかるを目下幕府の独断にて調印せば、他日不測の大患あらんこと必定なり、これ足下の独断説は大に余が反対せる所なり。岩瀬冷笑して曰く、京都公卿等には、宇内《うだい》の大勢を弁別して国家の利害を悟り、条約勅許に同意を表するもの一人もなし。これを知りながら、いたずらに勅許々々と勅許を恃《たの》み、そのために時機を失い、英仏全権等が新捷《しんしょう》の余威に乗じて我国に来るを待たんは、実に無智の至《いたり》なり、かかる蟠根錯節《ばんこんさくせつ》の場合に遭際しては、快刀直截《ちょくさい》の外はあるべからず。国内不測の大患は、我もとより覚悟する所なり、我はただ国外より不測の大患を被《こうむ》らん事を恐るるなりと云々(これは水野筑州の直話)。

当時また幕府の有識中にも、岩瀬が勅許をまたずして調印するの議を主張せるを危ぶみて、頻《しき》りに岩瀬を難詰したるに、岩瀬は慨然として答えて曰く、かの日米条約の草案は、第一にハルリスが両国の利益を重んじ、及ぶほどの功夫《くふう》を竭《つく》して立案し、次には不肖なれども、我輩《わがはい》が畢生《ひっせい》の才智を揮《ふる》いて、論難数回を重ね、及ばずながらも日本の利益を保護して、漸《ようや》く議定したる条約なり。今日の場合にては、たとい誰が全権になりて談判しても、日本が富国強兵の実を挙げざる限りは、これより優等の条約を議定すること、尤《もっと》も難かるべし。これ一つ。

次にはこの条約の調印を遷延《せんえん》しその中《うち》に英仏全権が十数艘の軍艦を率《ひきい》て品川沖に乗込み、和親貿易の条約を議定すべしと要求するに至らば、その要求は今日の日米条約よりは、遥《はるか》に我国に不利益なる条款《じょうかん》を多く議定する事にならんは必定なり。むしろハルリスが申すごとく、早く今日の条約に調印してその関門を設け置くの安全なるにしかず。これ二つ。

次には今日の条約に勅許なきほどなれば、英仏の条約とても勅許なきは勿論なり、あるいは行掛りの上にて、英仏全権等が直《ただち》に大阪に乗込み、勅許の大権ある京都へ談判すべしとて、江戸湾を去り西上せんこと、決してその必無《ひつむ》を保し〔ち〕難し。かくては忽《たちまち》に戦争の端を開きて、日本の禍《わざわい》を招くの恐れあり。これ三つ。次には、春秋城下の盟《ちかい》を耻《は》ずなどと迂遠なる論を唱え、勝敗にかかわらず一戦を試みたる上にて、和親貿易を開くべしと主張する輩《ともがら》あり。一戦して頑固者輩《はい》に迷夢を醒《さま》さするは宜《よろ》しけれども、そのために取返しのならざる禍根を日本に残すは最も恐るべき事なり。ゆえに今日の長計は早く日米和親貿易条約に調印し、諸外国に対しては、戦わずして和するにしかず。これ四つ。次には勅許をまたずして条約に調印する事より、議論沸騰《ふっとう》して、ますます朝廷の震《しん》怒《ど》を招き、徳川氏をしてついに不臣の名を得せしむに至る事もあらんが、畢竟《ひっきよう》朝廷にて、一途《いちず》に攘夷と思召《おぼしめし》たまうは、宇内の形勢を知食されぬゆえなり。されば今日勅許をまたざるは、不臣に似て実は決して不臣にあらざるなり。これ五つ。次には、この調印のために不測の禍《わざわい》を惹起して、あるいは徳川氏の安危にかかわるほどの大変にも至るべきが、はなはだ口外し難き事なれども、国家の大政に預る重職は、この場合に臨みては、社稷《しゃしょく》を重しとするの決心あらざるべからず。これ六つ。この六つの理由あるを以て、僕は断然調印の議を主張し、あえて一身の禍害を顧《かえりみ》ざるなりと云々(これは井上信濃守(清直)の直話)。

条約調印に関しては、岩瀬辛《から》くしてその目的を達したれども、儲君議に関しては全く失敗して、井伊大老、幕閣に首座し、紀州殿御養君と定まり、また動かすべからざる事となれり。しかれども岩瀬が、越前侯・土州侯および橋本左内等の諸士と謀りたるは、外にしては外国の交通を開き、内にしては政治を釐革《りかく》するの目的なれば、この目的を達するには、年長賢明の将軍家を戴《いただ》かざるべからず、その事行われずば、しばらく一歩を譲りて、一橋殿(慶喜)を御後見に立てて、大権を摂《せっ》せしめ奉り、越前侯及び有名の人々を政務の総裁となし、以て大に計る所あらんと密議したり。しかるにその事漏れ聞えたりけん、岩瀬は有士の諸大名および有司諸人とともに、一網に打撃せられて初め閑散の地位に左遷せられ、尋《つぎ》て安政六年に厳責を被りて、官職を褫奪《ちだつ》せられたり(その後数年ならずして憂鬱《ゆううつ》のために病《や》みて卒去《そっきょ》せり)。

水野筑後守

　余がこの政治家を見知りたるは、この人が嘉永六年、長崎奉行にて、魯国《ろこく》全権と会見したる時にあり。そのころは余はいまだ幼年にて、何の弁別もなかりしが、*余が父は医師にて水野(忠徳)の知遇を得て、時々国事など論談したる事ありけるに、水野は当時魯国使節と談判のために西下せる筒井(政憲)・川路(聖謨)の諸人に対して、常に強硬説を持したりといえり(これは慈父(福地源輔)の直話)。その後、余は東上して水野の食客となり、尋《つぎ》て訳官となりて水野の配下に列し、始終この人に左右したるを以て、水野を知るや最詳《さいしょう》なり。水野は外交に関しては、鎖国の不可なるを覚《さと》りて、開国議を採り、内治に関しては、幕政の弛廃を憂いて、改革議を唱えたれども、その性質は、急速を嫌いて漸進を喜び、秩序を重《ちょう》して軽挙を忌《い》める人なれば、むしろ保守の気象に富めるがごとくなりき。されば、外交・内治に関し、岩瀬(忠震)・永井(尚志)等と往々意見の衝突せる所ありしといえども、閣議すでに定まりたれば、意を枉《ま》げてこれに従い、幕府の全権となりて英仏諸国条約に調印したりといえり。これによって外国条約の諸項について、水野はその後とても、常に慨嘆せられたる事ありけり。もしそれその智略才幹よりいえば、水野は遥《はるか》に岩瀬(忠震)・小栗(忠順)の下にありといえども、その強硬剛直は優にその上に位して、以て陰然その観望を繋《つな》ぎたる政治家なりとす

（余が亡友杉浦譲氏は、水野は大久保《（利通）》公に似たり、小栗は井上《（馨）》公に似たりと評せる事あり。けだし適評なり）。

水野が*長崎奉行兼御勘定奉行の要職を罷《や》められて、田安殿御家老の閑地に遷《うつ》されたるも、対外政略硬軟の衝突に出《いで》たりといえども、その直論讜議《ちょくろんとうぎ》の幕閣に悦ばれざること原因たりしがごとし。水野は条約調印議についてこそ異議を容《い》れたれ、儲君議に関しては岩瀬・永井《（尚志）》等と同説にて越前侯《（松平慶永）》と声息《せいそく》を通じたる一人なるに、不思議にも法網一打の禍《わざわい》を免れたるは、けだし一には直接にその議を閣老に述べざりしと、二つには岩瀬・永井等を黜《しりぞけ》る以上は、閣老が外交にこの人の必要を感じたるがゆえなるべし。さても水野は（御勘定奉行兼外国奉行、神奈川奉行）再び要職に就きて、外交の衝《しょう》に当り、専ら開港の準備を指揮したる中にも、条約には神奈川の明文あるにかかわらず、神奈川は東海道の要路に当りて遠浅《とおあさ》の海面なれば、外国人の生命を保護するにも、貿易の発達を計画するにも不利不便なりとて、断然横浜の地を卜定《ぼくてい》したるは、水野の主張に出でたり（開港の時に至り、英・米・仏の諸公使は、条約に神奈川とあるに横浜を卜定したるは条約違背なりと抗議したるに、水野は、神奈川はこの一湾沿岸の総名にて横浜も神奈川の一区なりと防議し、併せてその利害を説きければ、外国諸公使も実地を視察し、大に悟る所ありて、ついにこれを承諾したり）。また条約により金銀貨同種同量交換のはなはだ我に不利なるを覚知して、水野は、外国金銀の均合を調査し、我往時《わが》の南鐐銀《なんりょうぎん》を再興して、新《あらた》にこれを鋳造し以て墨銀《メキシコドルラル》一円の半《なかば》に同量ならしめ、すなわち当時の金小判一両と洋銀四円（南鐐八個）との均合になさしめんと謀りたるも、水野の計画なりしが、惜し〔い〕かな、幕府の財政は多数の南鐐を鋳造して一般の通用に充《あつ》ること能わざりしがために、せっかくの計画も中途にして徒為《とい》に属したりき。

水野が事を議し政を論ずるや、己《おの》れが信ずる所は固く執りて動かず、あえて交譲するを肯《がえん》ぜざりければ、外人にも悦ばれず、幕閣にも容れられずして、常に不遇の地位に立てり。水野は常に嘆息していわく、今日外交の困難なるは、当初岩瀬・永井等が、内国の事情を察知せずして、米国条約草案において、多くハルリスの要求を容れたるがゆえなり。およそ外交の事たる、漫《みだ》りに外国の要求を承諾すべからず、それと同時に承諾したる以上は、必ずこれを実行して、彼を甘心《かんしん》せしめざるべからず。余はこの事を前知して、頻《しき》りに論じたれども、用いられざりしが、果して今の状勢に至り、日本の国威を損じたるは残念なりと云々(余はしばしばこの嘆息しての述懐を聞きたり)。ただし、水野が外国公使に対しては、頻りに国内人心不折合の状を説きて、その寛容を情誼《じょうぎ》に訴え、以て条約中実施の期を緩《ゆる》くするを勉《つと》めたるに似ず、幕閣に対しては、専ら条約実施の必要を論じ、以てその責務を竭《つく》さしめんと望みたり(その建議の浄書を余が承《うけたまわ》りて写したること数回の多きに及べり)。外交上において水野が円滑を謀るに労したるの功は、あえて少小にあらざるなり。しかれども、水野は終始硬直のために幕閣に容れられざりしかば*文久二年の政変に先《さきだ》ち、機を察して退隠し、その身を政界の外に置たりき。

水野は退隠の後といえども、陰然政治に容喙《ようかい》したり。すでに文久三年、将軍家御上洛の時に当り、*閣老小笠原図書頭が、大兵を率《ひきい》て突然大阪に至り、入京せんと迫りたるは、その実水野がその謀に与《あずか》りて、これを行わしめたるなり(その時余は水野に随行したり)。これによって水野は蟄居《ちっきょ》を命ぜられ、それより全く志を政界に絶ちたるなり。

また水野は、*小笠原島の外国に侵略せられん事を憂い、幕閣に建議して自らかの島に渡航し、日本の版図たる事を分明に定めたり(この事は我友田辺太一氏その随行となりて赴きたれば、これを知る尤《もつと》も詳《つまびらか》なり)。その余、琉球の取締向《むき》、および蝦夷地の経界等に関し、幕府は多年困難の際といえども、これを忽《ゆるが》せに附し去るべからずと切論し外国のために我国の版図を侵略せらるるの恐れありと痛議したるは、数回にして止《とど》まらざりけり(退隠の後にもなおしばしば建議したる事ありき)。慶応二年、*余は柴田日向《(剛中)》守(外国奉行)に随行して、英仏に赴き、その翌春帰朝して水野を訪問せし時に、水野はこの節薩長諸藩の士人、あるいは藩用を帯び、あるいは修業のために、英仏に到れる者ありと聞きつるが、果して事実なるや、事実ならば柴田はじめ足下等は、その人々に面会したりやと問えり。余は事実に相違なきも、柴田よりして、かの輩《ともがら》に出会することなかれと、内命ありたれば、面会を避けたりと答えたり。その後水野は柴田に逢いて何故に薩長の諸藩士に面会を避けたるか、幕府の許可を得ずして外渡したりとあらば、これその士人の罪にあらずして、これを外渡せしめたるその藩主の罪なり。海外万里の境にて同じ日本人が一つ所に居て相会せざるは、実に日本人薄情の汚名を外国に遺《のこ》すの所為《しょい》にあらずや。これ果して幕府使臣の本分なるかと痛く柴田を面折したりと云えり(これは柴田日向守の直話)。

小栗上野介

小栗《(忠順)》(初め又市と称し後に叙爵して豊後守、その後に上野介と改む)が名を世に知られたるは、*万延元年幕府の使節となりて、新見《しんみ》《(正興)》・村垣《(範正)》とともに初めて米国に赴きたる時に始まれり。使節が帰朝の時に当り、鎖攘《さじょう》の議論漸《ようや》く朝野に熾《さかん》なりければ、皆口を緘《かん》して黙したるに、小栗一人は、憚《はばか》る所なく米国文明の事物を説き、政治・武備・商業・製造等においては、外国を模範として我国の改善を謀《はか》らざるべからずと論じて幕閣を聳動《しょうどう》せしめたり。その後は御勘定奉行・外国奉行となりて、財政に外交に与《あず》かりたるが、時の幕閣に容《い》れられずして黜《しりぞ》けられ、幾《いくばく》もなくしてまた再勤しては、孜々《しし》その職掌を執《と》り幕府の経綸《けいりん》を以て己《おの》れが任とし、その精励は実に常人の企及する所にあらざりけり。その人となり精悍敏捷《せいかんびんしょう》にして多智多弁、加うるに俗吏を罵嘲して閣老参政に及べるがゆえに、満廷の人に忌《い》まれ、常に誹毀《ひき》の衝《しょう》に立てり。小栗が修身十分の地位に登るを得ざりしはけだしこのゆえなり。

小栗が財政・外交の要地に立ちし頃は、幕府すでに衰亡に瀕《ひん》して、大勢まさに傾ける際なれば十百の小栗ありといえどもまた奈何《いかん》ともなすべからざる時勢なりけり。しかれども小栗はあえて不可的《インポシブル》の詞《ことば》を吐《はき》たる事なく、病の癒《い》ゆべからざるを知りて薬せざるは孝子の所為にあらず、国亡び身斃《たお》るるまでは公事に鞅掌《おうしょう》するこそ真の武士なれといいて屈せず撓《たわ》まず、身を艱難《かんなん》の間に置き、幕府の維持を以て進みて己れが負担となせり。少くも幕末数年間の命脈《めいみゃく》を繫《つな》ぎ得たるは、小栗が与《あずか》りて力ある所なり(余は親《したし》く小栗に隷《れい》属《ぞく》したるを以て、その辛苦に心力を費せること、余が目撃せる所なり)。

幕府が末路多事の日に当りていかにしてその費用の財源を得たりしかは、ただに今日より顧《かえりみ》て不可思議の想《おもい》をなすのみにあらず、当時においてもまた幕吏自らが怪訝《かいが》したる所なりき。しこうしてその経営を勉めあえて乏《ぼう》を告ぐることなからしめたるは、実に小栗一人の力なりけり。

将軍家両度の上洛、これに続きて、東には、*筑波の騒乱《そうらん》あり、西には長州征伐あり、その余文武の政務につき、幕府が臨時政費の支出を要したるは莫大なりけるに、小栗はあるいは財源を諸税に求め、あるいは厳に冗費を省きてこれに宛て、未だかつて財政困難のゆえを以て、必要なる施行を躊躇せしむる事なかりけり。しかれども冗費を省き冗員を汰《た》するのゆえを以て、小栗は俗士輩の怨府とはなれりけり。幕末に際して財源いよいよ窮し、またこれを覓《もと》むるに余地なかりしかば、小栗は僚属の議を容れて幕閣の決議に随い、紙幣を製造せしめたりけるが、時機これを許さずと抗議して、発行を承諾せざりけり。されば幕府が滅亡に至るまで不換紙幣を発行せず、その禍《わざわい》を後に残さざりしは、まことに小栗の力なり。

幕府士人の銃隊は堕弱にして実用に堪えざるを看破《かんぱ》し、*小栗は旗本等に課するに、その領地の高に応じて賦兵《ふへい》を以てし、併せてその費用を出さしめ、これを以て数大隊の歩兵を組織し、夙《つと》に徴兵制度の基礎を建てたり。

小栗はまた仏国より教師を聘《へい》して、右の賦兵を訓練せしめ、併せて陸軍学校を設けて将校を養成せしめたり。これいわゆる幕府の伝習兵にして、幕府の末路、やや健闘の誉《ほまれ》を博したるは、すなわちこの兵隊なりけり。

仏国公使の紹介を以て、仏国より工師・技師を聘し、英仏より許多の器械を買入れ、多額の資金を投じて、今の*横須賀造船廠を設けたるは、実に小栗の英断に出でたり。

これ小栗が非常の勲労なりといわざるべからず。当時小栗が栗本安芸守(鋤雲)に対《むか》いてたとい徳川氏がその幕府に熨斗《のし》を附けて他人に贈るまでも、土蔵附《つき》の売家たるはまた快からずやといいたるがごとき、以て小栗の心事の一斑を知るに足れり(この事は栗本匏庵翁の自著に見えたり)。

幕末の三傑が政治上における、およそかくのごとし。しこうしてこの三士ともに閣老にも挙《あげ》られず、参政にだも登る事を得ずして、皆十分にその才を展ばさず、その能を顕《あらわ》さずして、*あるいは憤死し、あるいは無辜《むこ》の殺戮《さつりく》に斃《たお》れ、その身とその名とを併せて幕府に殉《じゅん》じたり。ああ天道是か非か。

本文注

頁 行

一三 11　文政二年(十一月十六日)——十月十六日の誤り。

一三 11　江戸の藩邸に生れ——正弘は父である老中正精《まさよし》の江戸城西ノ丸下の老中役宅で生まれた。

一四 1　兄の養子となりて家督を受継ぎ——天保七年十一月八日正弘は兄正寧《まさやす》の養子となり、同年十二月二十五日家督を相続した。

一六 6　本城炎上——弘化元年五月十日の江戸城本丸炎上をさす。

一七 14　荷蘭国使節——開国を勧めるオランダ国王ウイルレム二世の国書を携えた特使コープスがパレンバン号で長崎に入港したのは弘化元年七月二日のことであった。

一八 3　勧告の拒絶——幕府は弘化二年六月一日付老中連署状をオランダ国王に送り、勧告を拒絶した。

一八 4　亜米利加使節——嘉永六年六月三日浦賀沖に現れた、アメリカ海軍提督東インド艦隊司令官ペリーのこと。

一八 9　藩政の改革——斉昭による水戸藩の改革。天保元年三月ころの人材登用にはじまり、弘化元年五月に斉昭が失脚するまで続けられた。

一九 10　鶴千代麿——斉昭の嫡男徳川慶篤。

二2　幕府宗室の懿親——徳川将軍家の親族。

二8　守旧党——改革派と対立した門閥派と呼ばれる上級藩士、および立原翠軒の学派や結城寅寿の党派。

二9　寺院を制限し淫祠を破毀——斉昭は、領内無住の寺院四十余カ寺を整理し、神仏分離を断行して、神仏混淆が残っている領内の神社は全て廃止した。

三6　学派の争——天明六年彰考館総裁となった立原翠軒と門人藤田幽谷との「大日本史」編纂をめぐる対立に端を発した両派の争い。天保改革の過程において政治上の深刻な対立に発展した。

三7　老公継承……一党の専ら助る所——第八代水戸藩主徳川斉脩《なりのぶ》後の藩主継嗣問題をめぐる対立。大身門閥層である執政榊原照昌・赤林重興らは、当時御三卿の清水家を継いでいた清水恒之丞(斉彊、将軍家斉の第二十子)を藩主後継者に迎えて幕府の財政援助を得ようとした。これにたいして、彰考館総裁青山延于《のぶゆき》や会沢正志斎ら藤田幽谷門下の藤田派は斉脩の弟敬三郎(斉昭)の擁立を図った。

三11　藤田の学派——二三頁六行「学派の争」の注参照。

四1　尊王攘夷——水戸尊攘派は、安政の大獄のなかで鎮派と激派に分裂し、安政五年八月に朝廷から水戸藩に下された勅諚(戊午の密勅——二三頁二行の注参照)をめぐって、鎮派と激派とが激しく対立した。

四1　天狗党の暴動——水戸藩尊攘激派の藤田小四郎(藤田東湖の子)らが尊攘勢力を結集し、幕府に攘夷実行を迫ろうとして、元治元年三月筑波山に蜂起したことにはじまる争乱。

二四1　立原の学派――二三頁六行「学派の争」の注参照。

二四2　書生党――天狗党蜂起のさなか、門閥派の朝比奈泰尚・市川弘美らは、藩校弘道館の文武諸生(書生)と結び、反天狗という点で結集しはじめたことから、水戸藩における反天狗派集団への一般的通称として諸生派・諸生党という表現がつかわれるようになる。

二四8　水戸の三連枝――讃岐国高松藩主松平讃岐守頼胤、常陸国府中藩主松平播磨守頼縄、陸奥国守山藩主松平大学頭頼誠《よりのぶ》をさす。本文に「大炊頭」とあるのは誤り。

二四11　水戸の藩政は甲党……保守党の専らにする所――斉昭の失脚によって、改革派の中心人物である年寄戸田忠敞・側用人藤田東湖らが罷免・蟄居とされ、附家老中山信守や家老山野辺義観・執政鵜殿清虚も処分をうけた。処分を免れた結城寅寿が新藩主後見役となった三連枝と結んで藩政を掌握した。

二五3　謹慎を解かれ――斉昭は弘化元年十一月二十六日謹慎を解かれた。

二五5　「新伊勢物語」――斉昭の編著。弘化二年七月から嘉永六年六月までの斉昭と老中阿部正弘との往復書簡を中心に、関連する書状や記事を組み込んでまとめたもの。

二五13　三連枝の後見を止むる――老中阿部正弘から三連枝後見の廃止と斉昭の藩政参与許可の内意が正式に水戸藩に伝えられたのは嘉永二年三月十三日。

二六11　姉小路の妹某――斉昭正室登美宮(吉子)が京都より伴ってきた老女で、花ノ井と呼ばれた。

二六14　「明君一班抄」――君主たるべき者への教訓を述べた斉昭の著述。弘化二年成立。『維新史料』に収録。

二七 9　一橋に入れたる事——慶喜は弘化四年九月一日に一橋家を正式に相続した。

二七 11　儲君の欠——ここでは徳川将軍の世継ぎが欠けることをさしている。

二八 3　峰寿院の御内願——峰寿院は十一代将軍徳川家斉息女、美子。水戸藩主徳川斉脩未亡人。

二八 9　九代将軍家——十一代将軍の誤り。

二九 10　御養女降嫁の内議——有栖川宮幟仁親王の息女である線宮幟子《いとのみやたかこ》は嘉永三年八月十八日江戸へ下り、将軍家慶養女となっていたが、幕府は同年十一月二十三日慶篤と線宮の婚約を許可。成婚は同五年十二月十四日。

三一 6　外国船打払令——幕府は文政八年二月に無二念打払令を全国に触れた。しかし、天保十三年七月同令は撤回され、文化三年一月の撫恤令にもどしている。

三一 8　米国船——弘化三年閏五月二十七日、軍艦二隻を率いて浦賀沖に来航したアメリカ使節ビッドルは通商を要求した。

三二 11　大砲鋳造・軍艦製造の急務たるを説かれたる——斉昭は、ビッドル来航直後の弘化三年六月十七日の書簡などで、正弘にたいして軍艦製造の禁解除、大砲鋳造・大船製造を主張し、同年九月十一日書簡では軍艦製造の幕議決定を催促するとともに鉄砲製造の許可を求めている。

三三 5　六日の夜……駒籠邸に伺候して——「新伊勢物語」では、阿部正弘が水戸藩中屋敷駒籠邸を訪れた日を六月七日夕方とする。本文一六四頁一四行参照。

三三 7　筒井伊賀守——筒井政憲はこのとき肥前守。

三三 7　外情を告げたるより——ペリーが退去した二日後の六月十四日、筒井・川路は水戸藩駒込邸を訪れ、斉昭にたいして、軍事力の違いからアメリカと戦争をするのは無理であり、オランダ貿易品額の半分を割いてアメリカに開放して時間をかせぎ、軍備の充実をはかった後拒絶するという幕府の方針を伝えた。斉昭は、少しでも交易を許せば祖法を破ることになり、甚だしい後害を招くとして反対した。

三8　老公の封事意見——嘉永六年七月八日、斉昭は国防基本方策十カ条を立案して幕閣に進言した。この進言は八月三日の十三カ条の進言とともに「海防愚存」という書物とされ、伝写・流布した。

三9　外政の諮詢——幕府は、嘉永六年六月晦日斉昭の海防参与就任を決定した。

三10　辞せられたり——斉昭は、安政元年三月三日に締結された日米和親条約を不満として、三月十八日辞任の願書を提出し、四月晦日に至って連日の登城を免ぜられている。

三3　安政元年の条約——日米和親条約。

三4　不策なり……海防の事を老公の専務となし——安政二年八月十三日(十四日説あり)幕府は斉昭を幕政参与としている。その辞任は同四年七月二十三日。

三7　一橋卿儲君論——一橋慶喜を将軍継嗣としようとする主張。

三8　深き怨——関ケ原戦で島津・毛利は西軍であり、徳川を盟主とする東軍と戦った。島津勢は、関ケ原退去に際して従軍した軍勢のほとんどが討ち死した。戦後、毛利は領知高百二十万五千石から備後・備中・安芸・因幡・伯耆・出雲・隠岐・石見の八カ国を削られて周防・長門の二カ国三十六万九千石とされた。

三云4　国主大名中にて最も英名の聞えありし方――松平慶永は「逸事史補」で斉彬を「治世以来はじめて見たる英主」と讃え、伊達宗城は蜂須賀斉裕への書翰で「当時屈指之英明」(『徳川斉昭・伊達宗城往復書翰集』三三二頁)と評している。

三云7　藩中に党派ありて――薩摩藩内には藩主島津斉興・家老調所広郷と斉興嫡男斉彬との間に、軍制改革、給地高改正、琉球問題をめぐって対立があった。またこの対立は嘉永二年の藩主継承をめぐる藩内対立に発展した。この藩内騒動に幕府老中阿部正弘らが介入し、嘉永四年二月二日斉興は隠居、斉彬が藩主となった。

三六2　弘化三年五月に至り英仏両国の軍艦……警報あり――弘化三年四月五日イギリス人宣教師ベッテハイムが「皇帝」の命令と偽って琉球に上陸し、同年四月六日フランス軍艦サビーヌ号が那覇沖へ来航、同五月フランス極東艦隊司令官セシーユの旗艦クレオパトール号が那覇、ついで運天に来航して、琉球に通商を要求した。琉球を支配していた薩摩藩は、長崎奉行へ報告するとともに、同年閏五月二十日幕府へ届けた。

三六4　急ぎ江戸を発して――実際は、藩主斉興は、従三位昇進の内願中のために江戸を離れるのを嫌い、幕府の許可を得て、嫡男斉彬を名代として帰藩させることにした。斉彬は六月八日(六日説、九日説あり)帰藩の途についた。

三六5　弘化元年よりの事――弘化元年三月十一日フランス軍艦アルクメーヌ号が那覇沖に投錨。琉球に通信・貿易を要求し、神父フォルカードと通訳を残して三月十九日立ち去った。

三八1　「海防愚存」――三二頁八行「老公の封事意見」の注参照。

三六7　軍艦・蒸汽船の製造……許可を請いたり――嘉永六年八月十九日(二十九日とも)、斉彬は大船建造の解禁、軍艦・蒸気船製造の許可、海防のための書籍・諸器械類のオランダ人への注文許可などを幕府に求めた。

三八14　正月に至り……条約を結び――日米和親条約が締結されたのは三月三日である。

亖9　後宮にて水戸風の評判悪しき――本文六一頁一〇行―六二頁一〇行の記述参照。このほか、斉昭の襲封問題以来、水戸藩の内紛が大奥に喧伝され、安政三年前後には斉昭・慶篤不和の噂や斉昭の私行上の噂などにより水戸家の悪評が増幅されていた。

亖12　魯国使節ブーチヤチンは、軍艦を率て長崎に来り――嘉永六年七月十八日、ロシア使節プチャーチン海軍中将は、同国宰相ネッセルローデの親書を携えて長崎に来航した。

亖13　魯・蘭の条約――安政元年十二月二十一日、下田においてロシア使節プチャーチンと応接掛川路聖謨・筒井政憲が調印した日露和親条約と、翌二年十二月二十三日、長崎においてオランダ商館長キュルシュウスと長崎奉行荒尾成允・川村修就が調印した日蘭和親条約をさす。

亖13　米国公使ハルリスは下田に来り――安政三年七月二十一日、ハリスは総領事として、ヒュースケンらとともに下田へ来航。八月五日、下田柿崎村の玉泉寺を総領事館とした。

亖6　安政三年――安政二年十月九日、堀田正睦は老中に就任し阿部正弘にかわって老中首座となった。

四四3　政略的婚姻――この婚姻によって、外国船来航や密貿易疑惑などの琉球問題をめぐる幕府対策を有利にすすめようとした。将軍継嗣問題が浮上すると、斉彬はこの婚姻を慶喜擁立に利用しようとする。

四四10　伊勢守は……卒去――正弘は安政四年六月十七日死去。

四四11　翌安政五年を以て薨ぜられ――家定は安政五年七月六日に死去。斉彬は同年七月十六日死去。

四五5　連載――「国民之友」第三一一(明治二十九年八月)から第三三七(明治三十年二月。ただし第三一六、三三〇、三三五、三三六号を除く)まで「佐倉藩主堀田正睦公事績」を連載した。

四五7　かつて一たび閣老に――天保十二年二月二十三日から同十四年閏九月八日まで老中に在任。

四五7　夙に欧西の文物武備――堀田はいわゆる「蘭癖《らんぺき》」とよばれた。天保十三年に医学局を設けて西洋医学を教授させ、さらに幕府にさきがけて領内に牛痘法を施行した。また兼松繁蔵らに西洋銃陣法を、硯五郎らには西洋兵法を学ばせ、嘉永六年には佐倉城内に西洋砲術教場を設置した。

四六1　安政二年十月を以て――四三頁六行「安政三年」の注参照。

四六1　溜詰――江戸城溜間に詰める大名は、老中と合議を行ったり、将軍に直接意見を上申することができた。席次は老中の上座という高い格式であった。

四七1　頻りに鎖国攘夷の説――アメリカ大統領国書の取り扱いについて、幕府が嘉永六年六月二十七日に御三家・溜詰大名および江戸湾警備の会津・彦根・忍・川越の四藩主へ、七月一日に諸大名ならびに布衣以上の有司に諮問したところ、開国論二十一、避戦論十七、拒絶論は十八であった(『水戸市史』)。

五〇14　米英魯蘭に対しても許諾――日米和親条約(安政元年三月三日締結)、日英和親条約(安政元

年八月二十三日締結)、日露和親条約(安政元年十二月二十一日締結)、日蘭和親条約(安政二年十二月二十三日締結)をさす。

五一 1　米国下田条約——日米修好通商条約の前駆をなした条約。日米約定。日米協約ともいう。実際に調印されたのは、安政四年閏五月五日であるが、日米の協議によって同年五月二十六日を調印日とした。

五一 14　ついには英仏同盟の軍が——一八五六年のアロー号事件と広西におけるフランス人宣教師殺害事件を口実にして、イギリス・フランス同盟軍は清国に出兵し、一八五七年広東を占領。一八五八年天津条約が結ばれたが、翌年その批准のために白河口へ出向いたイギリス・フランス使節が清兵に砲撃されたことから戦争が再開。一八六〇年イギリス・フランス軍は北京を攻撃・占領し、北京条約が締結された。

五三 7　一橋卿立儲には冷淡なりき——安政五年正月、将軍継嗣問題に関して松平慶永およびその側近橋本左内の接触をうけた聖謨は慶喜擁立の意思を明らかにし、慶永や斉昭側近安島帯刀と面談を重ねている。聖謨と慶喜との関係や、このような経緯・人脈などから、聖謨は慶喜擁立派とされ、尽力を期待されるが、井伊直弼の大老就任以前は慶喜擁立には極めて曖昧な態度であった。

五三 3　朝鮮信使来聘——朝鮮国王の国書・進物を携えて足利将軍・徳川将軍のもとに派遣された外交使節団。通信使ともいう。江戸時代においては、慶長十二年から文化八年まで十二回派遣された。

五三 3　琉球王子参府――江戸幕府に派遣された琉球王国の使節。寛永十一年から嘉永三年まで十八回の使節が江戸へ赴いた。

五四 6　海軍伝習――安政元年、オランダ商館長クルチウスの献策を容れ、幕府が西洋式海軍教育機関として長崎に設置した海軍伝習所。

五四 9　魯・蘭の条約――安政四年八月二十九日に締結された日蘭追加条約と、同年九月七日に締結された日露追加条約をさす。

五八 11　西郷に内命を下して周旋せしめたる――安政四年十月、斉彬は慶永の工作を手助けするため、西郷吉兵衛(隆盛)を江戸へ派遣。西郷は同年十二月江戸に着き、将軍家定夫人篤姫(天璋院)へ斉彬密書を差し出し、また篤姫付きの幾島(生島)などを通じて大奥へはたらきかけるが、成果はあがらなかった。

五八 12　御入輿の時にも、あらかじめこの一橋卿を儲君に建る――このことは斉彬が慶永に送った書翰にもみえている(『島津斉彬文書』)。なお、篤姫の婚礼は安政三年十二月十八日。

五八 14　局小島――小島は斉彬夫人附の老女。

五九 2　斉彬侯の薨後は――本文の記述は誤りであろう。斉彬が死去したのは安政五年七月十六日。将軍継嗣が慶福(家茂)に内定したのが同年五月一日、正式な発表は同年六月二十五日。堀田正睦が老中を罷免されるのが同年六月二十三日。すなわち、正睦が失脚し、将軍継嗣が正式に発表された後に斉彬は死去したのである。また、慶喜擁立について慶永が山内・伊達・蜂須賀と連携しようとするのは斉彬死去以前のことである。

二五九 6　後宮において……反対せる――将軍家定の母本寿院、および家定乳母歌橋はともに斉昭を嫌悪し、大奥における慶喜反対派の中心であった。また慶福(家茂)擁立の急先鋒である水野忠央(紀州藩付家老)は、その四番目の妹広が旗本杉重明養女となって大奥へ入り、前将軍家慶の寵妾となって三女一男を生んでいるという縁故から、しきりに慶福擁立をはたらきかけた。

二五九 12　本郷丹波守(御側御用御取次)――丹後守の誤り。また、彼は安政四年八月二十八日若年寄となっている。

二五九 12　土岐丹波守(大目付?)――土岐丹波守頼旨は大目付を二度勤めており、二度目の在職期間は安政二年八月九日から同五年五月六日まで。

二六〇 2　堀田備中が上京の時――七四頁一一行「安政五年の春」の注参照。

二六〇 3　岩瀬肥後守と気脈を通じて――京都において二人がはじめて面談したのは、岩瀬が江戸へ帰る前夜、すなわち三月二十四日のみ。その内容は、条約勅許獲得の失敗を慶喜擁立によって回復するというものであった。

二六〇 5　勅命を下し得ん事を謀らんがためにてありき――将軍継嗣問題を朝廷の権威によって解決することについて、一橋派大名の考えは一様ではなかった。斉彬は、継嗣の内勅降下にきわめて積極的であったが、慶永や山内豊信は幕府の権威を落すことになるとして躊躇していた。

二六〇 6　一橋卿立儲議に反対せる党与の周旋――井伊直弼が家臣長野主膳を京都に派遣したことを指す。

二六〇 8　謎のごとき勅語――将軍継嗣として慶喜の名前を明記した内勅が降りることに反対したのは、

長野の説得をうけた関白九条尚忠であり、妥協案として「年長・英明・人望」の三条件を文言に入れ、間接的に慶喜擁立を内勅に示そうとする案が出された。

六〇10 除かる事――長野に説得された関白九条の独断によって、三月二十二日降下の内勅から「年長・英明・人望」の三条件は削除された。

六一9 夢にも伝え聞かざる所なり――安政五年正月十六日、将軍家定は、堀田正睦はじめ老中一同にたいして継嗣は紀州の慶福とする旨を明言したとされ、その席に加わっていた御側御用取次夏目信明から井伊直弼はその話を直接聞いたという(二月二十六日付長野主膳宛井伊直弼書状『大日本維新史料』第三編ノ二)。

六二14 佐命――ここでは、将軍を補佐すること。

六三3 歌橋――家定乳母。

六三8 瘤のお局と異名せられたる局……文書――「瘤のお局」とは幾島(生島)のこと。斉彬は篤姫の婚礼に際して幾島を篤姫に付けて大奥に入れた。幾島が小島へ宛てた密書は、中根雪江の「昨夢紀事」に収められている。

六六2 安政二年七月――ハリスの下田来航は安政二年ではなく、安政三年七月二十一日。

六六8 再び閣老となりて……命ぜられ――堀田正睦は、安政二年十月九日再度老中となり、同五年六月二十三日まで在任した。また、正睦が外国御用取扱として外国事務専任となるのは同三年十月十七日からである。

六九1 釁を米国に開かん――アメリカにつけこむ隙を与える。

六九11　川路――これは誤解であろう。ハリスの上府・登城・国書持参について、海防掛の勘定奉行・勘定吟味役たちは、人心に動揺を与え、下田・長崎・箱館の奉行の権威を失墜させるものとして反対しており、川路聖謨も勘定奉行のひとりとして消極的反対の立場をとっていた。

六九13　清国における英仏同盟の戦争――五一頁一四行「ついには英仏同盟の軍が」の注参照。

七一7　江戸条約――安政五年六月十九日締結された、日米修好通商条約を指す。

七一8　英仏露蘭――日蘭修好通商条約(安政五年七月十日締結)、日露修好通商条約(同年七月十一日締結)、日英修好通商条約(同年七月十八日締結)、日仏修好通商条約(同年九月三日締結)。

七三1　かの水戸老公が……偽作――徳川斉昭が内密に朝廷に建議書を呈上したという噂が安政四年冬頃から京都を中心に流れた。建議書は、幕府の外国に対する態度を批判し、朝廷は断乎として幕府に攘夷を命ずるべきであるという内容であると噂された。実際は、彰考館総裁豊田天功の子の靖(小太郎)が書き、青蓮院宮に呈したものであったが、攘夷論者の主導者とみなされていた斉昭が鷹司政通や九条尚忠へ建言したものであるという風聞が流れた。

七四11　安政五年の春――堀田・川路・岩瀬は正月二十一日に江戸を出立、二月四日から五日にそれぞれ京都の宿所本能寺・天性寺・瑞泉寺に入った。

七五1　黄金の魔力――堀田の朝廷工作資金として幕府は三万両を用意したと噂された。孝明天皇は関白に宛てた宸翰で、黄白によって公卿・廷臣が懐柔されることに強い懸念を示している。

七九1　(これ五月二日の書簡)――福地はここで、五月二日付老中連署の書簡が、調印延期を要望する書簡、ないしは要望を伝える書簡であるかのように記している。しかし、この書簡は、(1)

条約調印を七月二十七日まで延期したいという幕府の要望をハリスが承諾したこと、(2)幕府は、アメリカ以外の外国使節が条約締結のために日本に派遣されても、アメリカとの条約調印後三十日を過ぎなければ、決して他の外国と条約を調印しないこと、の二点を確認するためにハリスに渡された幕府側の覚書であり、ハリスもまた五月四日付で同内容の覚書を幕府へ渡している。

七九4　五月二十五日というに――幕府が、御三家以下諸大名および旗本に登城を命じ、条約調印不可の勅旨を示して意見を求めたのは四月二十五日である。

七九9　非条約説をなすもの――水戸藩主徳川慶篤と尾張藩主徳川慶恕はともに五月一日に答申しており、慶篤は条約調印に反対し、慶恕は叡慮を尊び公武一和の実をあげるべきだと答えた。幕府は、両者の答申内容は幕府の趣旨にそわないものであるとして、松平慶永にはたらきかけ、慶篤・慶恕に答申を訂正させようとした。

八一6　六月朔日を以て……公にせられたり――慶福の将軍継嗣内定の日は五月一日説と五月七日説があるが、約一カ月後の六月一日、御三家・溜間詰大名に、将軍継嗣は筋目の内より定めることが告げられ、慶福決定が明白にされた。そして、六月二十五日、御三家・御三卿以下諸大名に総登城を命じ、慶福が世子に決定したことを正式に発表した。

八三5　往年かつて一たび閣老となり――嘉永元年十月十八日より安政二年八月四日まで老中に在職。

八三9　これを退くるの念――五月二十二日、井伊直弼は伊達宗城に、松平忠固が近頃は逆らって直弼を倒そうとする勢いであり、奸曲の噂もあるので、庭番に素行を調査させていると洩らしている（「昨夢紀事」）。

八四11　神奈川に来りて……――六月十六日にロシアのプチャーチンが日本との条約締結をめざして下田に来航した。ハリスは、同十七日ポーハタン号で神奈川近くの小柴沖に廻航し、翌十八日応接使井上清直・岩瀬忠震と神奈川沖に碇泊するポーハタン号上で会見、即時調印を迫った。幕府はこれに屈し、同十九日に条約に調印した。

八五4　長袖者流――公家などのような悠長な態度。

八五5　ついに井伊大老までもこの説に従うに至れり――六月十九日、ハリスと会見した岩瀬忠震・井上清直の報告をうけて、幕府では評議が行われた。「公用方秘録」によれば、諸有司評議の場において、直弼はあくまでも勅許がなければ条約調印はできないと主張したが、賛同したのは若年寄本多忠徳だけで、海防掛など多くの諸有司は調印もやむをえないと主張した。直弼は、御用部屋へ退いて、老中と評議を行ったが、堀田正睦と松平忠固は即時調印の底意であり、他の老中は調印延期を主張したという。直弼は、岩瀬・井上を呼び寄せて、なるべく勅許を得るまでは調印を延期するように命じた。しかし、抗しきれないときは調印してもよいのか、と井上に尋ねられ、調印の内諾を与えたという。

八八9　原来先代の庶子にして……艱苦をも――直弼は、彦根藩第十一代藩主井伊直中《なおなか》の十四男として生まれた。弘化三年三十二歳で嗣子となるまで扶持三百俵を宛行れて部屋住みとして過していた。

八八10　紈袴子弟――柔弱な貴族の子弟。

八八11　京都御警衛――彦根藩井伊家は元和年中幕府より京都「守衛」の密命をうけたと伝えられ、京都所司代が交替する度に井伊家よりその旨書面をもって新任の京都所司代に提出する慣例であったようである(「外寇京都御警衛一件」)。外国艦船の出没が頻繁となっていた弘化四年二月十五日、井伊直亮《なおあき》は幕府より相州警備を命じられるが、直弼は京都「守衛」の重責をはたすべき家柄の井伊家が海岸警備を命じられるのは家の瑕瑾として激しく憤慨する。直亮・直弼は幕府に相州警備免除をはたらきかけるが、嘉永六年には代わって羽田・大森の江戸内海警備を命じられ、安政元年四月九日に至って内海警備を解かれ、念願の京都の「守護」を正式に命じられる。

八八12　公卿にその姻戚あるを幸に(三条実萬公のごときも……)――井伊家は三条家(転法輪家)としばしば婚姻関係を結んでいる。十代藩主直幸《なおひで》は蜂須賀宗鎮の娘を養女として三条実起に嫁がせており、三条実萬は実起の実孫にあたる。

八九1　その藩士をして……遊説――薩摩藩の西郷吉兵衛(隆盛)、越前福井藩の橋本左内、彦根藩の長野義言《よしとき》、土佐藩の大脇興之進などの活動を指す。

八九2　水戸の老公が……――このような風聞が流れていたが、実際は、老中堀田正睦が上京の途につくと、斉昭は書簡を前関白鷹司政通に送り、無謀の攘夷はできないと主張して、国防の充実を説いている(『水戸藩史料』上編坤)。

八九8　『開国始末』――島田三郎著『開国始末　井伊掃部頭直弼伝』。井伊直弼の伝記。明治二十一年輿論社から刊行。

八九14　菽麦を弁ぜざる――形が違う豆と麦の区別がつけられない、愚か者のたとえ。

九三12　癸丑甲寅……非開国説を持し――これは正確さを欠く記述であろう。癸丑すなわち嘉永六年六月、ペリーが江戸湾を退去すると、幕府はアメリカの開国要求について直弼等溜間詰大名に意見を徴した。それにたいする直弼の意見書は八月十日と同月二十九日の二度にわたって幕府に提出された。初度の意見書の趣旨は必ずしも明快ではないが、禁教のための鎖国は変えるべきではない、と防禦の充実を主張している。二度目の意見書では、時勢に応じて鎖国を変更すべきことを述べ、年月をかけて必勝の方策をとるべきであるとして現時点での非戦論を採り、朱印船制度を復活させ、海外交易を行うことを主張している。また、甲寅すなわち安政元年正月、ペリーが再度江戸湾に現れると、同月二十八日老中は先ず溜間詰大名に意見を徴し、ついで徳川斉昭に意見を求めているが、直弼等溜間詰大名はいずれも斉昭が主張する拒絶・打払い論に反対し、和平穏便論を唱えている。この評議の様子を語ったという藤田東湖の談話によれば(『鈴木大雑集』)、溜間詰大名は皆交易論だったという。

九三1　横浜条約――日米和親条約。

九三1　下田条約――日露和親条約。

九四3　六月二十日というに――日米修好通商条約が調印されたのは六月十九日である。

九四9　朝廷を軽じ奉りたる所為――岩瀬忠震は六月二十日付書簡で、朝廷への奏聞を単に宿次奉書で済ませるのは朝廷「御軽蔑」とうけとられることを憂慮している(「昨夢紀事」)。

九九3　「逸事史補」――松平慶永が明治五年から書きはじめ明治十二年九月十八日に脱稿した幕末維

新期の逸事・逸聞集。明治三十一年初公開。『松平春嶽全集』に収録されている。

一〇一8　二十二日登城の節——直弼の側近宇津木六之丞が記した「公用方秘録」によれば、慶喜が江戸城で直弼に対面・詰問したのは六月二十二日となっているが、「昨夢紀事」などでは六月二十三日となっている。

一〇一14　「昨夢紀事」——松平慶永の側近中根師質(雪江)が、幕府に処罰された慶永の潔白を明らかにするために著わした実紀的な手記。『日本史籍協会叢書』に収録されている。

一〇一14　平岡円四郎の談話——「昨夢紀事」に書き留められている一橋家家臣平岡円四郎談話によれば、六月二十三日江戸城における慶喜と直弼の会見は、慶喜が直弼にたいして、条約調印について、直弼や将軍は承知していたのかと詰問しても、直弼は平伏して恐れ入り奉り候とくりかえすばかり。直弼は不承知だったのに、堀田正睦や松平忠固が勝手に調印してしまったのかと問うと、直弼はやっと頭をあげて自分も同意したのだという。それでは将軍家による違勅になってしまうではないかと問い詰めると、直弼自身もそう思って反対したのであるが、みんなが条約調印に賛成していたので致し方なかったと答えた。慶喜が、直ちに直弼自身が京都へ参じて申し開きをせよと叱りつけると、直弼は恐れ入って、いずれ自分か老中が上京いたします、と答えたという。

一〇三8　二十一日を以て……不審なり——「公用方秘録」によれば、この京都からの返答は六月八日付であり、同月十四日に到着していた。しかし、政局の成り行きを憂慮した老中堀田正睦が奥右筆志賀金八郎に命じて隠匿させたものだという。六月二十三日に堀田が老中を罷免されるに至って、志賀はこの事を明らかにし、七月一日引責自刃する。

一〇二 12 『三十年史』――軍艦奉行や勘定奉行などをつとめた木村芥舟《かいしゅう》の著述。慶応義塾図書館蔵。

一〇三 3 越前侯は帰邸の途中にて水戸老公の使に会い――慶永が記した「逸事史補」によれば、慶永は井伊邸から帰邸する途中桜田門辺において、慶永側近中根雪江の手紙を持った福井藩邸からの使いに逢ったとしており、中根の手紙には、斉昭・水戸慶篤・尾張慶恕が今朝登城するので、慶永にも早速登城してほしい、と書かれていたため、そのまま登城したことになっている。また、中根雪江の「昨夢紀事」によれば、六月二十四日早朝、斉昭の使者茅根寒緑が、中根を通じて慶永に、今日斉昭は慶恕とともに辰半刻頃に登城するので、慶永も登城して協力してほしいが御返答をいただきたい、と申し入れ、中根はこれを越前藩邸で慶永に言上したことになっている。これにたいして慶永は、しばし思案の上、今朝は井伊邸を訪問するので少し遅くなるかもしれないが、承知した、と返答を伝え、使者茅根寒緑はこの返答を聞いて帰ったという。

一〇三 13 駒井右京――駒井左京朝温。右京とあるのは誤り。

一〇八 14 京都所司代たらしめたり――越前小浜藩主酒井忠義の京都所司代任命は六月二十六日。赴任のための江戸出立は八月十六日。京都到着は九月三日。

一〇九 1 将軍家薨御――将軍家定が死去するのは安政五年七月六日。発喪は同年八月八日であった。

一一〇 11 ハルリスが予告――ハリスが六月十四日に堀田正睦に宛てた書簡には、清国で勝利をおさめたイギリス・フランスの艦隊が江戸湾に押し寄せるであろうこと、ロシアのプチャーチンが六月八日に長崎に渡来したことが書かれている。また、ハリスが六月十七日に堀田に宛てた書簡では、フランス人が五日のうちに下田に来航するであろうこと、プチャーチンが明日にでも神奈川にやって来るであろうことが伝えられている(『大日本古文書 幕末外国関係文書之二十』)。さらに、六月十八日の岩瀬忠震・井上清直との会見でハリスは、イギリス・フランス艦隊が大挙来航して日本に通商を要求するとの情報を伝えている(「公用方秘録」)。

二二1 プーチャチン……神奈川に来り――六月二十日プチャーチンは神奈川に来航。七月十一日、江戸において日露修好通商条約が締結された。

二二2 エルジン伯も……渉れり――エルジン(エルギン)は、安政五年幕府側全権代表と七月十三日・十四日・十五日にわたって協議を行い、十八日に日英修好通商条約を調印・締結した。

二三5 水野筑後守のごとき人物にてさえ――水野忠徳は、福地が幕末の三傑として高く評価している人物である。福地は水野ときわめて親密であった(「解説」参照)。

二三8 外国奉行――安政五年七月八日、海防掛を廃して外国奉行が新設され、外交に関係する遠国奉行や勘定奉行と兼任のまま水野忠徳・永井尚志・堀利熙・岩瀬忠震・井上清直が新任された。

二三11 久世は外国事務に任じ――久世広周が外国御用掛に任命されたのは安政五年六月二十六日。

二三13 三家または大老に上京せよと命ぜられたれば――三家または大老のうちより一人を上京させるようにとの六月二十九日付朝廷の沙汰書が七月六日の夕刻に幕府に到着した。

二四1 酒井若狭守を……――一〇八頁一四行「京都所司代……」の注参照。

二四1 小笠原長門守を京都町奉行に命じて――小笠原長常は安政五年六月五日に京都西町奉行に任命された。

二四3　先年所司代中……――間部詮勝は、かつて天保九年四月十一日より同十一年一月十三日まで京都所司代に在任。

二四14　長野主膳が、京都より密告――長野の報告は、捏造や曲解に満ちたものであったことが今日では「井伊家秘書集録」などから明らかにされている。

二六6　七月六日を以て――慶恕・斉昭・慶永・慶喜の処罰が発令されたのは七月五日。本郷泰固・石河政平が罷免されたのは七月六日。なお、慶恕の跡は高須藩主松平義比《よしひら》が相続し、慶永の跡は糸魚川藩主松平直廉《なおきよ》が相続した。

二七4　究竟の辞柄――この場合、表向きの口実の意。

二七6　水戸中納言殿（慶篤卿）も……譴罰の独りこの卿に及ばざる――慶篤も当分登城停止処分をうけている。

二八7　七月八日の薨御――将軍家定が死去するのは安政五年七月六日の夕方。なお、家定死去の際、幕府が奥医師岡櫟仙院に隠居・慎を命じたことから、家定毒殺の噂が流れた。岡は、井伊直弼を抑えようと画策して左遷された鵜殿長鋭の婿で一橋派とみなされていた。

三〇10　（安政五年六月二十一日……別紙に詳なり）――『大日本古文書　幕末外国関係文書之二十』二〇三号文書。

三一9　嘉永六年米国全権ペルリが……宣言したる所――嘉永六年十一月一日に発布された所謂「海防大号令」をさす。

三一12　京都に一敗して幕閣より退きたれば――堀田正睦は安政五年六月二十一日登城を停止され、

同二十三日罷免された。

一二14　その主義にて……何かあらんと信じ——九二頁一二行「癸丑甲寅……」の注参照。

一三13　三家並に大老の内を早々上京せしむべしと幕府へ仰下さりたり——一一三頁一三行「三家または大老……」の注参照。

一二14　不日御使のもの上京の上事情言上いたすべしと答え(七月八日)、尋て七月下旬に至り……奏したり——七月八日付で奏聞したのは、尾張慶恕・水戸斉昭・慶篤父子を処分したことのみである。不日御使のもの上京の上事情言上いたすべしと奏聞したのは七月九日付である。

一三2　八月八日に至り京都より左の勅諚を下されたり——孝明天皇の幕府に対する不満と譲位の意向は八月に入っていよいよ強まり、八月五日に至って、関東詰問と譲位の二事を衆議のうえ速やかに関東に通達せよとの宸翰が関白九条尚忠に下された。関白は、これを議奏・伝奏らに示し、論議の末、水戸藩へも勅諚を下すことが採用された。八月七日深夜、勅諚を幕府に下して時局の処置を詰問し、水戸藩をして勅諚の趣旨を三家・家門大名・列藩に回達させることが治定した。この勅諚は、関白の異論を押し切って、関白不参の朝議で決定され、正規の手続きを済ませていないことと、幕府を経ずに水戸藩へ下されたことから安政五年の干支を冠して「戊午の密勅」と呼ばれている。

一三4　先達て……勅命を仰出され候詮も無之——『水戸藩史料』上編乾、および「九条家文書」に所収されている勅諚では、「先達而勅答諸大名衆議被聞食度被仰出候詮茂無之」となっており、「先だって勅答に、諸大名の衆議を聞食されたく仰せ出され候詮もこれなく」と読み下すべきであろう。

一三三 5　以て――『水戸藩史料』「九条家文書」では、「誠　皇国重大」となっている。

一三三 6　勅命――『水戸藩史料』「九条家文書」では、「勅答」となっている。

一三三 7　取計なり、大樹公賢明の所――『水戸藩史料』「九条家文書」では、「取計　大樹公賢明之処」となっている。

一三三 9　偏に思召され、三家――『水戸藩史料』「九条家文書」では、「偏被　思召候、三家」となっている。

一三三 10　水戸・尾張は当時慎中――『水戸藩史料』「九条家文書」では、「水戸尾張両家慎中」となっている。

一三三 11　宗室の向々にも、同様の御沙汰聞召し及はれ候――『水戸藩史料』では、「宗室之向ニ茂、同様御沙汰之由茂被　聞食及候」となっており、「九条家文書」では、「宗室之向々茂、同様御沙汰之趣茂被　聞食及候」となっている。

一三三 12　計り難く候へども、宸襟を悩まされ候――『水戸藩史料』では、「難被計候得共　柳営羽翼之面々当今外夷追ゝ入津不容易之時節、既ニ人心之帰向ニ茂可相拘、旁被悩　宸衷候」となっている。「九条家文書」も『水戸藩史料』とほぼ同文。

一三三 13　思召され候儀にて、外虜――『水戸藩史料』「九条家文書」では、「被　思召候儀、外慮」となっている。

一三四 2　譜代にも――『水戸藩史料』「九条家文書」では、「譜代共」となっている。

一三四 2　篤と相糺し――『水戸藩史料』「九条家文書」では、「得与相正シ」となっている。

一三四 4　様に思召され――『水戸藩史料』「九条家文書」では、「様ニ与被　思召候」となっている。

一三四 7　一条内大臣忠喬――一条内大臣忠香の誤り。

一三四 9　二条大納言斉政――二条大納言斉敬の誤り。

一三四 11　この勅諚は八月九日附にて……同じき十八日を以て幕府に達したり――勅諚は、伝奏別紙副書の日付を以て八月八日付と考えられている。勅諚は、八月八日付の伝奏別紙副書とともに、まず八日早朝に水戸藩京都留守居役鵜飼吉左衛門知信へ下された。ついで八月十日、水戸藩へ下されたものと同文の勅諚と八月八日付伝奏別紙副書が禁裏付幕吏大久保忠寛へ下された。二日遅れて下されたのは、水戸藩へ先に勅諚が届くようにするためであった。鵜飼吉左衛門へ下された勅諚は、その息子幸吉の手で八月十六日深夜小石川の水戸藩邸に届けられた。翌十七日慶篤は、駒込邸に謹慎中の斉昭の意向を聞いて、これを受け取っている。また、大久保に下された勅諚は、十九日には幕府に届いている。

一三四 11　かつ京都にては……――近衛忠熙ら一部の公卿は、水戸藩・幕府が勅諚を回達しないことをおそれ、勅諚と伝奏別紙副書の写しに書簡を添えて、各公卿と縁故の深い大名に伝えた。

一三六 1　副勅――八月八日付伝奏別紙副書のこと。『水戸藩史料』上編乾所載。

一三六 13　一向に与り知らず――関白九条尚忠は、このような勅諚を下すことに不満であり、かつ自分に責任が及ぶことをおそれて、勅諚降下が治定した八月七日の朝議には加わらなかった。

一三八 7　九条殿再び関白に復職せられたり(九月十九日の事)――九条尚忠は関白を辞職しておらず、

辞職したのは内覧のみである。また、尚忠が内覧に復したのは十月十九日のことである。

二元九3　間部は十二月二十七日を以て最後の書を……原来井伊が開国の卓識ありて――この書は、孝明天皇が間部の威嚇に屈して十二月二十四日に関白九条尚忠へ与えた勅書(実質的には無勅許で日米修好通商条約に調印した幕府への天皇の諒解)にたいする間部の請書である。間部は、条約調印の勅許を得ることに汲々とするあまり、独断で、いずれ軍備を充実させて、鎖国の旧制に復すべし、という天皇の意向に沿って請書を上呈した。間部はこの勅書を江戸へ持ち帰り、幕議において諸大名へ布告することを主張した。しかし、井伊直弼や他の老中たちは、実行不可能な内容であるとして勅書は公表されなかった。

三〇3　三条殿は京都を退きて淀に隠れ――三条実萬は十二月二十三日、所領の久世郡上津屋村に籠居した。

三〇5　宸翰――安政六年二月九日、関白九条尚忠は参内して、去る二月五日京都所司代酒井から伝えられた幕府による公卿・廷臣処分案を奏聞した。孝明天皇は、処分案は厳しすぎるとして、関白に命じて幕府の処分案とは別個の処分案を酒井に示した。このとき酒井に遣わされた関白の覚書(『大日本古文書　幕末外国関係文書之二十二』一三五)には日付はなく、二月十日ころのものと考えられている。福地が本文に書いている「宸翰」とはこの関白の覚書をさすものと思われる。

三〇11　ついに落飾に及ばしめたり――安政六年四月二十二日、天皇は幕府の圧力に屈し、前関白鷹司政通・前左大臣近衛忠熙・前右大臣鷹司輔熙・前内大臣三条実萬の願いを容れて落飾を許可し、慎を命じた。

一三三 7　奸邪の輩——鷹司政通・鷹司輔熙・近衛忠煕・三条実萬らをさす。

一三三 4　幕府有司——岩瀬忠震・永井尚志・土岐頼旨・鵜殿長鋭・堀利煕・水野忠徳らをさす。

一三五 14　最高顧問——海防参与、幕政参与就任をさす。

一三七 2　乞いたるは、堀田閣老その人にあらずや——安政二年三月二十二日、武家伝奏は本能寺において堀田正睦に内勅(沙汰書)を渡した際、将軍継嗣は年長の人がよいという叡慮を口頭で伝えた。これによって、堀田は朝廷の意向は慶喜にあることを知り、それならば、内勅に「年長之人を以」という付札を施してほしいと依頼し、堀田の依頼どおりに付札が貼られた。

一三七 11　内藤豊後守——内藤正縄はこのとき伏見奉行であり、九月七日夜の京都烏丸における梅田雲浜捕縛は伏見奉行所によって行われた。

一三七 14　五手——五手掛ともいう。幕府評定所における裁判・審理制度のひとつ。

一三八 3　板倉伊賀守——周防守の誤り。

一三八 5　井伊大老を諫めたり。井伊……代らしめ——安政五年十二月十二日、寺社奉行板倉勝静・町奉行石谷穆清・勘定奉行佐々木顕発・大目付久貝正典・目付松平康正が五手掛として選任されている。このうち、石谷は井伊直弼の知遇を得た直弼派であり、直弼の意を代弁して厳罰でのぞもうとする石谷と、寛典論を採る板倉・佐々木とは意見が対立していた。石谷は、井伊家家臣富田権兵衛を通して直弼に、板倉・佐々木と評定所留役組頭木村が囚人にたいする寛典論者であると訴えた。これにより、安政六年二月二日、板倉は寺社奉行を罷免され、佐々木と木村は免職・差控となった。翌日、五手掛の補充として寺社奉行本庄宗秀、勘定奉行池田頼方(町奉行であったが急遽勘定奉行を兼任)を宛て、同月十日評定所留役組頭には吉田昇太郎を任命した。

一三九 8　数次に処決せられたり――判決は、安政六年八月二十七日、同年十月七日、同年十月二十七日の第三次にわたって行われた。

一四〇 10　丹羽豊後――丹羽正庸のことであり、豊前守の誤り。

一四二 6　阿倍十次郎――正しくは阿倍四郎五郎。

一四二 8　阿部――岡部の誤り。京都東町奉行をつとめた岡部豊常。

一四三 1　近衛右大臣殿――左大臣の誤り。近衛忠熙。

一四四 3　岩瀬肥後守……永蟄居――岩瀬忠震は、安政五年九月五日作事奉行に左遷され、「柳営《りゅうえい》日次《ひなみ》記《き》」「江木《えぎ》鰐水《がくすい》日記」「村垣範正日記」をはじめ当時の史料によれば安政六年八月二十七日罷免のうえ、切米を召上られ、差控とされている。

一四四 4　永井玄蕃頭……永蟄居――永井尚志は、安政六年軍艦奉行に転出となり、「柳営日次記」「江木鰐水日記」「村垣範正日記」をはじめ当時の史料によれば安政六年八月二十七日罷免のうえ、切米を召上られ、差控とされている。

一四六 5　蒲――ポルトガルのこと。

一四七 9　御作事奉行に遷されて……――一四四頁三行「岩瀬肥後守……」の注参照。

一四七 9　御軍艦奉行に遷されて……――一四四頁四行「永井玄蕃頭……」の注参照。

一四七10　井上は……――井上清直は、安政二年四月以来下田奉行の職にあり、同五年七月八日に任命された外国奉行も下田奉行との兼帯であった。同六年二月二十四日、両職から小普請奉行へ遷され、同年十一月四日軍艦奉行とされた。

一四七11　堀もまた……――堀利煕は嘉永七年七月二十一日以来箱館奉行の職にあり、安政五年七月八日に任命された外国奉行も箱館奉行との兼帯であった。同六年六月四日、外国奉行は兼務のまま箱館奉行から神奈川奉行へ転任となった。

一四八11　臥榻の傍――自分の領土内。

一四九5　ハルリスを暗殺せんと謀り……――堀江芳之助(久慈郡佐貫村農民)は、蓮田東三、信太仁十郎と共謀して、ハリスの登城を襲撃するため水戸を出奔した。水戸藩では堀江らを説得、その身柄を幕府へ引き渡し、幕府はこれを小伝馬町の牢に禁獄した。

一四九10　老公は大に怒りて……――中根雪江の「昨夢紀事」によれば、斉昭は甚だ不機嫌で、初めは面会すら拒み、やっと面会すると、自分の意見が用いられないことにたいする憤懣を吐き出して、考えがあれば出せと言うから自分の意見を出したのに、それを理解もしない堀田正睦と松平忠固には腹を切らせ、ハリスは首をはねてしまえ、と怒ったという。そして、永井が世界の大勢を説明しようとすると、先日斉昭が建言した件について返答もないままに相談するとは言語道断のことであると叱咤し、川路が、今後処置を計らうに際しては、斉昭に意見があれば承りたい、と言上すると、自分の知らないことだ、勝手にしたらよかろうと答えたという。

一四九11　一橋殿の調停――「昨夢紀事」によれば、堀田正睦から十二月二十九日の斉昭の対応について聞かされた一橋慶喜は、翌安政五年正月二日斉昭を訪ねて、種々諫言したところ、斉昭は自分の過ちをみとめ、慶喜に堀田へのとりなしを依頼したという。

一五〇 6　露国の海軍士官を暗殺したる――安政六年七月、品川に来航していたロシア艦隊の乗員が、七月二十七日夕刻、食料調達のために横浜に上陸していたところ、数名の日本人に襲われ、見習士官ロマン＝モフェトと水夫一人が殺害され、水夫一人が負傷した。

一五〇 6　横浜にても――安政六年十月、横浜のフランス領事館の従僕であった清国人が欧米人と間違えられて殺害された。また、万延元年二月、オランダ商船長デ＝フォスとディッケルが横浜において殺害された。幕府は種々交渉のすえ、賠償金として被害者一人につき新小判千両を支払っている。

一五〇 6　江戸にても――万延元年正月、イギリス総領事館通弁でボーイ＝ディアスと異名があった伝吉が殺害された。幕府は二百両の見舞金を支払っている。

一五〇 13　転任せしめながら――水野忠徳は、外国奉行兼帯のまま安政六年六月四日神奈川奉行となるが、同年八月二十八日、ロシア海軍見習士官・水夫殺傷事件の責任をとらされる形で両職からはずされて軍艦奉行に転任したが、外国御用はこれまで通りとされた。水野が外国奉行に再任されるのは文久元年五月十二日。

一五一 13　金貨……を以て交換し――当時の国際市場における金銀の比価が約一対十五であったのに対して、開港当初の日本では約一対五であった。

一五三 10　その市価を騰貴して――当時、ヨーロッパの主要な生糸生産地帯であるフランス・イタリアで蚕の病が流行し、生産額が急減していた。日本の開港によって、従来ヨーロッパ市場を占めていた中国産生糸にかわって品質が良く低価格の日本生糸が好まれ、多量にヨーロッパへ輸出されるようになった。銅は、これまで幕府は輸出禁止を原則としてきたが、銅器などのかたちで少なからず恒常的に輸出が行われてきた。

一三三 2　新井白石……立てたりき——新井白石は、多量の金銀銅が海外に流出している状況から、貿易制限案を起草。これに長崎奉行大岡清相らの改革案を大幅にとりいれて、正徳五年正月、海舶互市新例(正徳新令)が発令された。

一三四 7　この年の暮に(安政六年)乗船して米国に赴きたりし——正使新見正興ら七十七名の使節一行は、万延元年正月十八日アメリカ軍艦ポーハタン号で品川を出帆、閏三月二十五日にワシントンに到着した。大統領への将軍親書奉呈、条約批准書交換ののち、フィラデルフィア・ニューヨークなどの各地を見学して、九月二十八日帰国した。

一三四 11　勝麟太郎……福沢諭吉の諸人が、この行に加わりて——幕府は、条約批准の遣米使節とは別に、オランダ人から伝習した航海術実践のため、使節警護と使節の荷物輸送などの名目で、咸臨丸をアメリカへ派遣した。咸臨丸には提督木村喜毅、艦長勝麟太郎以下日本人員九十余名とアメリカ測量船フェニモア＝クーパー号の船長ブルックら十一名が乗艦した。福沢諭吉は医師木村宋俊の従者として参加した。

一三六 2　井伊大老は……安藤対馬守をして——安政六年十二月十五日、江戸城に登った水戸藩主慶篤に対して、井伊直弼は安藤信正を従えて対面し、三日以内に勅諚を返納するように命じた。勅詮は斉昭の指図によってすでに十月に水戸の祖廟に納められていたため、慶篤は即日、水戸に下向謹慎していた斉昭のもとに急使を送り、勅諚を返納するようにと告げた。

一云7　その巨魁たる高橋多一郎・金子孫二郎を……——長岡結集勢や激派による勅諚返納阻止の動きを主導していたのは、謹慎中の高橋多一郎・金子孫二郎らであった。安政七年二月十四日夜、側用人久木久敬が勅諚返納派とみなされて襲われて負傷した事件がおこったことから、藩庁は二月十八日、高橋・金子・関鉄之介らを評定所に監禁し、激派との連絡を絶とうとした。しかし、高橋・金子はこれを逃れて、脱藩した。

一云9　長岡駅——勅諚返納を阻止しようとする藩士・修験・神官・農民らは安政六年十二月二十六日ころから交通の要所である長岡(常陸国茨城郡、水戸街道沿いに位置し、駅所が置かれていた)に集結しはじめ、その数は数十人から百余人にのぼった。藩庁は安政七年一月三十日、同年二月十二日、同月十五日に、斉昭の藩首脳部への指示書を斉昭諭書として公表しているが、斉昭は長岡勢を退去させることに極めて消極的であった。藩庁では兵を長岡に送って解散させようとしたが、藩庁の動員に応ずる者は少なく、また藩庁首脳部でも長岡勢への対応策が分かれた。斉昭は親書をもって「早速人数指出し厳重申付候様可取計」と藩庁に命じたが、長岡出陣の藩兵編成は進まなかった。

一云10　皆散じたり——万延元年二月十八日、水戸城下で藩兵の一部と長岡勢の一部が小競り合いを起こしたことで(消魂橋事件)、追討が本格化することを予想した長岡勢は、二月二十日、自分たちの行動の趣意書を「長岡詰一同」の名で藩庁に提出し、二月二十二日ころまでには解散している。

一五五 10　幕府はこの報告を得て、会津および常総の諸侯に命じて――万延元年二月二十二日、幕府は、笠間藩主牧野氏・会津藩主松平氏・宇都宮藩主戸田氏・土浦藩主土屋氏・関宿藩主久世氏・古河藩主土井氏に命じて、長岡勢にたいする警備・警戒にあたらせ、水戸藩士高橋多一郎・関鉄之介・吉成恒次郎・林忠左衛門・広岡子之次郎・森五六郎・浜田平介の逮捕を命じている。

一五七 2　桜田門外の雪と消え……――井伊直弼の暗殺は、万延元年三月三日。

一五七 4　永蟄居を解かれ――斉昭は万延元年八月十五日に国元で永蟄居のまま死去した。幕府はその死を秘させ、八月二十六日に永蟄居を免じ、翌二十七日に前水戸藩主の死に対する礼として鳴り物停止を布告し、在府諸大名に登城を命じて弔意を示させている。

一五七 5　尾張前中納言……謹慎をも解かれ――万延元年九月四日、徳川慶勝(慶恕、前尾張藩主)・徳川慶喜・松平慶永(春嶽、前福井藩主)・山内豊信(容堂、前土佐藩主)の慎が解除された。

一五七 6　水戸中納言――徳川慶篤の差控は安政六年九月三十日に解除されていた。

一五八 12　家督相違なく――万延元年閏三月二十三日、直弼の名前で、直弼没後は嫡子愛麻呂に家督を相続させたい旨の願いが幕府に提出された。そして四月二十八日、幕府は正式に愛麻呂に家督を相続させた。

一五九 5　弥縫手段――幕府は、直ちに彦根藩に内命を下して直弼の死を秘させ、これにより、彦根藩は、即日直弼の名をもって遭難・負傷の届けを幕府へ提出した。三月三十日、幕府は、両成敗の形で、徳川慶篤の登城停止と直弼の大老職を免じた。そして閏三月三十日、直弼の喪が発表された。

一〇〇9　隠居蟄居の譴罰を得て――弘化元年五月六日、斉昭は幕府の命令によって致仕謹慎とされて、江戸駒籠の中屋敷に幽居し、十三歳の嫡子慶篤が水戸藩主となった。

一〇〇11　水野越前守の忌嫌――天保十二年、老中太田資始は水野忠邦の改革に反対し、斉昭に忠邦失脚をはたらきかけたが、斉昭は同意せず、太田は同年六月老中辞任においこまれる。また、同十四年四月、忠邦は安永五年以来絶えていた将軍の日光社参を断行するが、斉昭はこれに反対した。これらのことによって忠邦は斉昭を敬遠したとされている。

一〇〇14　危急に迫りたり――清国におけるアヘン戦争、オランダ使節の来航(一七頁一四行「荷蘭国使節」の注参照)、弘化三年のアメリカ使節ビッドル来航(三一頁八行「米国船」の注参照)などを指す。

一〇一3　これを厳罰し――天保十年の蛮社の獄を指す。

一〇二12　烈公が水戸藩内の事情につき……声援を乞われたる――「新伊勢物語」には、斉昭が水戸藩内のことについて党派対立の事情まで打ち明けている書簡が収録されている。

一〇三6　烈公は……あらざりしなり――八九頁二行「水戸の老公が……」の注参照。

一〇三7　癸丑甲寅に始まるにあらず……論ぜられたり――癸丑はペリーが来航した嘉永六年。甲寅はペリーが再来航して日米和親条約が締結された安政元年。斉昭は藩主就任以前から外患に関心をいだいていたようである(弘化二年八月三日付阿部正弘宛斉昭書状「新伊勢物語」所収)。また、天保九年(戊戌の年)八月一日、斉昭は「戊戌封事」と呼ばれる建白書を書き、大船製造の解禁、ロシア対策としての蝦夷地開発などを主張している。

一三13　天文より慶長に至れる間の外交歴史――天文十八年のフランシスコ＝ザビエル来日によるキリスト教布教以降、慶長元年のサン＝フェリーペ号事件、慶長十四年のマードレ＝デ＝デウス号事件、慶長十七年の家康によるキリスト教禁止などの対外関係事件を念頭においているものと思われる。

一四3　朝野驚愕して――嘉永五年六月五日、長崎に着任したオランダ商館長ドンケル＝クルティウスは、長崎奉行宛東インド総督の書簡を携えていた。阿部正弘以下の幕府首脳は、この書簡によって、ペリーが何時頃日本に現れるかということまで推測することができた。

一六1　米艦四隻――ペリーが率いるサスケハナ号、ミシシッピー号、プリマス号、サラトガ号。

一六2　「海国兵談」――林子平が著した海防を目的とした兵書。全十六巻。天明六年脱稿。寛政三年江戸で刊行されたが、翌四年幕府により版木は没収され、林子平は仙台に幽閉された。

一六9　七月下旬を以て薨じたまえり――将軍家慶が死去したのは嘉永六年六月二十二日。幕府はこれを秘して七月二十二日に発表した。

一七〇11　水戸党争の濫觴は、夙に寛政の初年に発れり――二三頁六行「学派の争」の注参照。

一七一1　「大日本史」――神武天皇から後小松天皇までの歴史を、朱子学流の大義名分論に基づいて漢文で叙述した歴史書。水戸藩の事業として編纂が推進される。

一七一1　庸公――粛公の誤り。

一七一4　立原議建して――立原が上書したのは寛政元年夏のこと。

一七一13　道理ありとして採用し——翠軒・幽谷の対立は、究極的には両者の歴史認識・学問の相違に起因するものであったが、具体的には、志表廃止論とともに、「大日本史」という書名、および翠軒が総裁として校訂した「大日本史」に論賛が付載されていることについても対立した。

一七三3　御簾中——斉脩の夫人峯姫。将軍家斉の娘。

一七四8　その藩士に綿服の令を布き——天保元年九月に出された家中一同綿服着用令。

一七四8　甲冑調練をなし——斉昭は計九回にわたって大規模な軍事演習を行った。

一七四8　弘道館を新設——天保十二年に開設された藩校。

一七四9　門閥を譴罰し——藩主となった斉昭は、文政十二年十二月から翌年二月にかけて粛清を行った。

一七四9　寺院を淘汰——二一頁九行「寺院を制限し……」の注参照。

一七五4　在水戸の巨室……在江戸を請願——天保十年十月、門閥上級藩士である水戸の番頭ら七十余名が、藩財政窮乏と家中困窮の折から斉昭の水戸帰国は出費を増大させるとして、帰国に反対し、嗷訴《ごうそ》をおこした。これに激怒した斉昭は、執政中村淑穆、訴状を取次いだ執政藤田貞正を罷免、参政大森信成を大番組に左遷し、嗷訴責任者として大番頭額田享通・寄合指引岡崎朝侃の役禄を没収した。

一七六12　弘化元年四月——水戸藩付家老中山信守が老中阿部正弘のもとで尋問をうけたのは弘化元年四月十六日。

一七七3　御宮之儀御改相成候——斉昭は、天保十四年七月徳川家康を祭る水戸東照宮を唯一神道に改めることに決め、同年八月家中・領内に布告した。

一七七10　松平大炊頭――松平大学頭頼誠のこと。「大炊頭」とあるのは誤り。

一七七12　奥津能登守――正しくは興津。興津能登守克広。

一七八5　烈公の幽閉も解け……許され――二五頁三行「謹慎を解かれ」、および二五頁一三行「三連枝の後見を止むる」の注参照。

一七九3　安政元年内裡炎上――安政元年四月六日、後院北殿より出火、内裏に延焼。

一七九4　奏文――安政元年十一月付。

一七九5　読み下しを以下に記す。

今茲《ことし》甲寅《こういん》の夏、皇宮罹災《りさい》し、外に駐蹕《ちゅうひつ》す。幾《いくばく》も亡《な》く鄂虜《がくりょ》航海して、摂《せつ》の浪華《なにわ》浦《うら》に泊し、淹留《えんりゅう》すること旬余《じゅんよ》、畿《き》内騒然《ないそうぜん》とす。臣《しん》斉昭、仰《あお》ぎて想《おも》う行宮狭隘《あんぐうきょうあい》にして、以て宸衷《しんちゅう》を慰むるなきを、俯《ふし》て慨《なげ》く醜虜猖獗《しゅうりょしょうけつ》、未《いま》だ皇威《こうい》を伸《の》ぶること能《あた》わざるを。しばしば鄙見《ひけん》を征夷府《せいいふ》に陳《ちん》す。しかれども、才疎《さいそ》論迂《ろんう》、未《いま》だ用捨《ようしゃ》の如何《いかん》審《つまび》らかならざる也。斉昭、頃《このごろ》華櫚《かろ》の材を獲ること長さ三尺許《ばかり》、手《て》ずから琵琶一面を製《つく》る。窃《ひそか》に謂《おも》えらく、行宮の災に方《あた》り、雅楽の宝器烏有《うゆう》に属するもの無きを得んや、すなわち関白政通公に因《より》てこれを行宮に献ず。豈《あ》に敢《あえ》て宝器の闕《けつ》を補《おぎな》うことを望まんや。万機《ばんき》の暇《いとま》、或は侍臣に命じて、還城《げんじょう》の楽を弾《だん》じ、太平の頌《しょう》を歌い、〔万歳〕洋々乎《こ》として耳に盈《み》つれば、すなわち内は以て宸憂《しんゆう》を紓《やわら》げ、外は以て妖邪《ようじゃ》を鎮《しず》めん。此の器〔与《とも》に〕栄《さかえ》あり。臣窃《ひそか》に天下の為にこれを祝う。

一七九5　甲寅夏――『水戸藩史料』では「甲寅之夏」となっている。

一七九5　鄂虜——江戸時代、ロシア人をこういった。

一七九5　泊摂之浪華浦——安政元年九月十八日、プチャーチンが大坂湾天保山沖に出現したこと。

一七九8　行宮之災——『水戸藩史料』では「皇宮之災」となっている。

一七九9　歌太平之頌、洋々乎盈耳、乃内——『水戸藩史料』では「歌太平頌、万歳洋々乎盈耳、即内」となっている。

一七九10　此器有栄焉——『水戸藩史料』では「此器与有栄焉」となっている。

一八〇3　安政四年非条約の奏文は偽作なり——七三頁一行「かの水戸老公が……偽作」の注参照。

一八四9　地震の災に圧死——安政二年十月二日夜に江戸で起こった地震による潰家は一万四三四六戸、地震後に発生した火災で約十四町四方が焼失した。藤田東湖と戸田忠敞は、小石川の水戸藩上屋敷において圧死した。

一八七5　「逸事史補」に……記せる——「逸事史補」に該当記事は見当たらない。

一八八11　癸丑の初にてさえ……——斉昭は、癸丑すなわち嘉永六年八月の十三カ条建言において、「前後之勘弁もなく只打払々々と申ハ無謀にて」と述べている。

一九一4　閣老の交迭——更迭年月日は、堀田正睦(安政五年六月二十三日)、太田資始(同六年七月二十三日)、松平忠固(同五年六月二十三日)、間部詮勝(同六年十二月二十四日)、久世広周(同五年十月二十七日)。

本文の記述とは異なり、太田は、水戸藩の処分の寛典を井伊直弼に進言したため直弼の忌諱にふれて罷免され、安政六年八月二十八日には慎の処分をうけた。また、久世は、直弼が徳川斉昭・慶篤父子と徳川慶恕を処分しようとしたとき、将軍家定の病が回復するか、新将軍のもとで後見職が定まってから処分をしなければ、処分は老中の私意から出たと天下の人々から謗られると主張して疎まれるようになり、病を理由に辞任した。

一九二5　御奏者番より、寺社奉行を――安藤信正は、嘉永元年正月二十三日奏者番、同四年六月九日寺社奉行加役見習、同十二月二十一日寺社奉行本職となる。

一九三4　若年寄に遷り――安藤信正が寺社奉行から若年寄に昇進したのは安政五年八月二日。

一九三9　相尋で罷られ――松平乗全は万延元年四月二十八日、脇坂安宅は同年十一月十九日に辞任。

一九三14　再勤――久世広周は万延元年閏三月一日老中に再任され、文久二年六月二日まで在職。

一九四5　文久二年の改革――文久二年四月十六日兵を率いて入京した島津久光は、朝廷権威を背景にして幕府に改革をせまろうとしていた。久光上洛の動きを機に安藤信正と久世広周は失脚する。同年六月七日、久光は勅使をともなって江戸に入り、同年七月、幕府は久光の圧力に屈して、徳川慶喜を将軍後見職、松平慶永を政事総裁とし、幕政改革が行われる。

一九四11　存命の体を粧いたる――一五九頁五行「弥縫手段」の注参照。

一九七8　和宮御入輿――幕府は、(万延元年)四月一日京都所司代酒井忠義に孝明天皇の異母妹(仁孝天皇の第八皇女)和宮と将軍家茂の縁組を関白九条尚忠に申入れるように命じた。曲折を経て、万延元年十月十五日天皇は最終的に降嫁を承諾した。

一九七9　井伊元老の遺策――皇女降嫁は、井伊直弼の弾圧が行われていた安政五年九月頃から模索されはじめていた。直接のきっかけは、かねてから親交があった島田左近(関白九条尚忠家臣)から皇女降嫁の内談をうけていた長野義言の進言であったとされる。直弼は、幕権回復・朝廷統制のための皇女降嫁を九条尚忠との間で模索する。既に和宮は有栖川宮熾仁親王と婚約していたこともあって、当初は富貴宮(孝明天皇皇女)が有力候補であったが、富貴宮が安政六年八月夭折したため、候補は和宮にしぼられる。

井伊直弼は、万延元年京都所司代酒井忠義に命じて、和宮生母観行院(経子)の兄橋本実麗への説得にあたらせるなどの内々の工作を行わせるが、同年三月三日桜田門外事件がおこった。

一九七11　すでに七代将軍(家継公)の時に――正徳五年九月二十九日、霊元上皇の皇女八十宮吉子と七代将軍家継との婚約が決まった。しかし、翌六年家継が八歳で死去したため、沙汰止みとなった。

一九八6　かの姉小路を京都に遣りて――大奥上臈姉小路は、降嫁に反対する観行院(和宮生母経子)と橋本実麗(観行院の兄)の叔母にあたる。姉小路が江戸を発つのは万延元年七月十五日。

一九九5　同十二月御入輿、御婚礼――和宮は、文久元年十月二十日京都を発ち、同年十二月十一日江戸城に入り、婚儀は翌二年二月十一日に執り行われた。

一九九12　米国全権の請求……長崎――日米和親条約。なお、この条約では長崎への薪水寄港は規定されていない。

二〇〇3　和親貿易――日米修好通商条約。

二〇三8　露国の海軍士官……暗殺――一五〇頁六行「露国の海軍士官を暗殺したる」の注参照。

二〇三8　横浜にて……――一五〇頁六行「横浜にても」の注参照。

二〇三 9　万延元年の春……──一五〇頁六行「江戸にても」の注参照。

二〇三 11　孛漏生全権──プロシア特使オイレンブルグ伯。

二〇四 2　ヒュースケン……殺害──万延元年十二月五日夜、アメリカ公使館書記官兼通訳ヒュースケンは、森元中の橋付近で薩摩藩士伊牟田尚平・樋渡八兵衛ら四、五人に襲われて麻布善福寺のアメリカ公使館で絶命した。

二〇四 2　英・仏・蘭の三公使は……──イギリス公使オールコック、フランス公使ベルクール、オランダ公使ポルスブルックは、幕府に外国人保護の能力なしとして、万延元年十二月十六日江戸を退去する。公使たちは、ハリスの斡旋もあって、翌年正月二十一日江戸に戻った。

二〇五 2　英国公使館を襲撃──第一次東禅寺事件。文久元年五月二十八日夜半、江戸品川東禅寺に置かれたイギリス公使館兼宿舎が水戸浪士ら十数人に襲撃され、書記官オリファントと長崎駐在領事モリソンが負傷した。

二〇五 5　英公使オールコックも満足──オールコックは、幕府の警護の手ぬるさを激しく非難し、幕府は謝罪と慰留につとめ、警備人数を五百人に増やし、鉄砲隊を加えた。そして、負傷したオリファントとモリソンにそれぞれ賠償金一万ドルを支払っている。

二〇六 1　堀織部正自殺──万延元年十一月六日、堀利煕は自刃した。オールコックは、その著『大君の都』のなかで、堀の死の原因について、プロシアとの通訳にあたっていたヒュースケン殺害事件との関連、条約交渉をめぐる老中安藤信正との対立を推測している。

二〇六 13　坂下御門外……負傷したる──文久二年正月十五日、水戸浪士ら六人が、登城する安藤信正を坂下門外で襲撃、負傷させた。襲撃者全員が信正の家臣に斬殺された。

二〇七6　露国軍艦が……——文久元年二月三日、ロシア軍艦ポサドニック号の艦長ビリレフは、船体修理を口実に対馬浅茅湾に進入、付近を測量した。三月に入ると芋崎浦に投錨、上陸して対馬藩に土地租借を要求した。幕府は箱館駐在ロシア領事にポサドニック号の退去を申入れるともに、イギリスに協力を要請した。七月下旬、イギリス東洋艦隊司令官ホープが軍艦二隻を対馬に派遣して抗議を行ったこともあって、八月十五日ポサドニック号は退去した。

二〇八1　米国鯨猟船なども立寄りて——文政六年、アメリカ捕鯨船員が母島に寄港。同十年、イギリス軍艦ブロッサム号が父島に寄港、艦長ビーチーは諸島の島々に名前を付けて、領有を示す銅板と国旗を残した。嘉永六年、ペリーは日本来航に際して父島に寄港し、小笠原諸島の領有を宣言する銅板を残した。しかし、これにはイギリスの抗議もあり、ペリーは、イギリスへの対抗上、日本の権利を容認しつつ、アメリカの権利を確保しようとした。

二〇八2　この島の所領につきて……軍艦をこの島に派遣し——イギリス公使オールコックから小笠原諸島について幕府へ照会が行われたこともあって、安藤信正は、文久元年十一月十六日イギリス・アメリカ両国公使に対して小笠原諸島再開拓のため巡視を行うことを通告し、同年十二月三日に咸臨丸で水野忠徳・服部帰一らを小笠原に派遣した。

二〇八8　両港・両都開市延期の談判——安政五カ国条約では、新潟は安政六年十二月九日に、兵庫は文久二年十一月十二日に開港し、江戸は同元年十二月二日に、大坂は同二年十一月十二日に開市することになっていた。

二〇九2　仏公使――テュシューヌ＝ド＝ベルクール。
二〇九3　この年の冬……発遣せしめり――「解説」参照。
二一〇3　延期承諾の覚書――一八六二年六月六日(文久二年五月九日)に締結された、いわゆるロンドン覚書。
二一〇9　四月――文久二年四月十一日。
二一〇9　八月――文久二年八月十六日。
二一一2　松平大膳大夫……意見書を幕府に呈し――文久元年三月、長井雅楽が唱える「航海遠略策」を藩是と決めた長州藩主毛利慶親(松平大膳大夫)は、長井にたいして公武間の融和をはかるように命じた。
二一三8　長井雅楽の意見――長井雅楽の航海遠略策の特徴は、朝廷が幕府に命じて積極的に海外に乗り出して交易を行うことによって国威を張る、という公武合体と積極的開国を柱とした論。
二一三8　某卿――三条愛実。
二一三8　長井は……至れり――文久二年三月頃までは長井の公武周旋策は順調に展開していたが、長州藩や京都において尊攘急進派の活動と影響力が増大するにつれて、長井は孤立していった。藩は、同年六月五日長井に帰国謹慎を命じ、ついで切腹を命じた。文久三年二月六日、長井は自刃して果てた。
二一四3　伏見にて取鎮め――寺田屋事件。
二一四4　久世もまた……責罰を蒙りたり――久世広周が老中を罷免されたのは文久二年六月二日。同年八月十六日には一万石を没収され、隠居・慎を命じられた。さらに同年十一月二十日に永蟄居を命じられた。

二一五4　(五月二十七日)――五月二十六日の誤り。

二一五4　免職――いずれも文久二年のこと。

二一五7　十一月に至り……譴責――文久二年十一月二十三日に慎を命じられている。

二一九3　(四月十日の事)――松平春嶽が井伊直弼からうけた処罰をことごとく赦免されたのが文久二年四月二十五日。そして、会津藩主松平容保が幕政に参与するようにと将軍家茂から命じられるのが同年五月三日。春嶽が将軍家茂に拝謁し、家茂から幕政参与として、折々登城するように命じられるのは同月七日である。

二一九6　世子長門守(毛利元徳公)は……帰国の途に就かれたり――島津久光が江戸に到着する前日の六月六日に江戸を去ったのは藩主毛利慶親。世子定広は文久二年四月十三日に江戸を発ち、二十八日入京している。

二一九13　読み下しを以下に記す。

当《まさ》に内《うち》に文徳を修《おさ》め、外《そと》に武衛《ぶえい》を備《そなえ》れば、断然《だんぜん》として攘夷《じょうい》の功《こう》を建《た》つべし、是《ここ》に於て、衆議を斟酌《しんしゃく》し、中道を執守《しゅうしゅ》し、徳川をして祖先の功業を再興し、天下の綱紀《こうき》を更張《こうちょう》せしめんと欲《ほっ》す。因《より》て三事を策《さく》す。

其の一に曰《いわ》く、大樹《たいじゅ》をして大小名を率いて上洛し、公卿大夫《くぎょうたいふ》と与《とも》に、国家を治《おさ》め夷狄《いてき》を攘《はら》うことを議し、上は祖神の宸怒《しんど》を慰《なぐさ》め、下は義臣の帰嚮《ききょう》に従い、万民化育《かいく》の基《もとい》を啓《ひら》き、天下を泰山《たいざん》の安《やすらか》なるに比《ひ》せしめんと欲《ほっ》す。

其の二に曰く、豊太閤の故典により、沿海の大藩五国をして、五大老と称《しょう》し、国政を諮決《しけつ》し、夷狄を防禦するの処置を為《な》さしむれば、すなわち環海の武備堅固《けんご》確然《かくぜん》、必《かなら》ず夷狄を掃攘《そうじょう》するの功あらん。

其の三に曰く、一橋刑部卿をして大樹を援《たす》け、越前前中将を大老職に任じ、幕府内外の政を輔佐せしめば、当《まさ》に左袵《さじん》の辱を受けざるべし。此れ万人の望む所、恐らくは違《たが》わざらん。朕《ちん》が意此の三事に決す。是故《このゆえ》に、使《つかい》を関東に下す。蓋《けだ》し幕府をして三事の一を選び、以て行わしめんと〔欲〕す。

二九13　徳川再興祖先之功業、更張天下之綱紀――『孝明天皇紀』では「徳川　興祖先之功業、張天下之綱紀」となっている。

三〇1　率大小名上洛、与公卿大夫、議治国家攘夷狄――『孝明天皇紀』では「率大小名上洛、議治国家攘夷戎」となっている。

三〇2　万民化育――『孝明天皇紀』では「万民和育」となっている。

三〇3　防禦夷狄――『孝明天皇紀』では「防禦夷戎」となっている。

三〇4　必有掃攘夷狄之功――『孝明天皇紀』では「必有攘夷之功」となっている。

三〇6　万人之所望――『孝明天皇紀』では「万人之望」となっている。

三〇6　是故、下使――『孝明天皇紀』では「是以、下使」となっている。

三〇6　蓋使――『孝明天皇紀』では「蓋欲使」となっている。

三二4　一橋家……御後見となし——文久二年七月六日のこと。

三二5　春嶽殿……御政事総裁職に命じ——文久二年七月九日、春嶽は政事総裁職に任命された。

三三9　橋本左内を殺されてより——橋本左内が処刑されたのは安政六年十月七日。

三三14　生麦にて英人を殺害——生麦事件のこと。

三四3　明治元年堺における土州士人——堺事件のこと。

三五9　十一月——井伊・内藤・間部・酒井・堀田・久世・安藤への追罰申渡しは文久二年十一月二十日。松平和泉守・松平讃岐守・松平伯耆守・脇坂・水野・松平出雲守・大久保・松平式部少輔・駒井・黒川・石谷・岡部・久貝・池田・伊東・浅野への追罰申渡しは同月二十三日。

三六7　酒井若狭守——『続徳川実紀』によれば、酒井忠義が加増分一万石を召上げられ、隠居を命じられたのは文久二年閏八月十四日であり、文久二年十一月二十日にうけた追罰は蟄居。なお、忠義はこの十一月時点では右京大夫であり、若狭守は家督を継いでいた忠氏。

三六9　堀田備中守——『続徳川実紀』によれば、堀田正睦が隠居を命じられたのは安政六年九月六日であり、文久二年十一月二十日にうけた追罰は蟄居。

三六12　久世大和守——『続徳川実紀』によれば、久世広周が一万石を召上げられ、隠居・慎を命じられたのは文久二年八月十六日であり、文久二年十一月二十日にうけた追罰はさらに一万石を召上げられ、永蟄居。

三六14　安藤対馬守——『続徳川実紀』によれば、安藤信正が村替地を召上げられ、隠居・慎を命じられたのは文久二年八月十六日であり、文久二年十一月二十日にうけた追罰はさらに二万石を召上げられ、永蟄居。

三七5　松平讃岐守――『続徳川実紀』によれば、松平頼胤が、願いによって隠居したのは文久元年七月八日であり、文久二年十一月二十三日にうけた罰は蟄居。なお、頼胤は隠居後に玄蕃頭に叙されており、この十一月時点における松平讃岐守は家督を継いでいた頼聡。

三七8　水野土佐守――水野左京大夫忠寛の誤り。紀州藩付家老水野土佐守忠央と混同したものであろう。『続徳川実紀』によれば、水野忠寛が願いを認められて隠居を許されるのは文久二年閏八月二十日。文久二年十一月二十三日にうけた罰は差控。

三七9　松平出雲守――松平康正は留守居を罷免、差控。

三七10　大久保越中守――大久保忠寛は講武所奉行を罷免、差控。

三七11　松平式部少輔――松平近韶は小姓組番頭を罷免、差控。

三七12　駒井山城守――駒井朝温は小姓組番頭を罷免、差控。

三七13　黒川備中守――黒川盛泰は小姓組番頭を罷免、差控。

三七14　石谷因幡守――石谷穆清は文久二年十一月二十一日に西ノ丸留守居を罷免、隠居・差控を命じられている。なおこの十一月時点では穆清は長門守。

三八1　岡部土佐守――岡部豊常は槍奉行を罷免、差控。

三八2　久貝因幡守――『続徳川実紀』によれば、久貝正典が願いによって隠居したのは文久二年十一月十五日で、十一月二十三日にうけた罰は二千石を召上られ、差控。また、十一月時点では正典は遠江守。

二二八3　池田播磨守――池田頼方は寄合肝煎を罷免、差控。

二二九3　陸海軍の拡張を計り――陸軍では、歩・騎・砲の洋式三兵制を採って、幕府親衛常備軍を設けようとし、文久二年十二月三日には兵賦令を発令して歩兵編成をすすめた。海軍ではオランダに軍艦一隻を注文するとともに留学生を派遣した。

二三一8　再び勅使下向の沙汰――土佐藩士武市瑞山・長州藩士久坂玄瑞・薩摩藩士高崎左太郎ら三藩の志士たちの決議に動かされ、文久二年九月十八日に薩摩・長州・土佐藩藩主は連署して、攘夷督促の勅使を幕府に派遣するように朝廷に建議した。朝議はこれをうけて、同月二十一日、三条実美を勅使、姉小路公知を副使として派遣することに決め、土佐藩にその護衛と補佐が命じられた。

二三一9　六月十三日を以て登城し……――勅命は六月十日勅使大原により江戸城で将軍家茂に伝えられ、六月二十九日江戸城で家茂から大原に対して勅命を遵奉する旨の返答があった。

二三一10　八月二十一日――大原重徳が江戸を発ったのは久光出立の翌日二十二日。

二三一13　一定の典則あるに――幕府にとってもっとも重要な将軍宣下の時でさえ、将軍が上段で宣下や挨拶をうけるのが先例であった。しかし、このとき将軍みずから勅使三条実美を出迎えて大広間へ案内し、勅使は上段につき、将軍は中段第一席についた。

二三二4　長州の長門守西上して……奏せられたる――藩主毛利大膳大夫慶親の誤り。

二三二6　大原は復命の後に勅勘を蒙られ――大原は勅勘によって文久三年二月二十三日蟄居・落飾し、翌二十四日左《さ》衛門督《えもんのかみ》辞官の処分をうけている。その理由は本文の記述とは異なる。毛利定広は、勅使として江戸へ下向している大原の援助を朝廷に命じられて、文久二年八月に江戸へ入るが、定広が授かった勅書には、寺田屋事件の犠牲者も手厚く葬るようにという趣旨の文言があり、これをめぐって薩摩・長州の対立が深まったため、大原がこの部分を削除したことによって勅勘を蒙った。

三三7　京都の廷議はまた再び一変——急進尊攘派志士による猛烈なテロが頻発する状況のなかで、幕府寄りだった九条尚忠は文久二年六月二十三日に関白を辞し、同年閏八月には落飾、重慎の処分をうけ、のち領地九条村へ隠遁した。急進尊攘派の脅迫を受け、公武合体派は退潮を余儀なくされ、文久三年二月十三日に朝廷に新設された国事参政・国事寄人にいずれも急進尊攘派の公卿・廷臣が任命され、朝議を主導するようになった。

三七12　塙次郎——老中安藤信正が孝明天皇の廃位を企て、和学講談所の塙次郎が命じられて廃帝の先例を調べたという噂によって、文久二年十二月二十一日、殺害された。

三七13　火を放ちて焼たる——文久二年十二月十二日、長州藩士久坂玄瑞・品川弥二郎らが、江戸の品川御殿山に建築中のイギリス公使館を焼打ちした。

三八8　田安大納言……隠居——文久二年五月九日まで将軍後見を勤めた田安慶頼は、後見の不手際を謝して、同年十一月隠居と官位一等(このとき正二位権大納言)の辞退を幕府に願い出た。これによって翌三年正月、慶頼は隠居して従二位中納言に下り、嫡子寿千代が田安家を相続した。

三九4　小笠原図書頭——行列の後衛をつとめた小笠原大膳大夫忠幹の誤りか。小笠原図書頭長行は、将軍上洛に先立って、文久二年十二月十六日海路西上し、大坂・京都に滞留している。

二四三8　家康・秀忠・家光の三公が上洛ありて……――慶長十年三月の家康・秀忠による十万余騎の軍勢を率いての上洛や、寛永十一年の家光による三十万人の隊列を率いての上洛などは、徳川の圧倒的な力を見せつけて朝廷を圧伏させるのに効果があった。

二四三7　東下の時に当り――二三一頁八行「再び勅使下向の沙汰」の注参照。

二四三14　一橋殿の御旅館に押寄せ来りて――文久三年二月十一日、徳川慶喜が宿所としている東本願寺に、三条実美らの公卿が集団で押し寄せ、攘夷断行の期限を返答するように迫った。

二四八11　長防処分――元治元年七月十九日の禁門の変において長州藩兵が幕府・薩摩藩・会津藩・桑名藩などの諸藩兵に敗退すると、七月二十三日朝廷は長州藩征伐の勅命を下し、翌二十四日幕府は中国・四国・九州の二十一藩に出兵を命じた。八月二十二日には長州藩主毛利慶親・世子定広の官位が剝奪され、将軍の偏諱「慶」の字使用が禁じられた。

二四八11　長州再征――元治元年十二月の征長軍撤兵令ののち、三条実美ら五卿の移転問題と、藩主敬親・世子広封の江戸召喚問題についての長州藩の態度に対して、慶応元年四月、幕府は再度の長州征討を宣言した。

二五〇10　松平伊豆守――松前伊豆守崇広の誤り。

二五五4　大久保左近将監――右近将監の誤り。大久保忠寛のこと。ただし忠寛は大目付在職期は越中守。

二五五14　井戸石見守――井戸石見守弘道はこの横浜における交渉には加わっていない。

二五六 4　永井玄蕃頭――永井尚志はこの交渉には加わっていない。

二五八 9　ハルリスは……堀田閣老に説き――安政四年十月二十一日、ハリスは江戸城で将軍家定に大統領の親書を呈した。同月二十六日、ハリスは堀田正睦老中邸に赴き、六時間にわたって幕らに世界情勢と通商条約締結の必要性を演説したという。

二五八 11　開国説――鎖国説の誤りか。

二五九 9　条約草案……委托す――ハリスの『日本滞在記』には、この福地の文章と微妙に異なる次のような文章がある。「このような問題を取扱った経験がないので、この件については全く暗いと彼らは語った。彼らは、こう言った。貴下は疑いもなく、今我々のために非常な苦心を払って貿易規定を作成されている。我々は貴下の親切に感謝する。我々は貴下の廉潔に全幅の信頼をおいているので、それらを原案のまま認めると」(坂田精一訳、岩波文庫、(下)一六二頁)。

二六〇 2　余が後年米国において、親しくハルリスに聞きたる所なれば――福地は、明治四年の岩倉遣欧使節団に一等書記官として随行した際、ニューヨークでハリスと面会した。

二六〇 4　クリミヤ戦争――オスマン＝トルコ・イギリス・フランス・サルディニアの連合軍とロシアが戦ったクリミア戦争(一八五三―五六年)の余波で、英仏艦隊がロシア軍艦をもとめて極東を航行するようになった。

二六〇 4　下田沖にてその乗船沈没の時に当り――安政元年十一月四日、紀伊半島南端を震源地とする大地震がおこり、条約交渉のため下田へ来航していたロシア使節プチャーチンのディアナ号は大きな損傷をうけ、修理のため戸田へ曳航途中富士川河口で沈没した。十二月五日、プチャーチンはディアナ号の代船の建造許可を幕府に求め、七日、幕府は戸田港での造船を許可した。

二六七 3　余が父――「解説」参照。

二六八 3　長崎奉行兼勘定奉行……田安殿御家老――田安家家老に転任したのは安政四年十二月三日。

二七〇 7　文久二年の政変に先ち、機を察して退隠し――文久二年九月三日、病気につき願いの通り隠居を認められた。文久二年の政変とは、文久二年七月に慶喜が将軍後見職、春嶽が政事総裁となったことをさすか。ただし「先ち」という記述と齟齬する。

二七〇 9　閣老小笠原図書頭が、大兵を率て――「解説」参照。

二七〇 13　小笠原島……自らかの島に渡航し――二〇八頁二行「この島の所領につきて……」の注参照。

二七一 5　余は柴田日向守(外国奉行)に随行して、英仏に赴き――慶応元年六月、柴田剛中は軍制調査などのための遣欧使節の正使としてイギリス・フランスに派遣され、同年十二月帰国している。福地はこれに同行した。

二七二 3　万延元年幕府の使節――一五四頁七行「この年の暮に……」の注参照。

二七三 11　筑波の騒乱――二四頁一行「天狗党の暴動」の注参照。

二七四 7　小栗は旗本等に課するに、……組織し――文久二年十二月三日の兵賦令。

二七四 14　横須賀造船廠――慶応元年九月、フランスの援助をうけて幕府が、横須賀製鉄所を起工したことに始まる。

二七五 7　あるいは憤死し、あるいは無辜の殺戮に斃れ――岩瀬は文久元年七月十日病死。水野は慶応四年七月九日病死しており、木村芥舟の『幕府名士小伝』には、死に際して「憂悶病をなし譫言して、吾今某所に使命を奉ずと云ひて死せりと云ふ」と記されている。小栗は、同年三月、知行所上野国権田村に土着していたが、新政府軍に捕らえられ、閏四月六日斬首となった。

年　表

年号	事項
天保十四(一八四三)	閏九月　阿部正弘老中就任。
弘化元年(一八四四)	五月　徳川斉昭隠居謹慎(十一月、謹慎解かれる)。 七月　オランダ使節、開国を勧告する国書を携えて長崎に来航。 十二月二日改元。
二年(一八四五)	六月　幕府、オランダの開国勧告を拒絶。
三年(一八四六)	二月十三日　孝明天皇践祚。 閏五月　アメリカ使節ビッドル、浦賀沖に来航。
四年(一八四七)	九月　徳川慶喜、一橋家を正式に相続。
嘉永元年(一八四八)	二月二十八日改元。
二年(一八四九)	十二月　幕府、諸藩に海防強化を命令。
三年(一八五〇)	十一月　井伊直弼、彦根藩主となる。
四年(一八五一)	二月　島津斉興致仕。斉彬、薩摩藩主となる。 二月十日　水野忠邦死去(五十八歳、同月十六日発喪)。

五年(一八五二)	五月　彦根藩、西浦賀の警備を命じられる。
	八月　オランダ、明年米艦隊渡来すると予告。
六年(一八五三)	六月三日　アメリカ使節ペリー、浦賀に来航。
	六月二十二日　将軍家慶死去(六十一歳、七月二十二日発喪)。
	七月十八日　ロシア使節プチャーチン、長崎に来航。
	十月二十三日　家定将軍宣下。
安政元年(一八五四)	一月十六日　ペリー、再来航。
	三月三日　日米和親条約調印。
	八月二十三日　日英和親条約調印。
	十一月二十七日改元。
	十二月二十一日　日露和親条約調印。
二年(一八五五)	十二月二十三日　日蘭和親条約調印。
三年(一八五六)	八月五日　アメリカ総領事ハリス着任し、下田玉泉寺に入る。
四年(一八五七)	六月十七日　阿部正弘死去(三十九歳)。
五年(一八五八)	四月　井伊直弼大老となる。
	六月十九日　日米修好通商条約調印。
	七月五日　幕府、徳川斉昭を慎、松平慶永を隠居・慎処分とする。
	七月六日　将軍家定死去(三十五歳、八月八日発喪)。

	七月十六日　島津斉彬死去（五十歳）。
	七月　日蘭・日露・日英修好通商条約調印。
	八月　水戸藩へ戊午の密勅降下。
	九月　日仏修好通商条約調印。
	九月　京都において志士らへの弾圧はじまる。
	十月二十五日　家茂将軍宣下。
六年（一八五九）	五月　イギリス総領事（のちに公使）オールコック着任。
	六月二日　幕府、神奈川・長崎・箱館を開港。
万延元年（一八六〇）	一月　咸臨丸アメリカへ向かう。
	三月三日　井伊直弼殺害される（桜田門外の変。四十六歳）。
	三月十八日改元。
	八月十五日　徳川斉昭死去（六十一歳）。
文久元年（一八六一）	二月　ロシア軍艦、対馬占拠を企てる。
	二月十九日改元。
	十一月　和宮、将軍家茂に嫁すため江戸に着く（翌二年二月十一日婚儀）。
二年（一八六二）	一月十五日　老中安藤信正、襲撃され負傷（坂下門外の変）。
	八月二十一日　生麦事件。
三年（一八六三）	五月　長州藩、下関で外国船を砲撃。

	七月　薩英戦争。
	八月十八日政変。過激攘夷派の三条実美ら七人の公卿、長州へ下る。
元治元年(一八六四)	二月二十日改元。
	三月　フランス公使ロッシュ着任。
	三月　水戸藩士ら筑波山に挙兵(天狗党の乱)。
	四月五日　堀田正睦死去(五十五歳)。
	六月二十五日　久世広周死去(四十六歳)。
	七月　禁門の変(蛤御門の変)。
	八月　英・仏・米・蘭四国連合艦隊、下関砲撃。
	八月　幕府、長州征討令を出す(第一次長州征伐)。
慶応元年(一八六五)	四月七日改元。
	四月　幕府、長州征討令を出す(第二次長州征伐)。
	閏五月　イギリス公使パークス、横浜に着任。
二年(一八六六)	一月　薩長同盟成立する。
	六月　幕府軍と長州軍との交戦始まる。
	七月二十日　将軍家茂死去(二十一歳、八月二十日発喪)。
	八月　幕府、長州征討を中止。
	十二月五日　慶喜将軍職に就く。

	十二月二十五日　孝明天皇死去(三十六歳)。
三年(一八六七)	五月　兵庫開港。
	十月　倒幕の密勅下る。徳川慶喜、大政奉還を上表。
	十二月九日　王政復古の大号令。
四年(一八六八)	一月三日　鳥羽・伏見の戦い。
	四月十一日　江戸開城。
	九月八日　明治と改元。

解説

はじめに

福地桜痴＝源一郎について思い出す二つの歴史的遺物がある。

ひとつは、商法講習所を前身とする一橋大学に所蔵されている木製門札である。左から右に「商法講習所」と達筆で横書きされているが、その筆者が福地源一郎である。明治八年森有礼のつくった私塾が、商法講習所と名づけられて、明治九年東京会議所から東京府の管轄に移された。同十一年、東京府が、商法会議所の後身である商工会に、その商法講習所の維持法および教則などの策定を依頼した。商工会副会頭であった源一郎が、その依頼に応えて揮毫《きごう》したのであった。

もうひとつは、吉原の大門を模した吉原弁財天入口の石柱で、大門に付された聯《れん》には、源一郎の筆になる「春夢正濃満街桜雲　秋信先通両行燈影」(春の夢まさにこまやかなり満街の桜雲　秋のおとずれにはまず通う両行の燈影)という文が刻まれている。明治十四年ころ吉原の新築計画があり、吉原貸座敷連中が衆議一決して、新たな大門を飾る章句を、能筆で知られていた源一郎に願ってきたという。それに応じて、若いころから吉原に馴染みの深かった源一郎が書いたものである。

なにか対照的とも思えるこの二つの筆跡は、ともに源一郎得意の時期に書かれたものであった。江戸─東京を足場に活躍した政治家・ジャーナリストとしての顔と、江戸─東京に沈みこんだ吉原での遊楽人としての顔とが、その筆跡の先に見えてくる。

本書『幕末政治家』について、まずは、著者福地源一郎の略歴を、本書の背景をうかがうということからはじめよう。

福地源一郎について

福地源一郎(桜痴)については、柳田泉『福地桜痴』(吉川弘文館、一九六五年)があり、その後、小山文雄『明治の異才 福地桜痴――忘れられた大記者』(中央公論社、一九八四年)があって、その生涯が明らかにされてきている。以下の解説はこれらの論考に負うことが多い。

源一郎の六十六年の経歴は往々にして三期に分けて述べられている。ここでもそれにならうことにしよう。第一期は源一郎の幕吏時代、第二期は新聞人時代、第三期は文筆時代である。

〈第一期〉幕吏時代

源一郎は、天保十二(一八四一)年三月二十三日、長崎新石灰町《しんしっくい》に生まれた。曾祖父の源輔はすでに亡く、祖父の嘉昌《かしょう》は七十八歳で健在であった。父苟庵《こうあん》(前名源輔)四十六歳と母松子三十八歳の間の第七子ではあるが、長男であった。祖父の幼名をとって、八十吉《やそきち》と命名された。源一郎という名前には十六歳の時に改名された。

嘉昌は讃岐《さぬき》丸亀藩士矢野某の子で、医学修業のため京都に出、そこで福地源輔と知り合い、その養子になった。しかし医者としておさまることにあきたらず、一家をあげて松前にわたって新たな活路をひらこうとした。しかしそれは成らず、源輔の死後長崎に移って、天保十四年に死去した。

苟庵は、寛政七(一七九五)年正月、長門国府中に、長府藩士の剣術師範岸丈右衛門の子として生まれたが、病弱で武術稽古を好まず、若くして大坂に出、頼山陽の友人であり詩人としても知られていた儒者篠崎小竹《しょうちく》の門下となり、数年後にはその塾長になったという。やがて篠崎塾を辞して、儒者として身をたてるべく東西に漫遊したが志を得ないままに長崎に至ったときに、嘉昌と知りあい、一女の松子と結婚して福地の家を継いだ。なお、苟庵は学問で身をたてたいとの願いを捨てず東上し、幕府諸侯に運動したが成らず、ついに志を絶って、長崎で医業に沈潜したという。

末子で長男である源一郎は家族から溺愛されたが、四歳のころより、父から厳しい教育をうけはじめ、十歳代には、長崎聖堂(長崎明倫堂)で神童の呼び声が高かった。さらに父は蘭学を学ばせるために、阿蘭《オランダ》通詞名村八右衛門に入門させた。源一郎十五歳の時という。いったんは養子となって名村家を嗣いだが、一年で離縁された。その年、源一郎は江戸に出た。

安政五(一八五八)年、軍艦教授所の教授方頭取である矢田堀景蔵に伴われて咸臨丸で江戸にやってきた源一郎に、父が書き持たせた紹介状は多彩であった。それは、水野忠徳・岩瀬忠震・川路聖謨・平山謙次郎・永持亨次郎・柴田貞太郎らの幕臣、林図書頭・安積艮斎《あさかごんさい》・古賀謹堂(蕃書調所頭取)らの儒者、伊東玄朴・杉田成卿《せいけい》・箕作阮甫《みつくりげんぽ》らの蘭学者及び同郷で名村門同門であった森山多吉郎などにあてたものであった。本書にみられるようにこれらの人びとの多くは、幕末の政治変動のなかで活躍した人たちであった。これに源一郎が江戸で先輩として交際した勝海舟・榎本釜次郎・肥田浜五郎・高島秋《しゅう》帆《はん》を含めると、源一郎をとりまく人脈の華やかさを知ることができ、父荀庵の期待の大きさと自信の程が読みとれる、幸運な江戸入りであったといえよう。

源一郎ははじめ矢田堀家に、ついで水野忠徳家に、さらに森山家に寄寓した。そして江戸の郭《くるわ》遊びも経験した。このころの源一郎にとって学問は幕府への仕官の手段であり、森山の斡旋で外国奉行支配通弁御用御雇（十人扶持）となり、役人の道の第一歩をふみだした。

『懐往事談』は、安政六年五月二十六日に、源一郎が外国奉行支配通弁御用御雇を命ぜられて直ちに品川へ出張の命をうけたところから書き始め、横浜や江戸の状況描写から、上野戦争に至るまでの歴史的事件や状況を、自らの身辺の事をも含めて記している。そして、徳川家が駿遠三（駿河・遠江・三河）の七十万石に処せられた際の「幕臣が身を処したる結局」を終章とし、

「此余が幕府に在りける間に親しく接近したる幕末の三傑水野筑後守岩瀬肥後守小栗上野介を初として川路堀筒井森山等の諸名士に関して猶追懐せる事の多けれどもそは他日幕末史稿を編するの時に於て叙述する事として余が往時を懐へる談は暫く此に筆を絶つ。」

という文章で結ばれている。この「幕末史稿」が『幕末政治家』であることはいうまでもない。

翌年には外国奉行支配同心格(禄三十俵二人扶持)として御家人の資格を得、通弁御用という職務も明らかにされた。神奈川に出張し、開港場の状況をつぶさに見聞した。横浜を開港場とする問題の縺《もつ》れから外国奉行を辞任することとなった水野忠徳は、万延元(一八六〇)年の遣米使節の役を新見正興・村垣正範に譲ることとなったが、同時に水野に従ってアメリカにいくという源一郎の期待も裏切られた。落胆した源一郎は、江戸に戻り、文久元(一八六一)年五月から英公館である芝高輪の東禅寺に詰めることとなった早々、水戸藩士の東禅寺襲撃事件に遭う。

文久元年六月、二十一歳になった源一郎は、森山の世話で、鎌田さと子と結婚し、小石川金剛寺坂に所帯を構えた。さと子は町人の娘であったという。源一郎の地位も順次上がり、同年九月には定役格、禄五十俵三人扶持ほかに役扶持十人扶持となった。しかし、源一郎の吉原通いはこれ以後もおさまらなかった。

そしてこの年、国際親善を名目に開港延期などの外交問題の交渉をすすめるための遣欧使節として、正使竹内保徳・副使松平康直が派遣されることとなった。その他随員三十四人のなかに、通弁方として源一郎が、翻訳方として福沢諭吉が含まれた。源一郎の兼ねてからの熱望が達せられ、一行を乗せた英軍艦オーディン号が品川を出発したのは十二月二十二日未明であった。

仏・英・蘭・プロシャ・露・ポルトガルを廻って、翌年十二月に品川に帰着した。ちょうど攘夷論が盛りになっていて、帰国した翌々日には、品川御殿山で長州藩士の英公館焼打事件がおきた。そのような状況のなかに帰国した源一郎は、帰国した一行のなかで最大の要注意人物とされたという。源一郎は西欧の様子や世界の情勢を披露することを抑えられた。

悶々としていた源一郎に、文久三年五月下旬、水野忠徳から呼び出しがあり、小笠原長行の率兵上京計画に参加しようとしたが、計画そのものが挫折して終わった。

このあたりの経緯は『懐往事談』にくわしい。長井雅楽による朝幕間の周旋に反対して幕閣と対立し、文久二年九月に隠退した水野忠徳は、老中格小笠原長行と組んで兵を率いて、在京の将軍に言上するという名目で上京する、この上京には当然のことながら長州藩などの尊攘派と衝突するだろう、それを機に一挙に尊攘派勢を撃滅し、朝廷を幕府側に取り返そうとする計画であった。幕府の軍艦三隻に乗り組んだ軍勢は大坂に行き、淀まで進んだときに、将軍の上意によって入京禁止を命ぜられた。計画は挫折した。

源一郎はいったん江戸を離れて大坂に逼塞した。この間、八月十八日のクーデタがあった。八月には江戸に戻ったものの、眼病などの病にかかり、長州の攘夷宣言や四国軍艦馬関砲撃事件、池田長発《ながおき》らの鎖港談判遣欧使節派遣なども病床で聞いたという。

翌元治元(一八六四)年、復帰して間もなく、池田使節が失敗した鎖港問題を再度交渉しようとする議がおこり、外国奉行星野千之を使節とする使節団がつくられ、源一郎もその随員の一人にきまったが、この派遣そのものが沙汰止みになった。

翌慶応元(一八六五)年、幕府の横須賀製鉄所の設立がきまり、そのために柴田貞太郎以下五人の小使節団を仏英に派遣することとなって、その一員に源一郎も加えられた。森山のはからいで、柴田貞太郎から、とくに源一郎は、仏で万国公法を学ぶように内命を受けた。使節団は五月に出発したが、万国公法習得は困難をきわめ、源一郎は仏語の習得とヨーロッパ見聞の知識とを土産にして、翌二年正月に江戸に帰着した。褒美として外国奉行支配調役格通弁御用頭取(禄百五十俵三人扶持)の役を貰い、居も下谷二長町に移った。

世情は大きく変動していたが、源一郎には一見無為の日々が続く。役目が上がると実務がすくなくなる。持ち前の才気を煥発して時論を説こうとしても、言論は抑えられているし、実際にものを言うことに容易ではない状況にある。六月ころ二長町に学塾をひらいて、英仏語を教え出すと、評判が高まり、反幕の諸藩士たちも入塾してきた。警戒した奉行や目付が源一郎を説いて、塾をやめさせた。相も変わらず積み重ねられたのは、吉原などでの花柳の技であった。

慶応三年十月大政奉還となった。江戸の幕臣たちは呆然とした。源一郎も同様であった。間もなく幕府内に二つの意見の流れが生まれた。一方は大政奉還を撤回させて幕府の存続をはかろうとする強硬意見、他方にはすすんで朝廷の委任をうけて将軍を長とする列侯会議をひらくという冷静意見であった。源一郎は後者の意見に賛成し、将軍が大統領としての実権をもった会議政治を主張した建白書を小栗忠順あてに提出したが、忠順に洋学者の理想論にすぎないとして無視された。十一月末、公用で大坂に向かうと、ちょうど京都などでええじゃないか踊りが大流行していた。

十二月九日、クーデタがあった。慶喜は、大坂に下って再起をはかることとなった。源一郎は将軍家を守るための意見を出したが容れられない。さらに年末、在坂の幕臣の間に主戦論が強まった。源一郎らは、幕府から京都に戦争をしかけることの不利を説き、当面の戦略を三策として、若年寄格平山図書頭(敬忠)に出した。敬忠は、朝廷方につく諸藩から内応する動きがあるという情報によって、この三策を採用した。結果は慶応四年一月、鳥羽伏見における幕府・会津・桑名藩の軍一万五千と薩長中心の倒幕軍五千とが衝突、敬忠の頼りとしていた情報は偽りであると判明し、三日間の戦争の果てに幕府軍は敗退した。慶喜は海路江戸に向かい上野寛永寺で謹慎。四月、江戸城が開城された日、慶喜は水戸へ屏居《へいきょ》した。間もなく事態は彰義隊の上野戦争へと進んでいく。

この年の一月、源一郎は隠居していた恩人水野忠徳と神田橋の料理屋で別離の宴を張った。水野はその後間もなく(七月)に死んだ。江戸が変動の坩堝《るつぼ》になりそうだと源一郎は下谷二長町の邸を売り払い、上野池《いけ》の端《はた》茅町の借家に移った。

閉塞状況のなかで、源一郎が思いついたのは新聞発行であった。渡欧の際、新聞に強く興味をそそられていた。すでに、政府の「太政官日誌」は別として、柳川春三主筆の「中外新聞」などが発刊されていた。

源一郎は旧知の遊び仲間の条野伝平らと、木版バレン刷の半紙一〇―一二枚からなる三―四日おき発行の「江湖新聞」を刊行した。これが新聞人福地源一郎の起点であった。この「江湖新聞」は、六月には政府によって発行停止となってしまうが、これ以後の源一郎と新聞との関連については、源一郎の著『新聞紙実歴』に詳しい。
以上比較的詳しく源一郎の経歴を追ってきたのは、ほぼこの時期までが、本書、『幕末政治家』の叙述にあたるからである。つまり、本書は源一郎にとって同時代史なのである。同時代人でなければ書くことのできない、さまざまな記事を理解するためには、源一郎自身の歴史を詳しくみておくことが必要であろう。

第二期新聞人時代および第三期文筆時代

第二期および第三期については簡単に整理しておくことにとどめよう。

〈第二期〉

慶応四年が明治元年と変わった九月、いったんは徳川家に従って駿河に移って遊びくらしていた源一郎は、十月新政府から東京に戻ることを命ぜられ、翌十一月には新政府からも静岡藩からも士籍を削られて平民となった。
明治二年、湯島天神下に洋学塾日新舎を開いた。間もなく中江兆民が塾頭になって仏学を担当、源一郎は英学を担当した。塾は一時繁栄したが、源一郎の吉原通いが塾を潰した。その郭遊びで、源一郎は伊藤博文らと知り合い、それをつてに、明治三年大蔵省御用掛となり、貨幣制度調査のために渡米した伊藤博文に随行した。四年には岩倉使節団の欧米巡回にも一等書記官として参加した。

明治七年辞官した源一郎は、東京日々新聞主筆・社長となり、太政官記事御用と称して、政府の立場から自由民権派批判の論調を展開した。福沢諭吉の、政府には近づくなという忠告も効かなかった。

このころ、旧幕臣の論客たちは次々と自由民権派の新聞社に入社した。成島柳北(朝野新聞)、栗本鋤雲(郵便報知新聞)、沼間《ぬま》守一(横浜毎日新聞)らである。源一郎はこれらの論客と対立した。

明治九年、源一郎は、渋沢栄一を誘って東京会議所にはいり、市民福利のために働くとともに、東京日々新聞社内に実業情報誌の中外物価新報を創刊した。

明治十年、西南戦争がおこるや、源一郎は軍団御用記者として前線の戦況を迅速・詳細に報じ、新聞記者として名を高めることとなった。明治十一年、渋沢たちと東京商法会議所の創立発起人となり、ついで益田孝とともにその副会頭となった。商法講習所の整備や東京株式取引所の設立に、肝煎《きもいり》として働いた。また東京府会議員選挙に下谷区から当選、翌年議長に選出された。福沢諭吉は副議長になったが直ちに辞任した。この間源一郎は、グラント米国大統領歓迎などの行政や東京日々新聞での論説など八面六臂の活躍をした。明治十四年の北海道開拓使官有物払い下げ事件では、いったんは民権派についたが、間もなく官権派に豹変した。そのため、政府からの買収に乗ったとの噂も流れた。このことで変節漢と言われ、源一郎の得意に影がさしはじめた。

明治十五年、源一郎は政府党をめざして、超保守主義の丸山作楽《さくら》や水野寅次郎らと立憲帝政党をつくったが、十六年には政府の内意を受けて解散した。十九年には末松謙澄らと演劇改良会を興した。しかし、東京日々新聞の退潮がいちじるしく、遂に明治二十一年七月、源一郎は脳病という名目で社長を辞職した。多額の借金を負っての新聞界からの引退であった。

〈第三期〉

すでにというべきか、まだというべきか四十八歳になっていた源一郎は、小説「もしや草紙」を書き出した。それから十数年の源一郎の余生は、戯曲・小説・翻訳・歴史の分野における文筆活動と歌舞伎座の創設や演劇改良運動などに彩られた。東京市議会議員などの政治活動は続けられ、明治三十七年の総選挙に当選したが、もはやかつてのような迫力は失せていた。源一郎は明治三十九年一月四日、大隈重信から『開国五十年史』執筆の依頼をうけたまま死去した。残された多額の借金を処理したのは、この大隈重信であった。

その歴史についての著作として、『幕府衰亡論』(明治二十五年十二月刊)、『懐往事談附新聞紙実歴』(同二十七年四月刊)、『幕末政治家』(同三十一年一月刊)の三部作が主な著作であるが、これについては別項でとりあげよう。

福地源一郎の明治維新観について

源一郎はもともと歴史好きであったという。しかしいうまでもなく、『幕府衰亡論』も『幕末政治家』も歴史研究の結果という意味での歴史書ではない。「余が聞くところによれば」「余が親しく見聞する所を以てすれば」という、源一郎自身が同時代史として体得した諸々のことや、江戸に出てから世話になってきた水野忠徳・森山多吉郎などから聞いた情報などが主な資料であった。それらの資料に基づいて維新の政治変動やそこでの人物の動きを、自分なりに整理し意味づけていった。要するに史論を組みたてていったのである。

歴史学は関係する資料を博捜し、その検討を通じて事柄の客観的な姿を洗い出し、それらの史実の語るところによって歴史像を描こうとするが、史論は往々にして、語るべきことの必要から歴史的事実を照射し、読みとろうとする。もっともこのような区分はそれほど自明のことではなく、また歴史学の発展のためには史論が必要であり、史論は歴史学研究なしにはありえないという関係にあることはいうまでもない。そのような事情を組み込んで、源一郎のこれらの論著が史論であることは明らかである。そして、史論においては、著者の歴史性がことさらに重視されることになる。『幕末政治家』を読む際にも、著者の経歴、とくに幕末期における経歴についての知識が不可欠である。右にその経歴をとくに第一期について比較的詳しく述べたのはそのためである。

明治二十五年、源一郎は徳富蘇峰のすすめで、『幕府衰亡論』を公にした。この『幕府衰亡論』には源一郎の明治維新観がまとめられており、蘇峰に、源一郎唯一の傑作と言わしめたという。

『幕府衰亡論』に示された明治維新論の基本は、幕府は打倒されたのではない、衰亡したのだ、ということにあった。あるいは、維新は徳川政権から薩長政権に替わっただけではないか、という表現までしている。

徳川十五代の泰平を保ったのは封建制度であり、幕府を滅ぼしたのも封建制度である。

その封建制度は勢のしからしめた所であって、家康はもともと封建の跡を絶つことを初志としていたのだという意見(第一章)から議論ははじまる。この一句に、源一郎の明治維新論の基調が籠められている。以下その内容についてふれておこう。

源一郎は次のように言う。幕府の衰亡を促したのは勤王と外交の二事であった(第一章)。また、幕府二百六十年を保ったのも、その幕府を衰亡させたのも、封建と鎖国であった(第二三章)。そしてその幕府の政体は二つの変革を経て衰退した。一つはペリー来航の際の、京都への奏聞、諸大名への下問で、これが幕府の専裁体制を合議体制に変える端緒となった。ここから幕府の進取のための滅亡という筋道がはじまる(第三章)。第二の変革は、文久二年の大原勅使の下向と将軍家茂のそれへの勅答である。これは将軍辞表・大政返上を申し出る好機であったが、幕府に人材がいないためにその機を逸し、京都からの三事の干渉を容れてしまい、大いに幕府の衰亡を促す契機になってしまった(第一七章)。

しかし、幕府における幕末の政治的な努力も目覚ましかった。安政の幕政改革は大政断であり、進歩であったたし、慶喜の慶応改革は兵制・外交のうえで優れたものであって、いずれも明治の日本の先導となった(第五章、第二九章)。

しかし、幕府の衰亡を決定したのは、幕閣に人材がおらず、緊要の機に正しい判断がおこなわれなかったことにあった。井伊大老以後の幕閣は威厳もなく、果断さにも欠けていた。

ここに概観した源一郎の明治維新史観は、幕府衰亡の画期を朝廷と幕府との関係のなかに測定しようとするものであった。衰亡の因は淵源するところ遠く、一概にその是非を論断すべきではない(第三三章)といいつつも、「明治史論家」にたいする「幕府史論家」の責任を果たそうと、いわゆる佐幕史観を貫こうとする史論を展開したのであった。

『幕末政治家』について

『幕府衰亡論』においても、ペリー来航の際にその能力を発揮した奉行・目付らの幕吏たちへの注目があった(第三章)。そのなかにはハリスに高く評価された井上清直・岩瀬忠震(第七章)らがいた。彼らは幕閣の「どうにかなろう」の態度を批判し(小栗忠順)、幕政の「可成丈《なるべくだけ》」の態度から生じた幕政の失敗を指摘するなどした(岩瀬忠震)。

幕府は衰亡し滅亡したが、明治へ継承されるべきいくつかの重要な遺産を遺しもした。幕府の進歩政略がかえって幕府衰亡を早めた(『幕府衰亡論』第二九章)のであり、したがって幕府の衰亡も歴史の進歩であるという視点を獲得したときに、それに大きな役割を果たした人物の才能とその仕事とを明らかにしなくては、現代(明治)の歴史は解明できない、それが『幕末政治家』の執筆意図であったことは、この書の「徳川幕府の末路といえども、その執政諸有司中あえて全く人材なきにはあらざりき」にはじまる叙言に明らかである。

源一郎は、明治二十九年から「国民之友」三一五―三六四号に「阿部伊勢守」をはじめとする幕末政治家論を断続的に連載した。その連載は「岩瀬肥後守」の中途で、病気のために中断した。その後若干の整理補充がなされて、明治三十一年一月、民友社から、『幕末政治家』として刊行された。本書は明治三十三年六月刊行の民友社版(二六六頁、三十銭)を底本にしている。この版には自叙が巻頭に附されている。

この『幕末政治家』では、阿部正弘・徳川斉昭・島津斉彬・堀田正睦・井伊直弼・安藤信正・久世広周・松平慶永・岩瀬忠震・水野忠徳・小栗忠順らが次々ととりあげられ、とくに忠震・忠徳・忠順の三人は幕末の三傑として、高く評価されている。

それぞれの人びとについての評価については、本文について読みとっていただくとして、全体としてその評価に際して源一郎がとっている人物のとらえ方について整理しておこう。

源一郎はそれぞれの人物について、単純に割り切った評価を避けようとしている。とくに歴史のうえで早くから評価のきまっている人びとにたいしては、その評価の偏りをただそうとしている。井伊直弼にたいする、あるいは徳川斉昭にたいする評論が代表的である。他方、幕末に奉行・目付という位置にあって、しかも早く失脚し死去してしまったために、その功績が忘れられ、あるいは正当な評価を与えられてこなかった幕吏たちを、発掘し顕彰しようとする。右の三傑がそれを代表している。

その再評価・顕彰の方法は、源一郎が東京日々新聞の方針として示した「実著なる漸進主義」と共通するように思える。それぞれの人びとがおかれた歴史的状況のなかで、その歴史的存在基礎にこだわり、それとの格闘を通じて、直面する課題を一歩一歩解決していこうとする姿勢から、それらの人びとをとらえ直そうとしているということである。そこに現実に生きた人びとは、地道なしかも決して一面だけで断ち切る事の出来ない多面性をもった活動をした人びとであり、源一郎はそれをその実直さと漸進性において叙述しようとしているように思える。

この『幕末政治家』は、明治二十年代の歴史性を帯びた源一郎の著作としての特徴をもっている。自由民権運動の展開にさいして、多くの新聞人たちは民権に与し、華やかな報道活動を展開した。その多くは、成島柳北・栗本鋤雲・沼間守一のような旧幕臣たちであった。この歴史的状況のもとでは、漸進主義は政府・反民権の主張と同調した。「東京日々新聞」は御用新聞的性格の強いものとなり、さらに源一郎はこの「東京日々新聞」を官報新聞にしようとするに至ったが、それに失敗して、明治二十一年に「東京日々新聞」から離れた。

これ以降、自らの生涯の第三期を、源一郎は余生と考えていたという。北海道開拓使官有物払い下げ事件などのさまざまな負い目を抱えて、源一郎は政治面から引退した。もっともその引退がどこまでのものであったかは怪しいが、政治的影響力が大きく失われたことは明らかである。

そのこともあろうか。この史論『幕末政治家』には明治の現実についての記述がまったくない。『幕府衰亡論』と『幕末政治家』との間には日清戦争(一八九四―九五年)という歴史があったが、それに関わる記述もまったくない。つまり、史論にとって不可欠のはずの論者の歴史性をこの書から読みとることは不可能である。もはや源一郎はその歴史的一生を終えていたのだろうか。

『幕末政治家』の意義

本書は、これまで述べてきたような生き方と考え方をしていた福地源一郎が、幕末政治家について論じた史論の書であり、それ以外ではない。

これは本書をどのように読むかという問題でもある。右に述べた点をふまえて読むことがもっとも正しい読み方であろう。それは源一郎の目を通しての幕末政治家を読むことであり、同時に源一郎その人をも読みとることである。

じっさい、ここに叙述されている事柄については、その後、多くの事実発掘があり、研究もある。そこで、幕末政治家そのものを知ろうとすれば、この『幕末政治家』をもそのひとつとする研究・発掘の成果に学ばねばならない。

幕末政治家についての研究にもとづく研究書・伝記・人物史は、枚挙に遑《いとま》がないほど多い。また、歴史小説や歴史評論・史論などでとりあげられている幕末政治家もきわめて多い。それらはほぼ共通して、明治維新という変動期に生きた人びとへの強い関心に立っている。日本近代を創り出した明治維新とはどのようなものであったろうか、そこに生きた人びとは何を考え、どのように行動したのだろうかという、変動時代とその時代に生きた人についての興味が、今に生きる人びとの関心として底流しているからであろう。

このような状況は、私たちに、この『幕末政治家』も歴史的事実の一つとして読むことを教えてくれる。この書は、明治時代の代表的なジャーナリストのひとりであり、政治家や評論家・文筆家などの多面的な顔をもった福地源一郎の、そして幕末維新の時代を同時代史として生きてきた福地源一郎の、結局はその才能が世の中の流れにうまく定着することができないまま終わった福地源一郎の、幕末政治家を主題とした史論にほかならないのである。

本書は数ある幕末政治家論のなかでも、もっとも優れたものの一つであることはいうまでもなく明らかであり、私たちはこのような「異才」の優れた史論の書をもっていることを喜びたいと思う。

なお、岩波文庫のこの本はもっと早く刊行される予定のものであった。もっぱら私の怠慢と二、三回もくり返した大病のために、今になってしまった。この間、早稲田大学大学院教育学研究科の院生諸君が、丹念に注釈(本文注・人名注)の下調べをしてくれた。

それを、昔からの研究仲間である石川隆一君が、点検と整理をしてくれて、ようやくできあがったものである。ご迷惑をおかけした都築令子さんから石川憲子さんにいたる文庫編集部の多くの方がたにお詫びするとともに、早稲田の院生諸君および、丁寧な仕上げに苦労してくれた石川君に、心からのお礼を申しあげたい。

二〇〇一年十二月

佐々木潤之介

〔付　記〕

本書の刊行準備中に、校注者佐々木潤之介氏が再び健康上の理由で仕事が続けられなくなったため、注の整理については山口徹氏に、本文校訂および年表の作成は石川隆一氏に引き継いでいただいた。

岩波書店文庫編集部

岩波文庫の最新刊

柳井 滋・室伏信助・大朝雄二・鈴木日出男・藤井貞和・今西祐一郎校注

源氏物語 (三)

澪標—少女

明石から帰京した源氏は、公私ともに充実の時を迎える。そこに一つ影を落とす藤壺とのかつての恋…。厳密な原文と最新の注解で、好評の源氏物語。（全九冊）

〔黄一五-一二〕 本体一三二〇円

早稲田大学編

大隈重信自叙伝

幕末佐賀藩における少壮時代、征韓論政変、東京専門学校と立憲改進党の創設など、日本の近代化を推進した大隈重信の回顧談から、自伝的な記述を編集・収録。

〔青N一一八-二〕 本体一一三〇円

浜田雄介編

江戸川乱歩作品集 III

パノラマ島奇談・偉大なる夢 他

乱歩の代表作「パノラマ島奇談」、戦時下の本格的探偵小説「偉大なる夢」の他、「百面相役者」「毒草」「芋虫」「防空壕」「指」の七篇を収録。（全3冊）

〔緑一八一-六〕 本体一〇〇〇円

田山花袋

田舎教師

家庭貧しく代用教員となった一文学青年のはかなき人生を、北関東の風物と共に描く自然主義文学の代表的作品。改版。（解説＝前田晁、尾形明子）

〔緑二一-二〕 本体七四〇円

……今月の重版再開……

田山花袋

東京の三十年

本体七四〇円 〔緑二一-三〕

志賀直哉

万暦赤絵 他二十二篇

本体八五〇円 〔緑四六-三〕

篠田鉱造

明治百話 (上)(下)

本体（上）七八〇円・（下）八四〇円 〔青四六九-二〕〔青四六九-三〕

岩波文庫の最新刊

上田秋成／長島弘明校注
雨月物語
荒ぶる先帝の怨霊、命を賭した義兄弟の契り、男にとりついた蛇性の女の執念……。美しくも妖気ただよう珠玉の短篇集を、平明な注と解説で。
〔黄二二〇-三〕 本体七八〇円

柴田宵曲
子規居士の周囲
子規に深く傾倒した著者が、子規とその門人、知人との交遊を誠意を込めてまとめる。子規を知る上で逸すべからざる一書。（編後雑記＝小出昌洋）
〔緑一〇六-六〕 本体九五〇円

島崎藤村
桜の実の熟する時
「拾い上げた桜の実を嗅いでみて、おとぎ話の情調を味わった」――文学への情熱、教え子へのかなわぬ恋を綴る藤村の自伝的小説。改版。（解説＝片岡良一・高橋昌子）
〔緑二三-七〕 本体七〇〇円

モラティン／佐竹謙一訳
娘たちの空返事 他一篇
泣きの涙で好きでもない男のもとに嫁がされる娘たち――。スペイン古典主義演劇を代表する劇作家モラティンの代表作二篇。『娘たちの「はい」』の新訳。
〔赤七三二-一〕 本体八四〇円

……今月の重版再開……

柴田宵曲／小出昌洋編
新編 俳諧博物誌
〔緑一〇六-四〕 本体七六〇円

メーチニコフ／渡辺雅司訳
回想の明治維新
――ロシア人革命家の手記
〔青四四一-一〕 本体九七〇円

島崎藤村
新生 前編・後編
〔緑二三-八〕〔緑二三-九〕 本体前編六四〇・後編七四〇円

定価は表示価格に消費税が加算されます　2018.2

読書子に寄す

——岩波文庫発刊に際して——

岩波茂雄

真理は万人によって求められることを自ら欲し、芸術は万人によって愛されることを自ら望む。かつては民を愚昧ならしめるために学芸が最も狭き堂宇に閉鎖されたことがあった。今や知識と美とを特権階級の独占より奪い返すことはつねに進取的なる民衆の切実なる要求である。岩波文庫はこの要求に応じそれに励まされて生まれた。それは生命ある不朽の書を少数者の書斎と研究室とより解放して街頭にくまなく立たしめ民衆に伍せしめるであろう。近時大量生産予約出版の流行を見る。その広告宣伝の狂態はしばらくおくも、後代にのこすと誇称する全集がその編集に万全の用意をなしたるか。千古の典籍の翻訳企図に敬虔の態度を欠かざりしか。さらに分売を許さず読者を繋縛して数十冊を強うるがごとき、はたしてその揚言する学芸解放のゆえんなりや。吾人は天下の名士の声に和してこれを推挙するに躊躇するものである。このときにあたって、岩波書店は自己の責務のいよいよ重大なるを思い、従来の方針の徹底を期するため、すでに十数年以前より志して来た計画を慎重審議この際断然実行することにした。吾人は範をかのレクラム文庫にとり、古今東西にわたって文芸・哲学・社会科学・自然科学等種類のいかんを問わず、いやしくも万人の必読すべき真に古典的価値ある書をきわめて簡易なる形式において逐次刊行し、あらゆる人間に須要なる生活向上の資料、生活批判の原理を提供せんと欲する。この文庫は予約出版の方法を排したるがゆえに、読者は自己の欲する時に自己の欲する書物を各個に自由に選択することができる。携帯に便にして価格の低きを最主とするがゆえに、外観を顧みざるも内容に至っては厳選最も力を尽くし、従来の岩波出版物の特色をますます発揮せしめようとする。この計画たるや世間の一時の投機的なるものと異なり、永遠の事業として吾人は微力を傾倒し、あらゆる犠牲を忍んで今後永久に継続発展せしめ、もって文庫の使命を遺憾なく果たさしめることを期する。芸術を愛し知識を求むる士の自ら進んでこの挙に参加し、希望と忠言とを寄せられることは吾人の熱望するところである。その性質上経済的には最も困難多きこの事業にあえて当たらんとする吾人の志を諒として、その達成のため世の読書子とのうるわしき共同を期待する。

昭和二年七月

幕末政治家《ばくまつせいじか》

1938年11月20日　第1刷発行
2018年 4 月26日　第5刷発行

著　者　福地桜痴《ふくちおうち》

校注者　佐々木潤之介《ささきじゅんのすけ》

発行者　岡 本　厚

発行所　株式会社 岩波書店
〒101-8002 東京都千代田区一ツ橋 2-5-5

案内 03-5210-4000　営業部 03-5210-4111
文庫編集部 03-5210-4051
http://www.iwanami.co.jp/

印刷・三秀舎　カバー・精興社　製本・松岳社

ISBN4-00-331861-7　　Printed in Japan

人 名 注

・本書に出てくる主な人名について簡単な記述を加えた．一般的な事典，人名辞典に見られる人物については特に簡略に記した．

・それぞれの伝記，人物史などのほか，『明治維新人名辞典』(日本歴史学会編，吉川弘文館)，『幕末維新人名事典』(宮崎十三八他編，新人物往来社)，『三百藩家臣人名事典』(家臣人名事典編纂委員会編，新人物往来社)，『三百藩藩主人名事典』(藩主人名事典編纂委員会編，新人物往来社)，『国史大辞典』(国史大辞典編集委員会編，吉川弘文館)，『江戸幕臣人名事典』(熊井保他編，新人物往来社)，『寛政譜以降旗本家百科事典』(小川恭一編著，東洋書林)，『水戸市史』(水戸市)，『孝明天皇紀』(宮内庁蔵版，平安神宮)を参照した．

会沢正志斎 あいざわ・せいしさい 1782-1863．安《やすし》，恒蔵．水戸藩士．学者．

青山延于 あおやま・のぶゆき 1776-1843．量介．水戸藩士．儒者．

浅野氏祐 あさの・うじすけ ?-1900．幕臣．使番・目付・大目付・神奈川奉行・外国奉行・陸軍奉行・若年寄などを歴任．維新後は静岡藩権大参事・静岡県参事をつとめる．

朝彦親王 あさひこしんのう 1824-91．青蓮院宮《しょうれんいんのみや》，中川宮，賀陽宮《かやのみや》，久邇宮《くにのみや》，粟田宮，尊融親王《そんゆうしんのう》．

朝比奈昌広 あさひな・まさひろ 1829-1905．閑水．幕臣．

安島帯刀 あじま・たてわき 1812-59．忠誨，信立．水戸藩士．

篤姫 あつひめ 1836-83．敬子《すみこ》，天璋院《てんしょういん》．将軍家定夫人．将軍継嗣問題・江戸開城問題などで工作を行う．

姉小路いよ あねがこうじ・いよ 1795-1880．姉小路局，勝光院．大奥上臈，年寄．公家橋本実誠《さねみつ》の娘．文化6年有栖川宮《ありすがわのみや》喬子の徳川家

慶入輿に従って江戸城西ノ丸に入る．家慶の将軍就職にともなって大奥に入り，権勢をふるう．

姉小路公知 あねがこうじ・きんとも　1839-63．公家．

阿部正外 あべ・まさと　1828-87．幕臣．老中．陸奥国白河藩主．使番・禁裏付・神奈川奉行・外国奉行・町奉行などを歴任．

阿部正弘 あべ・まさひろ　1819-57．老中．備後国福山藩主．

鮎沢伊太夫 あゆざわ・いだゆう　1824-68．水戸藩士．安政5年水戸藩へ密勅が降ると，開国阻止に奔走．

新井白石 あらい・はくせき　1657-1725．儒者．

安藤信正 あんどう・のぶまさ　1819-71．信睦《のぶゆき》，信行，信正．老中．陸奥国磐城平藩主．

飯泉喜内 いいずみ・きない　1805-59．友輔．公家三条家家士．京都から江戸へ出て，江戸蔵前豪商の手代となる．のち京都へ上って三条家家士となり，一橋派の橋本左内らと通じるとともに，尊攘派志士情報網の中心人物となる．安政6年死罪となる．

飯泉春堂 いいずみ・しゅんどう　生没年不明．幕臣小姓組曾我権右衛門の抱医師．飯泉喜内の婿養子．

飯田忠彦 いいだ・ただひこ　1799-1860．要人《かなめ》，夷浜釣叟《いひんちょうそう》．歴史家．志士．

井伊直弼 いい・なおすけ　1815-60．大老．近江国彦根藩主．

池内陶所 いけうち・とうしょ　1814-63．奉時，泰蔵．儒者．青蓮院《しょうれんいんの》宮尊融親王《みやそんゆうしんのう》の侍読となる．水戸藩京都留守居鵜飼吉左衛門と親しく，三条実萬《さねつむ》の知遇を得た．文久3年，尊攘過激派によって惨殺された．

池田慶徳 いけだ・よしのり　1837-77．五郎麿，昭徳．因幡国鳥取藩主．徳川斉昭の子．嘉永3年，幕命により鳥取藩主池田家を継ぐ．

池田慶政 いけだ・よしまさ　1823-93．備前国岡山藩主．豊前中津藩主奥平昌高の4男．

池田頼方 いけだ・よりかた　生没年不明．幕臣．奈良奉行・普請奉行・勘定奉行・町奉行・大目付などを歴任．

伊沢政義 いざわ・まさよし ?-1864．幕臣．浦賀奉行・長崎奉行・下田奉行・普請奉行・大目付・町奉行などをつとめる．

石谷穆清 いしがや・あつきよ 生没年不明．幕臣．目付・堺奉行・大坂奉行・普請奉行・勘定奉行をへて，安政5年町奉行となる．文久2年，安政大獄の処置を責められて西ノ丸留守居を罷免，隠居・差控を命じられた．

石河政平 いしこ・まさひら 生没年不明．幕臣．天保14年より安政2年まで勘定奉行をつとめる．嘉永初年の異国船打払令復活に反対．

板倉勝静 いたくら・かつきよ 1823-89．老中．備中国松山藩主．嘉永4年奏者番，安政4年寺社奉行を兼ねる．安政5年大獄処理の評定所五手《ごて》掛となるが，寛大な処分を主張して翌6年罷免．

伊丹蔵人 いたみ・くろうど 1830-1900．青蓮院宮《しようれんいんのみや》家家士．梅田雲《うん》浜《びん》・橋本左内らを尊融親王に斡旋．安政大獄で中追放に処せられた．

一条忠香 いちじょう・ただか 1812-63．公家．内大臣・左大臣．日米修好通商条約勅許問題，水戸藩への勅諚降下など内政・外交の朝議に列した．

井戸覚弘 いど・さとひろ ?-1858．幕臣．目付・長崎奉行をへて嘉永2年町奉行．嘉永6年ペリーの応接掛，ついで安政元年日米和親条約に応接掛の一人として調印．安政3年大目付となる．

井戸弘道 いど・ひろみち ?-1855．鉄太郎．幕臣．目付から嘉永6年浦賀奉行となり，同年来航したペリーと久里浜で会見，大統領親書とペリーの書翰をうけとった．同年大目付となる．

伊東玄朴 いとう・げんぼく 1800-71．蘭方医．

井上清直 いのうえ・きよなお 1809-67．幕臣．川路聖謨の弟．

井上正直 いのうえ・まさなお 1825-1904．老中．遠江国浜松藩主．奏者番兼寺社奉行をへて，2度老中となる．

今井金右衛門 いまい・きんえもん 1800-47．水戸藩士．馬廻組・奥右筆・勘定奉行・若年寄などをへて天保14年寺社奉行となり，斉昭に命じられて排仏政策を断行．

入江則賢 いりえ・のりかた　1819-90．廷臣．一条家諸大夫《しよたいふ》．志士と結び，一条忠香に入説したとして，安政6年中追放処分．文久2年赦免．
岩倉具視 いわくら・ともみ　1825-83．公家．
岩瀬忠震 いわせ・ただなり　1818-61．幕臣．
上杉斉憲 うえすぎ・なりのり　1820-89．出羽国米沢藩主．天保10年襲封．洋式軍制の充実につとめる．
鵜飼幸吉 うかい・こうきち　1828-59．水戸藩士．水戸藩京都留守居役鵜飼吉左衛門知信の子．安政6年死罪となる．
鵜殿長鋭 うどの・ながとし　1808-69．幕臣．嘉永6年ペリー来航のさいには海防掛目付として国書受領拒否・国交拒絶を主張．翌安政元年ペリー再来に際して応接掛を命じられ，日米和親条約・下田追加条約の調印に加わる．
鵜殿平七 うどの・へいしち　1774-1854．水戸藩士．
梅田雲浜 うめだ・うんぴん　1815-59．志士．
江川坦庵 えがわ・たんあん　1801-55．英龍《ひでたつ》，太郎左衛門．幕臣．西洋兵学者．
エルギン James Bruce, 8th Earl of Elgin and 12th Earl of Kincardine　1811-63．英国外交官．
大久保一翁 おおくぼ・いちおう　1817-88．忠寛《ただひろ》．幕臣．
大久保要 おおくぼ・かなめ　1798-1859．常陸国土浦藩士．馬廻・目付・町奉行・藩校郁文館兵学教授などをつとめ，嘉永3年藩主土屋寅直《ともなお》が大坂城代になると，大坂沿岸防禦や露国のプチャーチンとの交渉などにおいて寅直を補佐．
大竹勘次郎 おおたけ・かんじろう　1824-65．儀兵衛，安直．水戸藩士．安政5年の水戸藩への密勅降下に奔走．安政6年押込処分をうけ，慶応元年10月水戸の獄で死罪となる．
太田資始 おおた・すけもと　1799-1867．道醇．老中．遠江国掛川藩主．天保8年老中となる．水野忠邦と対立して，天保12年老中を

辞職．安政5年6月井伊直弼によって老中に再任され，外国事務主管となる．

大原重徳 おおはら・しげとみ　1801-79．公家．

小笠原忠幹 おがさわら・ただよし　1827-65．播磨国安志藩主．のち本家を継ぎ豊前国小倉藩主．

小笠原長常 おがさわら・ながつね　生没年不明．幕臣．浦賀奉行などをへて安政5年京都町奉行となり，安政大獄で尊攘派志士を捕縛し，賞賜された．

小笠原長行 おがさわら・ながみち　1822-91．老中．肥前国唐津藩主小笠原長昌《ながまさ》の長男．幼くして廃嫡．安政4年9月藩主長国の養嗣子となり，文久2年7月幕府に抜擢され，世子ながら奏者番となり，ついで若年寄・老中格となり外国御用取扱を命じられる．

岡部豊常 おかべ・とよつね　?-1865．幕臣．使番見廻兼帯・禁裏付をへて嘉永6年京都町奉行となる．安政大獄には消極的であったが，彦根藩士長野主膳《しゅぜん》の主導に押しきられる．

興津蔵人 おきつ・くらんど　1814-86．良能．水戸藩士．元治元年天狗党の乱の際に執政を罷免・致仕・謹慎処分をうける．

奥平小太郎 おくだいら・こたろう　1834-60．穆．丹波国亀山藩士．梁川星巌《やながわせいがん》・昌平黌《しょうへいこう》に学び，水戸の高橋多一郎・会沢正志斎らと交遊．安政大獄で連座して捕らえられ獄死した．

小栗忠順 おぐり・ただまさ　1827-68．幕臣．上野介《こうずけのすけ》．

筧承三 かけい・しょうぞう　生没年不明．岡部豊常の家臣．飯泉喜内《いいずみきない》と親しく，京都町奉行所内外の情報を喜内に提供．安政大獄で押込処分をうける．

春日潜庵 かすが・せんあん　1811-78．仲好，仲襄．廷臣．儒者．

和宮 かずのみや　1846-77．親子《ちかこ》，静寛院宮．仁孝《にんこう》天皇の第8皇女．徳川家茂夫人．

勝海舟 かつ・かいしゅう　1823-99．麟太郎，義邦《よしくに》，安芳《やすよし》．幕臣．

勝野森之助 かつの・もりのすけ　生没年不明．勝野正道《まさみち》の子．正道

は幕臣阿倍四郎五郎に仕え，水戸藩士や尊攘派志士と結び，森之助とともに水戸藩への密勅降下に尽力.

金子孫二郎　かねこ・まごじろう　1804-61. 水戸藩士. 藩主継嗣問題では斉昭擁立に尽力. 桜田門外での井伊直弼襲撃を計画.

川口緑野　かわぐち・りょくや　1773-1835. 水戸藩士. 儒者. 立原翠軒《たちはらすいけん》の推挙で彰考館に入る. 文化12年彰考館総裁.「大日本史」の編纂に従事.

川路聖謨　かわじ・としあきら　1801-68. 幕臣.

観行院　かんぎょういん　1826-65. 橋本経子. 和宮の生母. 権大納言橋本実久の娘. 仁孝《にんこう》天皇の後宮に入る. 和宮とともに江戸城へ入る.

菅野八郎　かんの・はちろう　1810-88. 陸奥国伊達郡金原田村農民. 名主や代官を批判し，また幕府の海防を批判して安政大獄で水戸藩との関わりを疑われて投獄され，八丈島遠島となる. 文久3年赦免. 慶応2年の陸奥国信夫・伊達両郡の世直し一揆の指導者となり，捕らえられるが，明治元年赦免.

木村敬蔵　きむら・けいぞう　生没年不明. 幕臣. 安政大獄の審理・処断において，評定所留役勘定組頭として寛大な処分を主張して罷免. 文久2年赦免. 代官・勘定奉行・関東郡代などをつとめた.

久貝正典　くがい・まさのり　1806-65. 幕臣. 安政大獄において五手《ごて》掛として審理・処断. 桜田門外事件の審理もつとめる. 文久2年，大獄における審理を咎められて罷免・差控・隠居となる.

日下部伊三治　くさかべ・いそうじ　1815-58. 翼. 志士. 父は薩摩藩を脱藩し，のち水戸藩益習館に招かれた海江田連. 伊三治は斉昭の推挙で薩摩藩江戸藩邸に復帰. 安政5年，密勅降下に尽力し，水戸藩へ伝達する. 安政大獄で獄死.

日下部裕之進　くさかべ・ゆうのしん　1836-60. 薩摩藩士. 日下部伊三治長男. 安政2年父とともに薩摩藩士となる. 水戸藩への密勅降下に尽力し，水戸藩へ伝達する. 安政大獄で獄死.

九条尚忠　くじょう・ひさただ　1798-1871. 公家. 安政3年関白・内

覧となる．安政5年，条約勅許問題・将軍継嗣問題・水戸藩への密勅降下で親幕府の行動をとり，公家間で孤立し，天皇とも対立．

久世広周 くぜ・ひろちか　1819-64．老中．下総国関宿藩主．

栗本鋤雲 くりもと・じょうん　1822-97．鯤《こん》，瑞見《ずいけん》，匏庵《ほうあん》．幕臣．

グロー Baron Jean Baptiste Louis Gros　1793-1870．仏国外交官．安政5年8月仏国使節として軍艦3隻を率いて品川に来航し，同年9月日仏修好通商条約に調印．

黒川嘉兵衛 くろかわ・かへえ　生没年不明．雅敬．幕臣．嘉永6年浦賀奉行支配組頭，安政元年下田奉行支配組頭となる．この間，ペリー再来航のとき，応接場所などの交渉にあたる．また，米艦へ乗り込もうとして失敗した吉田松陰を尋問．安政大獄で罷免・差控処分となる．赦免後，文久3年一橋家用人見習・同家用人格となり，ついで番頭兼用人・用人筆頭として徳川慶喜に仕えた．

古賀茶渓 こが・さけい　1816-84．増《まさる》，謹一郎，謹堂．幕臣．儒学・蘭学に長ず．嘉永6年露使プチャーチンの長崎来航のさい応接掛の一員として長崎に赴く．

近衛忠煕 このえ・ただひろ　1808-98．公家．弘化4年右大臣，安政4年左大臣．安政5年，条約問題・将軍継嗣問題紛糾のなかで，親幕府の九条尚忠《ひさただ》と対立し，尚忠にかわって内覧となるが，安政大獄による幕府の圧迫で，内覧を辞し，さらに左大臣を辞して落飾・謹慎．

近衛忠房 このえ・ただふさ　1838-73．公家．近衛忠煕の子．文久2年国事御用掛，文久3年内大臣，慶応3年左大臣となる．姻戚関係から島津氏と朝廷のパイプ役をつとめる一方，尊攘派の過激な行動に反対．

小林良典 こばやし・よしすけ　1808-59．廷臣．鷹司家諸大夫《しょたいふ》．安政5年，太閤鷹司政通を，条約勅許問題で開国から攘夷に転向させ，将軍継嗣問題で政通・輔煕父子を一橋派に加担させる．

駒井朝温 こまい・ともあつ　生没年不明．幕臣．万延元年桜田門外

事件の吟味を行う.

小宮山楓軒　こみやま・ふうけん　1764-1840. 昌秀《まさひで》. 水戸藩士. 学者.

近藤茂左衛門　こんどう・もざえもん　1799-1879. 弘方. 志士. 信濃国松本藩領大名主の家に生まれる. 国学を学ぶ. 安政5年, 弟山本貞一郎と江戸へ出て, 徳川斉昭の内意によって上京し, 公卿間を出入りする. 大獄で捕縛される.

西郷隆盛　さいごう・たかもり　1827-77. 小吉, 吉之介, 善兵衛, 吉兵衛, 吉之助. 薩摩藩士.

酒井忠義　さかい・ただあき　1813-73. 忠禄《ただとみ》. 京都所司代. 若狭国小浜藩主. 天保14年より嘉永3年まで京都所司代をつとめる. 敦賀・湖北間運河問題で井伊直弼と対立するが, 京都における難局打開のため安政5年井伊の命令により京都所司代に再任され, 志士を弾圧して安政大獄を起こす.

酒井忠績　さかい・ただしげ　1827-95. 老中. 播磨国姫路藩主. 文久2年京都所司代を補佐し京都取締りを命じらる. 文久3年老中上座となるが, 元治元年罷免. 慶応元年大老となるが, 主導権を発揮できないまま同年辞任, 慶応3年隠居.

酒井忠惇　さかい・ただとし　1839-1907. 老中. 播磨国姫路藩主. 忠績の弟. 忠績の養子となり, 慶応3年襲封し老中上座となる. 鳥羽伏見の戦いに加わって江戸へ敗走.

佐久間象山　さくま・しょうざん(ぞうざん)　1811-64. 啓《ひらき》, 子迪《してき》, 子明. 学者. 信濃国松代藩士.

佐々木顕発　ささき・あきのり　生没年不明. 幕臣. 奈良奉行・大坂町奉行・小普請奉行をへて, 安政5年公事方勘定奉行となり, 安政大獄で処断審理の五手《ごて》掛に任命されるが, 寛大な処分を主張したため, 安政6年罷免・差控処分をうける. まもなく赦免. 作事奉行・町奉行・外国奉行を歴任.

真田幸貫　さなだ・ゆきつら　1791-1852. 幸善. 老中. 信濃国松代藩主. 松平定信の次男. 松代藩主真田幸専《ゆきたか》の養子となり, 文政6年襲

封．藩校文武学校設立・北地開発・殖産興業・洋式砲術の奨励・大砲鋳造などを内容とする藩政改革を行う．天保 12 年から弘化元年まで老中をつとめる．

三条実萬 さんじょう・さねつむ　1802-59．公家．

三条実美 さんじょう・さねとみ　1837-91．公家．

柴田剛中 しばた・たけなか　1823-77．貞太郎．幕臣．安政 5 年外国奉行支配組頭となり，外国人殺傷事件や貨幣交換問題で欧米外交官と交渉．文久 3 年外国奉行となる．

島田三郎 しまだ・さぶろう　1852-1923．明治・大正期の政治家．新聞人．

島津斉彬 しまづ・なりあきら　1809-58．薩摩藩主．

島津久光 しまづ・ひさみつ　1817-87．忠教，三郎．薩摩藩主忠義の父．

新見正興 しんみ・まさおき　1822-69．幕臣．

菅野狷介 すがの・けんすけ　1820-70．播磨国姫路藩儒者．嘉永 4 年江戸藩邸学舎の教授となる．安政 5 年の日米条約締結問題で，藩主酒井忠顕《ただてる》に攘夷を進言．安政大獄で嫌疑をうけて藩獄に入る．文久 3 年赦免され，藩校好古堂の副督学となる．

杉浦譲 すぎうら・ゆずる　1835-77．幕臣．甲府勤番士から，文久元年外国奉行支配物書出役となる．元治元年遣外使節池田長発《ながおき》に随行して欧州へ行く．慶応 3 年外国奉行支配調役となり仏へ赴いた．明治元年静岡に蟄居．のち内務省大書記官地理局長などをつとめる．

杉山復堂 すぎやま・ふくどう　1801-45．忠亮，致遠斎．水戸藩士．古賀精里《せいり》・藤田幽谷に師事．文政 4 年馬廻組・史館編修として出仕．天保 2 年彰考館総裁代役．同 11 年弘道館助教となり，同 14 年彰考館総裁を兼務．

諏訪忠誠 すわ・ただまさ　1821-98．老中．信濃国高島藩主．奏者番・寺社奉行・若年寄などをへて，元治元年老中となる．長州征伐に反対して元治 2 年老中を辞任．

世古恪太郎 せこ・かくたろう　1824-76．延世．神職．国学者．足代《あじろ》弘訓《ひろのり》・斎藤拙堂《せつどう》に師事．三条実萬の知遇を得，禁裏に仕える．安政5年朝廷の密使として水戸藩へ遣わされ，安政大獄で投獄，のち追放となる．

鷹司輔熙 たかつかさ・すけひろ　1807-78．公家．鷹司政通の子．安政4年右大臣．安政5年，将軍継嗣問題で一橋派を支持し，また水戸藩への勅諚降下に尽力．安政大獄で辞官ついで落飾・謹慎処分となる．文久2年赦免され国事御用掛となる．

鷹司政通 たかつかさ・まさみち　1789-1868．公家．文政6年より安政3年まで関白，天保13年より嘉永元年まで太政大臣．弘化3年海防督励の沙汰を幕府に下し，朝廷の国政介入の端緒となった．

高橋多一郎 たかはし・たいちろう　1814-60．水戸藩士．弘化元年藩主徳川斉昭が隠居・謹慎となると，雪冤《せつえん》運動を行い禁固処分をうける．嘉永2年斉昭復活とともに復職．安政大獄と密勅返納問題がおこると，薩摩藩士らと井伊直弼襲撃を謀議．襲撃に先立ち大坂へ潜み，薩摩藩兵の東上を待つうち，桜田門外事件による幕吏の追及に追い詰められて自刃した．

高橋坦室 たかはし・たんしつ　1771-1823．広備．水戸藩士．長久保《ながくぼ》赤水《せきすい》に師事．天明6年彰考館に入り，「大日本史」編纂に携わる．享和3年「大日本史」から論賛を削除すべきことを主張．文化4年彰考館総裁となる．

高橋俊璹 たかはし・としひさ　1808-66．廷臣．鷹司家諸大夫《しよたいふ》．安政5年条約勅許問題・将軍継嗣問題で飯泉喜内・頼三樹三郎《らいみきさぶろう》らと深く交わり，主家に入説．安政大獄で捕縛，押込処分をうける．

竹内保徳 たけうち・やすのり　1807-67．清太郎．幕臣．勘定組頭格・勘定吟味役などをへて安政元年箱館奉行．文久元年勘定奉行，ついで外国奉行を兼務．同年開市開港延期交渉の使節正使として欧州に派遣され，同2年英・仏・蘭・露などと覚書を交わして帰国．

武田耕雲斎 たけだ・こううんさい　1804-65．正生，彦太郎，彦九郎，

伯道．水戸藩士．

立原翠軒 たちはら・すいけん　1744-1823．萬《よろず》，伯時《はくじ》，甚五郎．水戸藩士．儒学者．

伊達宗城 だて・むねなり　1818-92．伊予国宇和島藩主．

田辺太一 たなべ・たいち　1831-1915．幕臣．明治の外務官僚．甲府徽典館《きてんかん》教授より安政6年外国方に起用される．文久3年，横浜鎖港談判使節に随行して渡仏するが，談判不成功となり，使節が無断帰国したことにより罷免・差控となる．明治4年岩倉遣外使節に随行．著書に『幕末外交談』などがある．

田沼意次 たぬま・おきつぐ　1719-88．老中．

田宮如雲 たみや・じょうん　1808-71．平篤，篤輝．尾張藩士．尊攘派金鉄組を組織する．13代藩主徳川慶臧《よしつぐ》没後の継嗣問題で支藩美濃高須藩から慶勝の擁立に成功．勘定奉行・町奉行を歴任して藩政改革にあたる．安政5年慶勝失脚とともに屏居となるが，文久2年復活．

千種有文 ちぐさ・ありふみ　1815-69．公家．安政5年3月，条約勅許問題をめぐって反対する堂上八十八卿列参に参加．和宮降嫁に尽力し，朝幕間の融和につとめる．このため尊攘派の公家・志士の弾劾をうけ，文久2年蟄居・辞官・落飾・洛中居住禁止を命じられ，同3年正月重慎．慶応3年12月王政復古政変で復帰．新政府で宮内大丞などになる．

茅根伊予之介 ちのね・いよのすけ　1824-59．水戸藩士．藤田東湖・会沢正志斎に学ぶ．天保14年弘道館舎長となる．弘化元年徳川斉昭致仕により辞職．安政元年弘道館訓導となり，以後郡奉行などをつとめる．安政5年，一橋慶喜の将軍継嗣擁立と条約無勅許調印問題で奔走．安政大獄で死罪となる．

津田正路 つだ・まさみち　？-1863．半三郎．幕臣．安政3年目付となる．同4年ハリスの江戸出府などの日米問題奏上のため京都へ派遣される．同5年，露・英・仏との応接掛として三国との間で通商

条約に調印．以後箱館奉行・外国奉行・勘定奉行・大目付などを歴任．

筒井政憲　つつい・まさのり　1778-1859．幕臣．目付・長崎奉行などをへて，文政4年より約20年間町奉行をつとめ，近藤守重処罰，仙石騒動の審理，天保飢饉対策などの民政に関わる．水野忠邦に冷遇されたが，阿部正弘に信任され，外交・海防に参画．また，『武蔵国風土記』などを編集．儒学者として将軍に講義することもあった．

遠田澄庵　とおだ・ちょうあん　?-1899．幕臣．内科漢方医で外科も兼ねた．下総国に生まれる．安政5年奥医師として召出され，将軍家定を診察．同年家定死去後法眼となる．

土岐頼旨　とき・よりむね　?-1884．幕臣．下田奉行・浦賀奉行・大目付・講武場総裁などを歴任し，安政2年再び大目付となる．安政4年米国総領事ハリスと通商条約締結交渉に参加．同5年蘭との通商条約締結交渉にも参加．一橋慶喜の将軍継嗣擁立と，井伊直弼・松平忠固排斥のために奔走．同年大番頭に左遷，同6年罷免・隠居・差控処分をうけた．

徳川家定　とくがわ・いえさだ　1824-58．13代将軍．

徳川家継　とくがわ・いえつぐ　1709-16．7代将軍．

徳川綱条　とくがわ・つなえだ　1656-1718．3代水戸藩主．

徳川斉昭　とくがわ・なりあき　1800-60．烈公．9代水戸藩主．

徳川斉脩　とくがわ・なりのぶ　1797-1829．哀公《あいこう》．8代水戸藩主．斉昭兄．文化13年襲封．

徳川治紀　とくがわ・はるとし　1773-1816．武公《ぶこう》．7代水戸藩主．文化2年襲封．10年余の治世のうち，献金郷士制廃止，士民の生活統制，軍制改革などを行う．

徳川治保　とくがわ・はるもり　1751-1805．6代水戸藩主．明和3年16歳で襲封．明和年間に紙・こんにゃく・煙草などの専売・統制を強化し，幕府の許可を得て鋳銭座を設置するが，一揆を誘発．ま

た，寛政年間には緊縮政策，半知借上，献金郷士制復活，育子策などを行った．

徳川光圀 とくがわ・みつくに　1628-1700．義公．2代水戸藩主．

徳川宗尭 とくがわ・むねたか　1705-30．4代水戸藩主．讃岐高松藩主松平頼豊の子．綱条《つなえだ》の養子となり，享保3年襲封．改革を行おうとするが，26歳で急逝．

徳川宗翰 とくがわ・むねもと　1728-66．5代水戸藩主．享保15年3歳で襲封．幕府から改革を指示され，寛延・宝暦の改革を行うが，その急逝によって途絶．

徳川茂徳 とくがわ・もちなが(もちのり)　1831-84．尾張藩主．嘉永3年高須藩主．安政5年兄慶勝を嗣いで尾張藩主となり，世禄制充実，武備強化などを行う．慶勝の攘夷鎖国を転換，佐幕開国策を採ったため，慶勝・重臣田宮派と対立．文久3年慶勝の子義宜《よしのり》を藩主にして隠居．一橋慶喜の宗家相続により，慶応2年一橋当主となる．

徳川慶篤 とくがわ・よしあつ　1832-68．10代水戸藩主．

徳川慶勝 とくがわ・よしかつ　1824-83．慶恕《よしくみ》．尾張藩主．

徳川慶喜 とくがわ・よしのぶ　1837-1913．15代将軍．

徳川慶頼 とくがわ・よしより　1828-76．田安慶頼．田安家当主．安政5年より文久2年まで将軍家茂の後見職をつとめる．安政大獄の際の責任をとって願いにより文久3年隠居．鳥羽伏見の戦の後，慶喜の代理をつとめ，旧幕臣の慰撫につとめる．

戸田氏栄 とだ・うじよし　1799-1858．幕臣．使番・目付・駿府町奉行などをへて弘化4年浦賀奉行となる．嘉永6年ペリーの浦賀来航に際して首席全権として接見．のち大坂町奉行となる．

戸田忠敞 とだ・ただあきら　1804-55．銀次郎．忠太夫《ちゆうだゆう》．水戸藩士．藩主継嗣問題で斉昭擁立に尽力．天保元年処罰・罷免されるが，程なく赦免．側用人・執政をつとめ，常に改革派重鎮として斉昭を補佐．弘化元年斉昭失脚で罷免・処罰される．嘉永6年海防掛．安政元年執政に再任．同2年大地震により江戸藩邸で死去．

戸塚静海　とつか・せいかい　1799-1876. 幕医. 長崎でシーボルトに師事. シーボルト事件に連座して幽囚となる. 天保3年江戸で開業. 島津斉彬侍医などをつとめ, 安政5年江戸の種痘所開設に参加. 同年7月幕府官医となって将軍家定の治療にあたり, 法印となる. 坂下門事件で負傷した安藤信正《のぶまさ》を治療. 伊東玄朴《げんぼく》・坪井信道《しんどう》と共に西洋医学の三大家と称された.

富田織部　とみた・おりべ　1815-68. 三条家家士. 儒者. 三条実萬《さねつむ》の信任厚く, 国事の機密にも与る. 将軍継嗣問題で慶喜擁立に奔走し, 安政6年押込処分となる. 翌年赦免され三条実美に仕える. 元治元年幕府の嫌疑をうけて一時投獄される.

内藤信思　ないとう・のぶこと　1812-74. 信親. 越後国村上藩主. 奏者番・寺社奉行・大坂城代・京都所司代・西ノ丸老中を歴任, 嘉永6年加判の列に加わる. 安政大獄の裁断にも関与.

内藤正縄　ないとう・まさつな　1795-1860. 幕臣. 日光奉行・大番頭などをつとめ, 天保9年伏見奉行, 安政5年城主格とされて京都御所取締を兼務. 安政大獄で志士の捕縛を行う. 同6年罷免.

長井雅楽　ながい・うた　1819-63. 時庸. 長州藩士. 藩主毛利敬親《たかちか》の信任を得て, 文久元年開国策と公武合体策を合わせた「航海遠略策」を唱え, 藩命によって公武を周旋. しかし, 松下村塾門下をはじめ尊攘派の台頭と, 朝廷に対する尊攘派の周旋で, 文久2年6月失脚. 翌3年切腹した.

永井尚志　ながい・なおむね(なおゆき)　1816-91. 幕臣.

長野主膳　ながの・しゅぜん　1815-62. 義言《よしとき》. 国学者. 近江国彦根藩士. 国学を講じて諸国を遊歴. 天保13年近江国に高尚館を開く. 同年部屋住みの井伊直弼が入門. 直弼が藩主になると側近となり, 安政5年以降直弼に命じられて京都で裏工作に奔走, 安政大獄の端緒をつくる. 直弼横死後の文久2年失脚, 斬罪となる.

中村時萬　なかむら・ときかず　生没年不明. 為弥《ためや》. 幕臣. 嘉永6年長崎で, 安政元年下田で, 露使節プチャーチンと幕府全権代表のも

とで交渉に尽力．勘定吟味役・下田奉行をつとめ，安政 4 年，米総領事ハリスと上府について交渉，日米協約に調印．安政 5 年英使節エルギン，仏使節グローの応接にあたる．こののち普請奉行・佐渡奉行となる．

永持亨次郎 ながもち・こうじろう　1826-64．穀明．幕臣．徒目付・勘定格などをつとめ，安政 2 年蘭から寄贈された観光丸運用・伝習を命じられる．細工頭格・長崎奉行支配吟味役をへて，安政 3 年徒《かち》頭《がしら》となり外国奉行支配御用出役頭取取締を兼務．

中山信守 なかやま・のぶもり　1807-57．水戸藩付家老．弘化元年の藩主斉昭失脚とともに差控となる．

鍋島直正 なべしま・なおまさ　1814-71．閑叟《かんそう》．肥前国佐賀藩主．

二条斉敬 にじょう・なりゆき　1816-78．公家．関白．条約勅許に反対，水戸藩への密勅に関与．安政 6 年大獄で慎十日となる．内大臣・右大臣・国事御用掛となるが，文久 3 年朝廷における尊攘派の台頭に反対して，8 月 18 日の政変に関与．左大臣，ついで関白となる．

丹羽正庸 にわ・まさつね　1822-82．廷臣．三条家諸大夫《しよたいふ》．三条実萬・実美の信頼厚く，機密にも与る．尊攘派志士と交わって奔走，安政大獄で中追放．文久 2 年赦免．

橋本左内 はしもと・さない　1834-59．綱紀《つなのり》．越前国福井藩士．蘭学者．

橋本実誠 はしもと・さねみつ　1758-1817．公家．文化 7 年権中納言．姉小路いよの父．和宮生母の観行院の祖父．

長谷川宗右衛門 はせがわ・そうえもん　1803-70．秀芳．讃岐国高松藩士．文政 9 年高松藩転封問題で奔走し，転封を中止させる．嘉永 6 年ペリー来航にあたり「海防危言」を著す．安政 5 年脱藩，梁川《やながわ》星巌《せいがん》ら尊攘派志士とともに水戸藩への降勅を謀る．安政大獄で捕らえられたが，文久 2 年赦免．鳥羽伏見の戦いで高松藩が朝敵となると朝廷にはたらきかけて窮地を救う．

長谷川速水　はせがわ・はやみ　1835-60．秀雄．志士．高松藩士長谷川宗右衛門の子．水戸藩の武田耕雲斎・会沢正志斎や薩摩藩の日下部《くさかべ》伊三治《いそうじ》・西郷隆盛らと交わる．脱藩した父を追って水戸に向うが，はたせず大坂で自首．高松で獄死．

蜂須賀斉裕　はちすか・なりひろ　1821-68．阿波国徳島藩主．将軍徳川家斉の22男．徳島藩主蜂須賀斉昌《なりまさ》の養子となり，天保14年襲封．文久2年より3年まで幕府の陸・海軍総裁をつとめる．公武合体派の立場にたつ．

塙次郎　はなわ・じろう　1807-62．忠宝《ただとみ》．国学者．幕臣．塙保己一の4男．文政5年和学講談所御用掛となり，「武家名目抄」「続群書類従」の編纂につとめる．老中安藤信正の命令で廃帝の事例調査をしたという噂が尊攘志士の怒りを買い暗殺された．

林子平　はやし・しへい　1738-93．友直．経世家．

林復斎　はやし・ふくさい　1800-59．韑《あきら》．大学頭．幕臣．儒者．はじめ親族の養子となり，嘉永6年本家を相続．安政元年，ペリーの応接掛となり，日米和親条約に調印．安政4年，ハリス上府用掛をつとめ，米との通商条約勅許を奏上するため京都に派遣された．

ハリス　Harris, Townsend　1804-78．米国初代駐日総領事・公使．

ヒュースケン　Heusken, C. J. Henry　1832-61．オランダに生れ，米国へ移住．米国公使館員．

平岡円四郎　ひらおか・えんしろう　1822-64．一橋家家老並．藤田東湖らの推挙で嘉永6年一橋慶喜の近侍となる．将軍継嗣問題で慶喜擁立に奔走し，安政大獄で左遷．文久2年慶喜近侍に復帰．用人・家老並となるが，京都で尊攘派水戸志士に暗殺された．

平岡道弘　ひらおか・みちひろ　生没年不明．安房国船形藩主．将軍家慶・家定側近として御側御用取次をつとめる．文久2年若年寄となり，以後天文方・講武所・洋書調所・西洋医学館・内海台場などを管轄．元治元年大名(船形1万石)となる．

平山敬忠　ひらやま・よしただ　1815-90．謙次郎．幕臣．安政元年，

ペリーの応接にあたる．安政4年日露追加条約の審議に加わる．将軍継嗣問題で一橋慶喜擁立派に与し，安政大獄で罷免・差控となる．慶応元年以降，目付・外国奉行などをつとめ，慶喜の幕政改革を補佐．同4年若年寄となり，薩長への強硬論を主張して慶喜より罷免・逼塞処分をうける．

福沢諭吉 ふくざわ・ゆきち　1834-1901．豊前国中津藩士．啓蒙思想家．

藤田東湖 ふじた・とうこ　1806-55．彪，虎之介(助)．水戸藩士．学者．

藤田幽谷 ふじた・ゆうこく　1774-1826．一正，次郎左衛門，与介．水戸藩士．学者．東湖の父．

藤森弘庵 ふじもり・こうあん　1799-1862．大雅《たいが》，天山《てんざん》．儒者．常陸国土浦藩に仕え，弘化4年致仕して江戸で塾を開く．嘉永6年「海防備論」を著して幕府に建白，「芻言」を徳川斉昭に献じた．安政大獄で中追放．のち赦免．

プチャーチン Putyatin, Evfimii Vasilievich　1803-83．露海軍提督兼遣日使節．

ペリー Perry, Matthew Calbraith　1794-1858．米国海軍提督．

堀田正睦 ほった・まさよし　1810-64．正篤《まさひろ》．老中．下総国佐倉藩主．

堀利煕 ほり・としひろ　1818-60．幕臣．嘉永6年目付となり海防掛になる．安政元年箱館奉行となる．同5年外国奉行を兼帯し，露・仏などとの通商条約の調印に加わり，同6年神奈川奉行をも兼ねる．将軍継嗣問題では一橋派に与した．万延元年プロシアとの条約案を纏めるが，突如自刃した．『懐往事談』で福地は，利煕について生得小心翼々の人で，学問も相応に出来，西洋事情にもそこそこ通じ，砲術を得意としていたと記している．

本郷泰固 ほんごう・やすかた　生没年不明．幕臣．将軍家斉・家慶・家定の側近くに仕える．安政4年大名となり，若年寄となる．安政5年一橋派とみなされて差控処分をうけ，同6年5千石を削減，

隠居・謹慎となる．

本荘宗秀 ほんじょう・むねひで　1809-73．老中．丹後国宮津藩主．寺社奉行加役として安政6年五手《ごて》掛に加わり安政大獄を処断．大坂城代・京都所司代などをつとめ，元治元年老中となる．第2次長州戦争終結を独断で図り，老中罷免・致仕・蟄居処分をうける．

本多忠民 ほんだ・ただもと　1817-83．老中．三河国岡崎藩主．天保6年襲封．同7年三河加茂郡百姓一揆を鎮定．万延元年より文久2年までと，元治元年より慶応元年まで2度老中をつとめる．

松平容保 まつだいら・かたもり　1835-93．京都守護職．陸奥国会津藩主．

松平定敬 まつだいら・さだあき　1846-1908．伊勢国桑名藩主．美濃国高須藩主松平義建《よしたつ》の7男．安政6年桑名藩主松平猷《みち》の養子となって襲封．元治元年京都所司代となり，兄の京都守護職松平容保《かたもり》を助力．慶応3年王政復古により京都所司代を罷免される．明治元年鳥羽・伏見の戦いののち官位を剝奪され，諸所をへて箱館へ行くが，まもなく脱出．尾張藩ついで津藩に預けられた．

松平定信 まつだいら・さだのぶ　1758-1829．楽翁．老中．陸奥国白河藩主．

松平忠固 まつだいら・ただかた　1811-59．忠優．老中．信濃国上田藩主．嘉永元年老中となる．安政元年海防掛となる．同2年老中罷免．同4年再び老中となる．同5年，日米修好通商条約が調印されたのち，老中を罷免．

松平忠国 まつだいら・ただくに　1815-68．武蔵国忍《おし》藩主．天保12年襲封．房総沿岸警備や品川台場警備などにあたる．文久3年の隠居後も，分裂した藩論をまとめることに尽力．

松平近韶 まつだいら・ちかつぐ　生没年不明．幕臣．目付・田安家家老・西ノ丸留守居・小姓組番頭・勘定奉行などを歴任し，万延元年一橋家家老となる．小姓組番頭に再任中の文久2年，大獄関係者追罰により罷免・差控となる．のち赦免され，旗奉行として長州戦

争に参加.

松平直克 まつだいら・なおかつ　1839-97. 頼敦. 武蔵国川越藩主. 文久元年襲封. 同3年政事総裁職となるが, 横浜鎖港・天狗党騒乱鎮圧をめぐって水戸藩主徳川慶篤《よしあつ》と対立して辞任. 慶応3年居城を上野国前橋城に移し, 川越城を幕府に引き渡す. 明治元年慶喜免罪を奏上.

松平信綱 まつだいら・のぶつな　1596-1662. 老中.

松平信義 まつだいら・のぶよし　(1824)-1866. 信篤. 老中. 丹波国亀山藩主. 万延元年老中となり, 外国御用取扱として生麦事件・薩英戦争への対処にあたる. 文久3年病気のため老中辞任, 慶応2年隠居.

松平乗全 まつだいら・のりやす　1794-1870. 老中. 三河国西尾藩主. 弘化2年老中となり, 世子家定の傅《ふ》として西ノ丸詰となる. 嘉永元年本丸詰となる. 安政2年老中辞任. 安政5年より万延元年まで再度老中をつとめる. 文久2年, 老中再任中の不取締により隠居処分となる.

松平康直 まつだいら・やすなお　1830-1904. 康英《やすひで》, 松井康直. 幕臣. 老中. 陸奥国棚倉藩主. 武蔵国川越藩主.

松平康正 まつだいら・やすまさ　生没年不明. 久之丞. 幕臣. 安政2年目付となり, 同5年12月安政大獄の評定所五手《ごて》掛となる. 同6年勘定奉行, 万延元年留守居次席, 文久2年留守居となるが, 同年目付在職中の責任を問われて罷免, 差控となる.

松平慶永 まつだいら・よしなが　1828-90. 春嶽《しゅんがく》. 越前国福井藩主.

松平頼胤 まつだいら・よりたね　1810-77. 讃岐国高松藩主. 弘化元年, 幕府の命令により, 水戸連枝として水戸藩主慶篤を後見. また, 大老井伊直弼と結んで安政5年より万延元年まで水戸藩を圧迫. 政局の変化により文久元年隠居・蟄居処分をうける.

松平頼縄 まつだいら・よりつぐ　1805-84. 常陸国府中藩主. 天保4年襲封. 弘化元年, 幕府に命じられ, 上使として水戸藩邸に行き,

徳川斉昭致仕処分を通告．同年より嘉永2年まで新水戸藩主慶篤の後見をつとめる．

松平頼誠 まつだいら・よりのぶ 1803-62．陸奥国守山藩主．天保6年助郷反対一揆に直面．弘化元年，幕府に命じられ，松平頼胤《よりたね》・松平頼縄《よりつぐ》とともに水戸藩邸に行き，徳川斉昭致仕処分を通告．同年より嘉永2年まで新水戸藩主慶篤の後見をつとめる．

間部詮勝 まなべ・あきかつ 1804-84．老中．越前国鯖江藩主．

間部詮房 まなべ・あきふさ 1666-1720．側用人．

三国幽民 みくに・ゆうみん 1810-96．直準．大学．儒者．志士．

水野忠精 みずの・ただきよ 1832-84．老中．出羽国山形藩主．弘化2年父忠邦の失脚により相続，浜松から山形に転封される．万延元年若年寄，文久2年老中となり，外国御用取扱ついで勝手掛となる．慶応2年老中を辞して隠居．

水野忠邦 みずの・ただくに 1794-1851．老中．

水野忠央 みずの・ただなか 1814-65．紀州藩付家老．新宮城主．嘉永5年隠居徳川治宝《はるとみ》の死去により幼君慶福のもと紀州藩の実権を掌握．妹を将軍側室にいれ，井伊直弼と結んで藩主慶福(家茂)を14代将軍に就任させたが，自身が独立大名・老中となる宿願は失敗．万延元年幕府から隠居を命じられる．

水野忠徳 みずの・ただのり 1815-68．忠篤．幕臣．文化12年諏訪頼篤2男として生まれる．幕臣水野忠長の養嗣子となる．浦賀奉行・長崎奉行・勘定奉行・田安家家老・外国奉行などを歴任．この間，安政元年日英協約を結び，同4年日蘭・日露追加条約を結ぶ．将軍継嗣問題で一橋派に属す．安政6年露国士官殺害事件の責任を問われて軍艦奉行に左遷．文久元年外国奉行に再任されて小笠原島開拓を行おうとした．

水野忠寛 みずの・ただひろ (1807)-1874．幕臣．駿河国沼津藩主．沼津藩主水野家の養子となり，安政5年襲封．奏者番・側用人などをつとめる．井伊直弼派とみなされ，文久2年罷免され，隠居．

向山黄村 むこうやま・こうそん　1826-97．一履．幕臣．文久3年目付となる．小笠原長行《ながみち》の率兵上京に従って差控処分をうける．元治元年目付に復帰するが，慶応元年兵庫開港問題で罷免される．同2年外国奉行，同3年駐仏公使となる．公使の任をうまく果たせず，栗本鋤雲《じょうん》と交代して帰国．

村岡 むらおか　1768-1873．村岡局，津崎矩子《つざきのりこ》．近衛家老女．安政5年，僧月照・西郷吉兵衛・鵜飼吉左衛門らの入説を主人近衛忠熙に周旋し，水戸藩への密勅降下に関与したとして，同6年押込30日処分をうける．文久3年再び幕府に捕らえられるが，まもなく釈放される．

村垣範正 むらがき・のりまさ　1813-80．範忠．幕臣．安政元年勘定吟味役となって海防掛と蝦夷地掛を兼ね，以後，箱館奉行・勘定奉行・神奈川奉行などをつとめる．万延元年遣米使節副使をつとめ，文久元年対馬の露艦退去交渉を箱館で行う．同3年左遷，明治元年隠居．『懐往事談』で福地は，範正を「純乎たる俗吏」と評している．

毛利敬親 もうり・たかちか　1819-71．教明，慶親．長州藩主．

毛利元徳 もうり・もとのり　1839-96．広封《ひろあつ》，定広．長州藩世子．支藩徳山藩主毛利広鎮10男．長州藩主毛利敬親の養子となり，安政元年世子となる．長井雅楽《うた》の朝幕間周旋に関与．元治元年禁門の変のため官位を剝奪される．慶応3年倒幕の密勅をうけ，薩摩藩主島津忠義と会見し，挙兵を約す．明治2年家督を相続，山口藩知事となる．

森寺常邦 もりでら・つねくに　1832-67．廷臣．三条家諸大夫《しょたいふ》．常安の子．安政5年，水戸藩への密勅降下に尽力し，国事に奔走．安政大獄で父とともに捕らえられ，中追放となる．文久2年赦免．

森寺常安 もりでら・つねやす　1791-1868．廷臣．三条家諸大夫．安政5年主人三条実萬へ橋本左内の入説を取り持ち，安政大獄で捕らえられ，永押込となる．文久2年赦免．

山内豊信　やまうち・とよしげ　1827-72．容堂《ようどう》．土佐国高知藩主．

山科正恒　やましな・まさつね　1807-？．廷臣．御蔵《おくら》小舎人．飯泉喜《いいずみき》内《ない》と親交を結び，条約草案を入手して懇意の者に伝えたとして，安政大獄で永押込処分をうける．文久2年赦免．

山田勘解由　やまだ・かげゆ　1834-98．時章．朝彦《あさひこ》親王の家臣．梅田雲浜《うんぴん》に師事．雲浜・山本貞一郎が朝彦親王や公卿に入説することを斡旋し，水戸降勅を画策したとして，安政大獄で押込となる．新政府に一時出仕するが，のち興風女学校を設けて女子教育に尽力．

山野辺兵庫　やまのべ・ひょうご　1801-59．義観．水戸藩士．藩主継嗣問題で斉昭擁立に尽力．天保3年家督を相続して家老職となる．同7年土着して海防指令を命じられる．弘化元年斉昭失脚により差控となり，同2年致仕．嘉永6年海防心得方を命じられる．

結城寅寿　ゆうき・とらじゅ　1818-56．晴明，朝道．水戸藩士．小姓頭・若年寄・勝手改正掛などをつとめ，天保13年執政となる．しだいに藩主斉昭の改革に不満をもつ門閥派の領袖的存在となって結城派が形成され，改革派と対立．弘化元年斉昭が失脚すると，藩政を掌握．同4年幕府老中阿部正弘は寅寿の処罰を命じ，水戸藩によって幽閉のうえ安政3年死罪とされた．

吉子内親王　よしこないしんのう　1714-58．八十宮《やそのみや》．霊元天皇第12皇女．正徳5年7歳の将軍家継と婚約，翌年結納．同年家継の死去により，入輿せず．

吉田松陰　よしだ・しょういん　1830-59．矩方，寅次郎．教育者．長州藩士．

頼三樹三郎　らい・みきさぶろう　1825-59．醇《じゅん》．儒者．志士．

六物空満　ろくぶつ・くうまん　1801-59．森龍蔵．大覚寺門跡家臣．堺で医術を学び，大覚寺門跡の療病院別当となる．尊攘運動にかかわり，公卿・志士と交流．安政大獄で遠島処分となるが，配所へ送られる前に獄死．

脇坂安宅　わきさか・やすおり　1809-74．老中．播磨国龍野藩主．京

都所司代在職中の安政元年禁裏が炎上，その造営や皇室賄料増加に尽力．安政4年老中となり万延元年辞任．文久2年5月より同年9月まで再び老中をつとめるが，井伊直弼の死について偽りを将軍へ上申したとして謹慎処分となる．